冨士（二二）の神示

髙橋 千春

文芸社

神々からのメッセージ

「恩」――年の神の言葉

　恩を売るわけじゃないですけど……、この世の人が神社へ赴き「恩」の心を持てば、この世は明るくなりますよ。「恩」はこの国を支えてきた中心になるモノなんですよ。〝下谷を知る者はこの世を知る者〟です。古いシキタリは持っていてもいいですが、「恩」は新しくもあり古くもあります。アリガトウに遠慮はいらないですよ。言葉とは不思議なものですよ。その心は人を強いる言葉になります。アリガトウの言葉も同じです。人の心の中に温かな感情を強いるのですよ。だから強いられているのです。信用することができるのです。一般の神の意識のない人には『つまらない』言葉でしかありません。美しい心の持ち主だからこそ神の言葉が通じるのです。

（私：どうしたらみんなが『美しい心』になれますか？）

「恩」を知ることです。暗闇の人に光を入れることは、この世界を照らすことです。天を照らすのではなく、心の闇を照らすのです。苦しい事、悲しい事を照らすのです。ここを照らすことによって真実が生まれてきます。（どうやって光を入れるのですか？）アキラメないことです。なんでもそうですが、アキラメないことです。（苦しくてもがんばれ、悲しくてもがんばれ、ということですか？）よく分かりましたね。（でも、がんばり過ぎて、疲れちゃう人もいますよ）。間違ったがんばり方をしてますよ。心の感謝の気持ちを忘れているから、更に苦しくなっちゃうんです。


　昔の人は恩を大切にしてきましたよ。生活の中にうまく取り入れて感謝の気持ちを持っていました。自然や人への感謝です。『仕方がない』とは、まあまあることだという意味ですが、心の中の感謝の気持ちがあったから、習慣としてつまらないこともやっていたんです。このまま、この気持ちを忘れてしまえば、昔の魔王伝のように、自分の世界の魔にやられてしまいますよ。伝心出来れば、魔の退治を伝えられますが、神の心を持たない悪魔たちを退治するのは、並大抵ではないのです。じかに伝えられる人が近くに居ればいいですけど、形のない者と、どう闘うか、知らない人は頑固な心に悩みます。始末しようとしても、どうしたらいいか分からず、ここから逃げようとすれば、更に追いかけてきますからね。心が荒んでいれば、答えは見つからないでしょう。どうにか、抑え込んだとしても、また出てきて、いい加減なことをして逃れようとしますよ。この心をキッパリと捨てるのが「恩」の気持ちです。

　全てのモノに「恩」を感じれば、悪心とも簡単に切り離すことが出来ます。最後は幸せになれるんですよ。（人々はそれを『試練』と呼んでいますよ）そう、『試練』です。言葉にはならない何かを、神の意志として受け止め、その通りにすれば、試練は解決するのですが、独り善がりな者たちに、その言葉に気がつく者はいないでしょう。心の中にある「恩」がないからですよ。

（それじゃあ、どうやって、恩を感じさせられますか？）

神仏というモノが意識の中に存在する……という気持ちを持つことです。心配事は、いい加減な気持ちから出てくるモノです。全てのことを見通す目を持つことです。近くの物事に目を向け過ぎてしまう、自分という人間だけを意識してしまう……、心配というモノは全て、『自分に降り懸かる災難』という意識からきています。（自分の子供とか、親戚とか、仲の良い親しい人が困っていると、心配しちゃいますよ）自分のこと以外のことは、下がって見ることです。周りをよく見れば、その人には見えないことがたくさんあるのです。人という者は、見えるモノにしか反応しませんから、陰にあるモノを見つけられないんですよ。心配事は、人の心の未熟さから来ているモノです。自分の気持ちの中にある、微かな意識を汲み取り、それに従えば全てが透明に見えてきます。

　微かな意識こそが「恩」なのです。簡単でしょ？　幸せを得ることって。「幸せ」という言葉の中に「お金」という意味はないんですよ。「物」に心を因われ過ぎて、真実が見えなくなってしまっていますよ。むしろ、「お金」なんてない方が、人は幸せなんです。これから、経済が低迷してきます。人への「恩」、物への「恩」、神への「恩」が復活してくるでしょう。

２０１０年２月６日

鳩森八幡神社　富士塚奥宮の言葉

　昨日の上に杖をつなげ。皆も知ってのとおり、神示を降ろした。天明の『ひふみ神示』の次の神示じゃ。似非神示と思うでないぞ。この神示の意味が分からねば、己の心を疑うのじゃ。ジンミンの働きが、この世をここまで落ちぶらせたのじゃ。よくも曇りてくれたよなぁ。もう一度、降ろしたぞ。神示の言葉の意味が分かるか？『ひふみ神示』の意味の分からんジンミン多いなぁ。いつまでも、その方の行いが通用すると思うてか？　神、怒りたと申して、ジンミンに分かるわけもなく、困り困りて、こうして降ろしたのじゃ。今のジンミンの心、悪魔の心ぞ。その意味も分からんほど心曇りておろう。神の言葉、分かる者、少ないぞ。シンがないジンミンばかりじゃ。選択（洗濯）されておることも分からんじゃろう。いつまでもそのままと思うなよ。神の意志がひっくり返す。この神示、読んでくだされよ。肝に入れてくだされ。働きが神じゃと申しておろう。働きとは渦じゃ。なり成りてなる仕組みじゃ。その方、動いておらんであろう。働きとは動きじゃ。動き、なり成りてなすのが神の働きと申しておろう。その働きの一つがこの神示じゃ。よく読んでくだされ、喰らいついてくだされ、神の意志を汲んでくだされ。その方、可愛いからくどう言うているのざぞ。分かりたか。神とは親なのざぞ。それも忘れてしもうたか!? このまま行けると思うなよ。認識してくだされよ。仕事は金儲けではないのざぞ。神の仕事してこそ一人前なのざぞ。その意味が分からんからジンミン自分勝手に動くぞ。頼む助けてくれ！ と言われても、神は手を出せんのぞ。神の手足がその方ぞ、分かりたか。言葉にて降ろすのもこの千春で最後ざぞ。この者、強い意志を持ち、神の仕事をしたのざぞ。その仕事ぶりを書き記した。この方、見習い、己の悪と闘うのじゃ。そして、悪を抱き参らせ！ その方、書くのが仕事じゃ。今までのことすべて書き取らした。がんばったのじゃ、踏ん張ったのじゃ。この世の仕事もせなならん。それも神の仕事じゃ。自分の時間を使い、この世のために書き記したのじゃ。天界の動きもこれでよう分かったであろう。悪は悪としての御用があること、これで分かったであろう。国常立大神の御働きにより、この世は三千世界へと進むのざぞ。ジンミンついてきてくだされよ。

２０１２年７月23日

麻賀多神社末社天日津久神社の言葉

今は今で生きていくことばかりが、生ではない。残酷なようでも、しなければならぬ。そのことをよくわきまえて行動するのだ。過去も未来もない。あるのは現在あるのみ。それに気づけよ。神々は待っておるのだ。そなたたちの気づきを。そして成長をだ。過去に振り回されるな。過去へ向かえば、向かうほど未来はないぞ。未来は自分の心の中にしまってある。それを導き出せ。そして活用するのだ。残酷なことのようだが、それをせねばならぬぞ。自分を見つめなおせ。さもなくば、いつの間にか蜃気楼が薄れるように自分自身を失ってゆくぞ。

２０１２年４月18日

目次

第一章　神とは悪魔とは

あなたは、神とは何か、悪魔とはどういうものかを考えたことがおありだろうか。一般的に言われていることを常識として考えれば、神はあくまでも神であり、御利益という、なんでも願いをかなえてくれる完璧で崇高な存在である反面、祟りがあるという空恐ろしいもの。逆に悪魔は、自分や世間に対して死をもたらしたり、悪行をするもので、できれば近寄ってほしくない存在。そんな風に考えてはいないだろうか。少なくとも私はそう考えていた。

そんな私が、真剣に神とは何か、悪魔とはどういうものかを考えさせられたのは、２００３、４年ごろからだったと記憶する。そのころ、毎年秋になると、心臓が締め付けられるように痛くなることがあった。夏の疲れだろうという思いと、痛いのは一時なので、それほど重要に考えてはいなかった。痛くない普通の時に医者へ行っても、異状はないと言われていたのだ。

その年は、異常に左側に痺れがあり、肩こりも限界に来ていた。そんなある日、「殺すー」という声が頭の中から聞こえ始めたのだ。初めは自分の妄想かと思ったが、その声はしつこかった。よく観察していると、「殺すー」と言われると、胸が締め付けられ苦しくなってきていた。自分で「殺すー」と宣言して、自分を殺す理由もないわけで、明らかに違う意識が頭の中で言っているように感じた。それも夕方ごろから明け方まで続き、夜中は更に違う妄想に取りつかれ、頭の中はやけに賑やかだった。朝や昼間は聞こえない、不思議な妄想だ。

あるとき、「殺すー」の妄想に声をかけてみた。（私：なんで殺すの？）「殺すからだ」。（理由は？）「死神だからだ」。（死神？　なんで私が殺されなきゃならないの？）「誰でもいい。おまえを殺すと決めたから殺すのだ」と、埒のあかぬ問答をしたのを覚えている。その当時、住んでいた神奈川県のマンションがお墓の隣だった。彼らはそこから来たらしい。

そういった状況で、精神的にどうにかなりそうな状態だったとき、同時に私を助ける妄想も聞こえていることに気づいた。それも昼間だ。「助ける」という声に誰かと尋ねると、実家の近くにある中目黒八幡神社の神だという。実家は中目黒では一番古い家柄だそうで、中目黒八幡神社とのつながりも深く、氏子として八幡神社に尽くしていたようだ。それでつながったのだろう。「死神も聞いているから、返事をするな！　意識をそちらに向けるな！　テレビを見ていろ。ニュースはダメだ！」と言われた。

妄想の神、八幡さまには、当時住んでいた神奈川県では遠すぎて神力が使えないから、助けることはできないとも言われていた。神にもテリトリーがあるらしい。実家の手伝いをしていたので、しばしば中目黒へ行っていたが、そのときは不思議と、左側の痺れもよくなっていることが多かった。しかし、また自宅に戻ると痺れと共に「殺すー」という心臓締め付け攻撃に遭った。耳を塞いでも聞こえてくる声に、どう対応すればいいか分からずにいたのだが、誰かに言えば、精神的な病にされてしまうのは目に見えている。もし、他人にそういう相談をされたら、私なら「病院へ行った方がいいよ」と言ったに違いないのだから。それにしても、自分はいつもとなんら変わるところはない。この妄想はどこからくるのだろうか？　私の意思に反して頭の中で事が起こって行く……。

あるとき、キリキリ胸を締め付けられ、立つこともできなくなったことがあった。奴だ！　妄想の八幡さまに「救急車を呼べ！」と言われ、救急車で病院へ運ばれた。しかし、あんなに痛かった心臓に異状なし！　八幡さまの話だと、彼らは気がつかれると悪行をやめるのだそうだ。「こんなことで、救急車を呼ばないでください！」と病院で言われた覚えがある。しかし、私にしてみれば、死を思わせる出来事だったのだ。救急車事件の後も、左側の特に後頭部の痺れがひどく、後日、ＭＲＩやＣＴまで撮って脳を調べた。が、異状なし。医者とはそんなものだ。得体の知れないことに対しては役に立たないようだ。

それ以来、心臓をキリキリ締め付けられることはなくなったが、まだ「殺すー」攻撃から免れられなかった。こうなったら、イチかバチか勝負してみよう！　と思い、必死の思いで死神に語りかけてみた。（私：死神さん、その心臓を締め付ける力はすごいね。本当に苦しいよ）「当たりまえだ。死神だ！」（ところで、その力の逆はできるの？）「やったことはない」（ちょっとやってみてよ）「やったことはないが、殺すのも飽きてきたところだ。できないことはないはずだ。面白そうだ。やってみよう」と、簡単に書いてしまったが、実際の説得はそれほど簡単ではなかった。それからだ！　その死神は私を助けてくれるようになったのだ。苦肉の策が功を奏した！　それ以来、その死神は私にとっては神以上の存在になったのだ！

冒頭の問いかけに戻るが、このときから私は、神と悪魔に対する考え方を改めることにした。神とは、たとえ悪魔であっても私を助けてくれる存在であり、悪魔とは、たとえ神と言われても私を困らせ不利益をこうむらせる存在であると。それからは、死を思わせるような痛みはなくなったものの、死神や悪霊の妄想たちは、相変わらず次から次へとやってきていた。私の左腕はいつも痺れ、ときには心臓にも痛みを覚えた。このころだろうか、左腕が異様に痛くなり、勝手に左手が動くようになったのだ。はじめのころの指の動きは渦巻や記号が多かったのだが、次第に平仮名になり読めるようになってきた。同時に彼ら妄想たちとの意思の疎通が激しくなってきた。腕にメッセージが来ると、時間や場所を問わず左腕が痛くなり、鉛筆を持って書くと治まっていた。これは、ずいぶん後で気がついたことだが、左に来る霊は低級霊、右に来る霊は神的存在の高級霊だった。

そうやって、だんだん死神や邪鬼の仲間が増えてくると、いくぶん体も楽になってきたが、相変わらず低級霊たちが「あーだ、こーだ」とやって来る。もう、放っておいてくれ！　と、私はやけくそ状態だった。自分の妄想もここまで来ると普通じゃない。

あるとき、八幡さまに「氣を使え！　氣だ。これで追い出すのだ！」と言われたが、当時、氣が何だか分からなかった。八幡さまの他にも、月から来たという神『みつけた意志の神』が現れたが、死神や悪霊と格闘している時には彼らの声は聞こえないのだ。だから、悪霊との闘いはいつも一人だ。神とは無情なものだと思った。決して手を出さない。のちに、聞こえないのは悪霊たちの波長に同調させられてしまって、神々の声が聞こえなくなる現象『邪気ワールド』（勝手に名づけた）だと分かった。当時の私の唯一最大の武器は、『説得』！　だけだった。

ある時、神奈川県から実家の中目黒へ引っ越すことになったのだ。実家には髙橋家の神々（先祖）がいて、髙橋の意味は天をつなぐ梯子の意味だと教えてくれた。のちに読んだ聖書の中に、天使が上り下りする梯子の話が出てきてびっくりしたのを覚えている。その先祖の神々が守ってくれていたせいか、問題のお墓から離れたせいか、引っ越し後、体はずいぶん楽になってきた。それからは、月の『ついにきた意志の神』や、月の支配の神『トート』などが現れた。

そうやって、悪霊たちや低級霊たちから解放されつつあった2005、6年ごろ、本を読んでいて、ウトウトしていると、夢かうつつか、青みがかった大きなピンク色の風船が降りてきた。そして、「小さくして、胸に押し込んでください」という声が響いた。なんだかわからないまま、言われるままに風船をそっと手に持って小さく縮めて胸に押し当てると、すっと体の中に入ってきた。

すると、「悪を統率する大悪神です。怖かったら言ってくださいね。すぐにここからいなくなります」との声。とうとう大悪神がやってきた！　体に緊張が走る。このピンク色の風船を胸に押し込んだことを後悔した。ところが、この大悪神は今までと違って、中性的な優しい声のする悪神だった。今までのように「殺すー」とも言わず、かえって、私を気遣ってくれる。身構えていただけに、拍子抜けだった。こんな悪魔だったらどんどんいてもらいたいと思った。

　このときは、大悪神としか知らせてくれなかったが、この悪神は、それから、夜な夜な私にいろいろ為になることを教えてくれるようになった。教えられたことは、全てにおいて筋が通っている。その考え方に、なるほどー、と感心する日々だった。ただ、夜中ゆえに朝まで覚えておれず、今になってみれば、無理してでも、記録しておけばよかったと思う次第だ。後日、図書館で、たまたま見つけた『「竹内文書」の謎を解く』布施泰和著を読んだとき、その巻末に竹内文書年代記というものがあり、そこには公には内容が荒唐無稽で偽書とされているが、口伝で伝えられている歴代天皇史における歴代天皇名が載っていた。それを眺めていた時、この大悪神は、自分は上古第十五代「豊雲野根身光天日嗣天日天皇（とよくもぬねみひかるあまつひつぎあめのすめらみこと）」だと名乗ってくれた。しかし、あまりに長い名前で覚えられず、略して「とよくものねの神」と呼んでいた。

　それからまた、ややしばらくして、「今まで、千春さんが怖がると思って、黙っていましたけどー、本当はいり豆をぶつけられ、人間に嫌われている鬼なんですぅー。国常《くにとこ》立大神《たちのおおかみ》と呼ばれている大悪神です。地震を起こす悪神です。怖かったら言ってくださーい」と素性を語ってくれた。

　それから、国常立大神によるエネルギーの特訓が夜な夜な始まった。神の強いエネルギーに慣れるための特訓である。さすがに自称大悪神だけあって、死神のエネルギーの比ではない。それこそ死ぬ思いで耐えた記憶がある。国常立大神は、「千春さーん、我慢してくださーい。死ぬようなことはありませーん。まだ、国常立大神がつま先で触れただけですよー。これでは、千春さんの中に入れませーん！」と言う。確かに、エネルギーは強烈だったが、さほど恐怖心もなく死ぬようなことはなかった。慣れとは恐ろしいものだ。今では全く平気になってしまった。今思うと、ほとんどの神々はその役目を終えるといなくなり、遷移していく傾向にあるが、国常立大神と月にまつわる神はずっと私に関わっている。

　そんなあるとき、外で指を捻挫したことがあった。八幡さまが「そういうときは、氣で治すのだ。手を指に置け」と言った。痛くない方の手を痛い指の上に置いたら、急に手のひらが熱くなり、痛い指が癒されていくのが分かった。

えーっ！　なにー？　と心の中で叫んだ記憶がある。「これが氣だ。出せるだろう？」と八幡さまに言われたが、私はまだ半信半疑。氣などやったこともないのに、出せるわけがない！　氣とはなにか？　どうやったら出せるのか？調べるために、図書館へ本を探しに行ったのだった。

そして、一冊の本を見つけた。それが『超能力から能力へ』村上龍・山岸隆著だった。本を読むと、超能力を持っている山岸氏は薬剤師であり、内容は理系出身の私には分かりやすく書かれていた。とはいうものの、山岸氏が設立した会に入会し、ＣＤ（ＭＤ）を20分聞けば、すぐ超能力が使えるようなるというのは、なんとも眉唾ものだと思った。もちろん、「氣を使え！」と言われている以上、出せるようにならなくては、またいつ命を狙われてしまうか分からないという思いもあった。葛藤の末、とりあえず入会しＭＤを購入してみると、驚くべきことに、それを聞いて、本当にあの氣が出せるようになったのだ！

それから、自分で悪霊たちを追い出せるようになり、不思議と体はさらに楽になってきた。しかし、まだまだ私を訪れる妄想は後を絶たない。そんなとき、サナート・クラマと名乗る神が来て、さらに氣の力を強くしてくれた。２週間だけ所属していたことのある宗教団体からサタンが、『オスカー・マゴッチの宇宙船操縦記』オスカー・マゴッチ著石井弘幸訳からは、凶悪な悪魔王子のサマエルと善良な宇宙人のクエンティンがやってきた。サタンと、サマエルは氣の力でも祓えず、仲間にするのも命がけだった記憶がある。

ここまで来ると妄想だか現実だか分からなくなるものだ。その証拠に、国常立大神に「地震がきますよ」と言われると本当に地震があるのだった。そんなこんなで、あるときから、彼らの言葉をメモに取るようにしたのだった。

氣というものは、分かってくると面白い。五感で感じることができない雰囲気を巧みに感じることができるのだ。子供の小学校で知り合った友人の肩こりを、超能力で良くしていくことで、次第に氣に興味を持つ人が出てきた。入会して超能力を得たり、既に違うエネルギーを持っていたり、氣が分かる仲間が増えてくると楽しいものだ。不思議と同じように感じることが多いからだ。

そんな仲間を誘って、神社巡りを始めたのが、２０１０年のことだった。氣というのはエネルギーのことで情報でもある。それを言葉に置き換えられるのだ。神社の氣の言葉を本格的に集め出したのもこの年である。そのころは、神々の言葉や雰囲気が面白く、何が何だか分からぬまま、神々の言われるままに動いていたが、今、言葉としてまとめてみると、壮大なストーリーがあるのに驚かされた。到底私の考えの及ばぬストーリーで、幻想や妄想では書けないことだと実感している。

神々の指示で、今回この内容を『富士（二二）の神示』として世に出すように言われた。妄想か現実か私には分からないが、今まで神々や悪霊たちに教わってきたことで、日津久の神に読むように言われた『ひふみ神示』の意図する内容に、すんなりうなずけるのも不思議な感じだ。

いま手元にあり公開できるのは、2007年の後半から2012年8月までのものである。ノートでおよそ15冊分。それらを出版社の方々の神へのご理解、ご配慮を賜り、公開できる運びとなった。鳩森八幡神社の神の言葉を降ろしながらの打ち合わせは、担当の方々にとってさぞかし異例なことであったと存じあげる。この場を借りて神の代わりに御礼申し上げたい。ページ数の関係ですべて公開できないのが残念だが、要約や抜粋にてその内容と神々の雰囲気をお伝えし、『ひふみ神示』の内容との照合もして、神々の世界で起きていること、考え方などをお伝えできればと思う。

一つお断りしておきたいことがある。降りてくる言葉は、ほとんどが一文字一文字の平仮名の羅列である。読みやすいように、勝手にこちらで漢字変換している。場合によっては、うまく文章になっていなかったり、聞き間違いやニュアンスの違う漢字を当てはめているかもしれないので、ご了承いただきたい。

『ひふみ神示』とは

『ひふみ神示』は、昭和19年6月当時、東京の千駄ヶ谷にある鳩森八幡神社の留守神主をしていた岡本天明氏に自動書記で降りた神示で、漢数字と記号で書かれた暗号のような文である。初めは、訪れた千葉県成田市台方にある麻賀多神社の境内にて降りた。そののち、昭和36年まで降り続け、原文を解読し読みやすいようにしたものが『ひふみ神示』である。

第二章　神々（天界）の動きと指示

《２００７年―２００９年》

２００７年から２００９年は災害の警告が多い。その時は何のことだか分からなかったが、過ぎてしまって改めて３・11（東日本大震災）の災害警告だったと気づいた。災害は人の意識から起こると言われていた。それも地球が何者かに支配されているからだという。何者かの支配を振り切るために人間の意識を向上させなくてはならず、そのために試練を与えると伝えている。どのような試練にするかは、11／17／２００８のサマエルの言葉の中に、国常立大神が上神界へ会議のために行ったとある。３・11のことは、ここで決められたのだろうか。７／21／２００９の国常立大神の言葉に、「東の方、M８の大地震によって大津波が発生し、大災害があるがなんとか東京の大災害は免れる」とあり、通勤電車が止まる、電気が止まるという警告も見られた。

ひふみ神示にも、三千世界への道、曇ってしまった世の立て替え、立て直しの大洗濯の年が「子の歳真中して前後十年が正念場（磐戸の巻第十六帖）」というくだりや、「辰の年はよき年となりてゐるのざぞ（同第九帖）」「北に気つけて呉れよ（日の出の巻第二十帖）」とある。時代背景から東南海地震、三河地震、終戦などと関係していると思われるが、この神示を今になって（２０１１年1月13日）成田市台方の麻賀多神社境内にある天之日津久神社の神に読むように言われたことから、現代に通用すると考えられる。子の年は２００８年、辰の年は２０１２年である。そう考えると、２００７、２００８、２００９年は正念場の真っ最中である。それが警告という形で現れていたのだろう。なお、直近の言葉を優先してお伝えしたいので、２００７年から２００９年は割愛させていただく。

《２０１０年》

この年は神々が本格的に動き出した年といえよう。２／２赤坂の氷川神社に紹介された、下谷神社の年の神「大歳の神・神社によくある社報によれば、スサノオの子で稲の実りの神らしい。「とし」の語源は稲の実りを意味していたようだ。だから、年の神とは稲の実りをもたらす神ということである。日本において1年に一度実ることから、１年の単位を示す言葉となったようだ。お正月というのは、この神を迎え入れるための儀式だという」が動きだし、この世の立て替えが始まった年である。地中に縛り付けられているという国常立大神の呪いを解くために神社巡りをして、それぞれの神社から呪いを解き、今まで神道の最高神とされていたアマテラスが沈み、アマテラスと共に仏教も下の世界へ移行。イザナミが黄泉の国から出てくるなど、新しい太陽、国常立大神を迎え入れる準備期間といえよう。それと並行して天界の再編がされると予告されていた。

私への主な指示は、国常立大神の呪いを解く鍵を渡しに神社を巡り、湯島天神で全国の神社へエネルギーを送ることと、アマテラスが起こす最後の仕組みを回避するために東京に結界を張ることだった。そのために東京、関東の神社を巡り、その力を下谷神社に融合した。碧玉之巻第十帖に詳しく岩戸しめの記載がある。「岩戸しめの始めはナギ（伊邪那岐命）ナミ（伊邪那美命）の命の時であるぞ……時来たなばこの千引の岩戸を倶にひらかんと申してあろうがな。……次の岩戸しめは天照大神の時ぞ、大神はまだ岩戸の中にましますのぞ、ダマシタ岩戸からはダマシタ神がお出ましぞと知らせてあろう。……仏教の渡来までは、わずかながらもマコトの神道の光がさしてゐたのであるなれど、仏教と共に仏魔わたり来て完全に岩戸がしめられて、クラヤミの世となったのであるぞ、その後はもう乱れほうだい、やりほうだいの世となったのであるぞ、これが五度目の大き岩戸しめであるぞ」、また「……新しき太陽生まれるのであるぞ。（至恩之巻第十六帖）」にまるで合致するようなストーリーが、神々の言葉から展開されてきていた。天界の再編についてもひふみ神示に示唆されている。「岩戸（言答）びらきと申してあるが、天は天の、地は地の、人民は人民の、……それぞれの岩戸をひらくのであるから、……（至恩之巻第一帖）」の天の岩戸開きに相当するであろう。

……………………………………………

1／8　ひふりん（子供の小学校で知り合った八坂さんにいた神である。諏訪大社の神であるらしい。やさしい女神だ）の言葉から、未来が決定したと伝えられた。

1／27　芝大神宮へ行ったが様子がおかしい。声が聞こえず。かろうじてアマテラスに「かすがへ行け」と言われる。

2／2　このころ、エネルギーというものの感覚が分かる数人の友人たちと一緒に神社巡りをしたものだ。この日は赤坂の氷川神社へ行った。氷川のオオナムチの神に紹介されたのが下谷神社だった。「下谷神社はこの辺では一番力の強い神社だ。下谷へ行け」と言われた。下谷神社は「年の神」という神が祀られた神社だった。拝殿から強いエネルギーを感じたが、私と八坂さんしかこのエネルギーが分からなかった。それ以来、一緒に神社巡りしていた他の友人の時間が合わなくなり、八坂さんと二人で神社を巡っていた。ここから、年の神の仕事を手伝うようになったのである。

2／7　中目黒八幡神社に「下谷の神は、今まで知られていなかったがこの数年、力をつけてきた。苦しい時も悲しい時も乗り越えられるエネルギーを持っている、そういう神社だ」と言われる。

2／9　国常立大神が時間の変更をすると伝えてくる。

2／10　目黒不動尊の千手観音にアマテラスの時代が終わり、新しいアマテラスが出てくると告げられる。

2／19　文京区春日の北野神社（牛天神）の野原の牛（撫で岩）の神から指示がはじまる。言葉としては残していないのだが、年の神に「地面に縛られている国常立大神の呪いを解き放つ」仕事だと言われた。東京は国常立大神の心臓部。ここから呪いを解く。その鍵を渡すから、それを持って、神社を巡るように言われる。その指示が野原の牛より降りてきた。野原の牛に実家の屋敷稲荷、氏神の中目黒八幡神社も仲間に入れてもらった。

2／20　白山神社、根津神社の神より、神社は二人で巡るように指示される。

2／2赤坂氷川神社→下谷神社→2／18鳥越神社→神田明神→牛天神→2／22白山神社→根津神社→元三島神社→湯島天神と指示のまま神社巡りをした。湯島を中心に右回りに神社を巡った感じだ。すべての神社で下谷のエネルギーを抜かれた。不思議なことに、エネルギーを抜かれるとそのまま神がいなくなり、言葉が降りてくるところは少なかった。

2／22　元三島神社からは7社分のエネルギーを背負い、体中、電気が走ったようにビリビリさせながら、足を引きずりやっとの思いで湯島天神へ行った。エネルギーの柱を立て、集結させた神社のエネルギーを全国の神社に行き渡らせたという。

2／23　野原の牛の指示終わる。このころ、年の神に全国の神社の呪いの鍵が解けるまで、時間がかかることを知らされた。国常立大神が地上へ出てくるのはその後になると。

3／2　年の神にアマテラスとスサノオのことを聞かされた。アマテラスは悪神であり闇の者、スサノオが光の者であると言われた。

3／3　アメノミナカヌシに「神の意識のあるものは、これから忙しくなります。必要に応じて動いてもらわなくてはなりません」と言われた。

3／3　中目黒八幡神社の神に秋までに鎌倉鶴岡八幡宮へ行くように指示される。

3／10　午前4時40分ごろ鶴岡八幡宮の御神木の大イチョ

ウが強風のため根元から倒れた。
3／25　大鳥神社・国常立大神にアマテラスの最後の時代に仕掛けがしてあり、その仕掛けの一つが大地震であり、風神、雷神の力を強くすると警告された。これは日本を良くするためだと言われた。
3／26　鶴岡八幡宮の大イチョウが倒れ、根が移植されていたことを知って鎌倉まで行った。大イチョウは天変地異が来ることを示唆し、移植されたイチョウの新芽が新しい時代が来ることを予告していた。鶴岡の神が病んでいたとかで、代わりに中目黒八幡神社の神が出張して鎌倉にいた（この時、中目黒には年の神が留守をしていた）。鶴岡八幡宮の拝殿では私から下谷神社のエネルギーが抜かれた。呪いを解き放つ鍵が開けられたようだ。アマテラスの仕業だと後に中目黒八幡神社の神に言われた。
3／27　アマテラスより、神の道を外れた者を連れて世界へ閉じこもり、自滅の道を歩ませると告げられた。大地震を起こす。私の住む東京都内の被害を抑えるために、その前に神社を巡るように指示された。このころより、都内のいろいろな神社を巡る。
3／29　アマテラスより、この地震で人々の間違いを正すこと、神の意識のない者たちは新しい国常立大神の世に耐えられないこと、またこの世の延長に地獄をつくり、そこに神の意識のない者のための世界ができること、その世界をアマテラスが支配することなどが告げられた。
3／30　天使による地震予告。アマテラスにより地震が起きること、M7～8、最大震度6～、死者がたくさん出る。津波注意。この地震で人々の選択が決まることを告げられた。国常立大神の予告では、震度5にし、都内に住む私たち仲間には被害がなく、最小限に抑えてくれること、沿岸部の津波に注意することが告げられた。
3／18　八坂さんから、コビトがいる神社があるという情報を知人より得たと聞いていた。その時、たまたま近くの神社で聞いたところ、それは千代田区にある平河天満宮（平河天神）らしかった。
3／20　平河天神へ行き、コビトをもらってくるが、怖がってばかりのコビトは役に立たず、年の神によるコビトの学校を設けることになった。
3／31　中目黒八幡神社にコビトの穴が作られる。このころより、年の神と改心した死神によるコビトの学校が中目黒八幡神社で開校された。家へ来たコビトも八幡神社へ預けることになった。
4／12　年の神にこの世界では決断が迫られていると告げられた。今年中になんらかの返事をしなくてはならないと。神の意識のない者は消滅させられると言われる。

4/22 エロヒムと名乗る神に地震のメカニズムのようなことを言われた。「アマテラスが言っているように人間のひずみによる地震が最近多くなってきている。このひずみを起こしている大元の人間を隔離すれば、地球も安定する」

5/20 江島神社龍宮より、今年を境に2~3年のうちに、この世の崩壊は起きはじめる。天とのつながりを強めておくようにと警告される。

5/27 牛島神社、三囲神社、石浜神社(次の世のエネルギーをもらう。アマテラスの沈んだ後、アマテラスに代わるものが出てくる。その者がこのエネルギーを使える術を知っている。石浜神社が新しく変わることを予告)、白髭神社(これからのことは内側からやってくる。アマテラスの死、新しい神の誕生の予告)、水天宮を巡る。

5/27 ルシファーと名乗る悪魔がやってくる。改心させる。

5/30 中目黒八幡神社より、酷暑の予告を受ける(この年、日本は記録的な高温の夏となった)。下谷のエネルギーが動き出したと言われた。酷暑はこれから起こることの下準備だと。

6/1 上目黒氷川神社にアマテラスの支配力が弱まり、人々には辛い世の中となっていくと言われる。

6/3 横浜媽祖廟、関帝廟、関内厳島神社、師岡熊野神社(じきに漆黒の暗闇になるとの警告。世の中が大きく変わると言われる)

6/7 大神神社のお土産にもらったご神水の言葉、「この世はもう終わりだ。アマテラスがこの支配を終わらせる」と告げられた。

6/7 十日森稲荷「長い間のアマテラスの時代も終わる夕方だ。日差しも届かなくなる。時間ももうない。形のある者はアマテラスの力で破壊されてゆく。感じの違うアマテラスがこの世界を支配する。前に進め。真の言葉を探して、声を集めよ。幸せはこの声の中から見いだせる。年の神の言葉を人々に伝えよ。そうして、形のないものから形が生まれてくる」

6/7 目黒川の桜「夏至のときだって。この世の中が真っ暗になっちゃうよ」「年の神です。これからのことも含め、今度は国常立大神がこの世界をつくっていきます」

6/8 金王八幡宮「東京大神宮へ行けよ。夜のとばりがすぐそこまで降りている。扉がふさがれれば、地獄となる。ウシトラノコンジンはもう間もなく出てくる。世間に惑わされるなよ。真実は全て裏にあるぞ」

6/10 碑文谷八幡神社「この先、人々の生活も苦しくなるであろう。年寄り(?)の思考回路が富士山の動機を促し、かつての噴火をもたらす。思考とはこの世のすべてをつくりだす源。従う者はその後をつなぐ神、金色の7つの星が現れる。この星こそ人々の光となり、次第に強く明白になる。愛しい者がそこに立ち、死んだはずのアマテラスの代わりとして闇を照らす」
6／11　大宮氷川神社、コビトのお母さんの木がある。「世の中が大きく変わってきます。多くの人々はそのことを知りません。大きな禍が生まれ始めています。氏神さまを伝って人々に知らせています。この言葉を聞けることは、この禍を切り抜けることができます。間もなく時間が無くなります。もう一度、更新されます。その時、人々の中に新しい感覚ができます。コビトたちは今、彼らの心の変革を助けようと努力しています。コビトを持った人は幸せになります。東西南北の地軸に大きく影響が出ます。過去から未来へ行くとき、その現象はおきます。東西南北ともに、磁場の狂いが生じています。この狂いが次第に大きくなると、地球の地軸に大きく影響が出ます。太陽の支配者が代わるからです。その儀式が近々始まります。この世のすべての神社はそれに参加します」
6／11　東京大神宮「未来のことだが、国常立大神がこれから世を統治する。無縁の者たちはそのことに気づいていない。もう、未来は開かれている。未知の世界に足を踏み入れることになる。形のない世界だが、からだの進化が促され、天の言葉を受け取りやすくなる。間もなくこの世を統治しているアマテラスが未曽有の大激変を展開させる。この意識を一掃させるため、この神社を訪れた者（の意識）を抹殺する」
6／18　井草八幡神社「ここは後に、コノハナサクヤヒメの力により、突然の障害を人々に与えます。支度はできています。もう、まもなくです。地震と共に人々の意識を変えていきます。くまりんたち諏訪大社の神々はこの地を立て直す力となり、この世界を変えるべく力をこの世に送ります。神社だからといって、いい所というイメージはなくなります。人々の心の中に自己という意識がある限り、構わず従わない者（の意識）を抹消していきます」
6／21　夏至【アマテラス日没】「とうとうアマテラスの最後の日になりました。みんなの気持ちを、人々の気持ちを連れて、これからゆっくりと下の世界へ沈みます。アマテラスは地獄の支配者として君臨します。しばらくしたら、ウシトラノコンジンが迎えに来ます。その指示に従ってください」。散々助けてもらってきたアマテラスとの別れはつらかった。
6／21　年の神「この世が二分裂して、一つは上へ上がります。必然的に一方は下になるんです」
6／24　師岡熊野神社「（太い低い男神の声）金鳥が時を

放つ合図となる。戸惑う言葉を尻目に遠くの声を聞け。体を盾に心を解放しろ。怒涛のごとく世界が変わる。……（声が女神にかわる）しばらく闇になりますが、じきに明るい陽射しが戻ってきます。間もなく、世の中が大きくうねりはじめます。悪を封じるためにこの世の中の意志を変えます」

6／25　多摩川浅間神社「アマテラスは沈みました。コノハナサクヤヒメはこれから力を発し、地上の人々の意識を一掃します。神社といえどもよいばかりではありません。選択された者以外は排除します」

6／28　神田明神、亀有香取神社、亀戸香取神社を巡った。亀有香取神社では「勝負に勝つには無心になること」と教えてもらった。

6／30　ひふりん「これからの人々は暗闇の中に突入します。まだ何も分からぬまま突然の暗闇です。先を歩いている千春さんたちは、言葉を掛け、彼らを励まし正しい道に先導していってください。気がつかない人々は暗闇の好きな人々ですから、そのままそっとしておいてあげてください」

7／2　明治神宮「これから日本は大変になる。混沌とした政治、心無い人々の行動、は……年明けにはもっと大変になる。神社の鳥居をくぐるとき、その心を神は読むぞ。通りすがりだからといって、立ち寄れば容赦なく選択されるであろう」

7／5　中目黒八幡神社「上に上がれない者が一人二人ではない。遠くへ行ってしまうことに気づいていない。生まれた意味を知る者は非常に少ない。宇宙の一員としての意識を忘れ、個を主張しては、やがて分裂し破壊を招く。物事は、全てその個人から出ていることに気づいておらぬ。破壊はこの世の終わりを招き、宇宙という一員から遠ざかるのだ。皆の者にどうしてそれが分からぬのか。八幡の神々は悲しく思うぞ。人々よ、あとの祭りでは遅いのだ。己の進む道に気づけよ」

▽末社三峰神社「知っているか？　年の神が動き出したぞ。気持ちをしっかり持っておらねば、このイザナギの禊にあう。十日以内にこの地のものは分別される。スサノオの太刀にかかりたいか？　イザナギの禊を受けるか。それとも、年の神に続くか。年の神が動き出せば、一斉に神社の神々が動き出すぞ。国常立大神を迎える準備が始まる。アメノミナカヌシの命じぁ。後へは引けんぞ。身魂の洗浄が行われるぞ」

7／6　エノック登場「文明が終わる。鳥が鳴く。残りわずか。アマテラスの光も届かなくなる。文明の終わりだ。次第に暗くなる。るいるい星（神々はこの物質世界の地球をこう呼んでいる）の最後。文明の最後。無事に過去から未来へ更新される。無事に夜明けが来る。そうして、また陽が昇る。ごきげんよう！　突然すみませんでした。今から、この世界を変える手伝いを担うことになります。自分の名前はエノックです」

7／15　明治神宮宝物展示室（明治天皇の写真の前）「嘘のない魂を持つことへの努力を惜しまず邁進する世界を実現するために、我はこの世の中と闘うぞよ。その意気込みは他の神社と同じじゃ。その者たちの努力で世の中の神社が勢いよく変わってきておる。神社の良いところは連携しているところだ。この世の中を変えるエネルギーを神社から出すのだ。その者たちの心に力を注ぎ、地球という星の住人を一つの意識にしていく。他の国の神々もニッポンの神社の意識と結び（つながり）一つの大きな力となってこの世の中が変わっていく。我は、ちっぽけな者なれど、この地球の一員として力になりたい」

7／15　東郷神社に「戦争とは、自国を、自然を、愛しい人を、守るための戦いであったことも忘れてはならない」と言われ、守る戦争もあることを知らされた。

7／15　花園神社　その他「アマテラスの生霊がこの世の中にいる。花園神社もその生霊に占領された。あそこにいるのは花園神社の神ではない。アマテラスだ。気をつけろ！　意識を感じたら、すぐその場から立ち去れ！　後ろの者にそう言ってある。言葉にならぬ、言葉を感じとれ。アマテラスに支配された神社は鬼として人々に襲い掛かる。漆黒の時間が迫っている。苦しい時間だ。人々の心の闇を照らせ。アマテラスの生霊が闊歩し始めている」

7／15　アマテラス「アマテラスと意識を合わせないでください。アマテラスも悪霊化しています。アマテラスの言葉もきつくなっています。言葉に注意してください。人々の心の中にいる魔は、いつの間にか神として君臨していきます。その神の意識こそアマテラスです。心の乱れた者に対しては牙をむきます。支配していた者たちが形となってこの世に襲い始めています。その意味がこの生活の中に現れ始めています。アマテラスの力が発揮されます。この世の終焉まで続きます。言葉を使って多くの人々の心の渦を取り除くことにより、静かな魂の終焉が迎えられます。鬼として復讐する心がなくなります」

7／15　年の神「八坂さんと千春さんは対極にあります。八坂さんは一度上に昇り、下がっていく人を癒さなくてはなりません。逆に千春さんはこれから昇った人々に神の意志を伝えなくてはなりません。アマテラスは八坂さん、国常立大神は千春さんを支配しています。言葉の違いはありますが、目指すところは同じです。片や堕ちていくものを癒し、片や昇り行く者の教育です。八坂さんも千春さんもそれぞれに重要な意味があるのです」
7／25　榛名神社、ここの神社から石（神の力の入った石）を拾うように指示される。それから石を拾えと言われた神社のみ石を拾い集めた。
7／27　三崎稲荷神社「愛をみんなに渡せよ。心清らかなる者よ。慈しみ深きその心を愛で満たせ。形のない者の声を愛の力として受け止めよ。いつしかこの世の中も変わってくる。その時こそお前の声を知らしめよ。時間はかかるが、声は必ず届く。生まれたことを悔やむなよ。人としての使命に気づけ。いつしかシッカリした愛に包まれることぞ。明日への未来に必要なものは愛なのだ」
7／27　榛名神社の石「榛名の土の神です。みんなの心が変わり始めるのは今年の終わりごろからです。どんどん榛名のエネルギーを使うことにより、より多くの人々を上へ導かなくてはなりません。もう、近々仕事が始まっています。従わない者は従わなくてよいのです。自覚のない人々にとって、神という目に見えない存在に従うことはとても難しく、人の声として受け止めてしまいます。でも、自覚のある人にとって、頼もしい存在となります。国常立大神は人々の念を取り除くには、この世にいる人に取ってもらうように言っていました。死んでも人としての魂は残っていくのです。この魂の一部を集結するのが、千春さんのこの世の仕事となります。魂の集結は一つの思想を作り出します。東京から未来を変える、一つのエネルギーの発信をします。いつもいる年の神とエノックはつながっていて、一つの意志を形成するのに伝心しています」
8／1　アメノミナカヌシ「アマテラスの遠いジンミンたちは、いつかこの世の犠牲者となります。諦めて、物事に異常な執着を示していれば、この嵐は人々の心を考えずに襲ってきます。明日の人はもう分かっているはずです。時の流れは、この物質の世界を排除するということを。アメノミナカヌシたち、さまよえる神々は、この始末をアマテラスに任せました。人の心に宿った異常な執着はこのいい加減な世の中を支配している、どうしようもない残酷な思いで彼ら自身の心の中を縛っていきます。恐ろしい未来を持った人々は、その未来を待ち望んでいるのです。アマテラスも安心できない人からそういった感情をもらっていきますから、（そのように）アマテラスの心はできました。人間の感情はとても低く、見えないものを信じる力はありません。信じる者の心にはいつか、このことが知らされてきます。美しい人々の心の中にはもうその芽が芽生え、集まりだしています。嵐はここまで届きません。アマテラスの結界によって、明日への人々は守られています。千春さんたち心の浄化の済んだ者たちは信頼関係を持ち始めます。千春さんも人々に神々の言葉を降ろしてあげてください」
8／3　根岸八幡神社「アマテラスの世の中も変わるだろうよ。美しい者だけに知らせようぞ。うまく切り抜けるコツは人の選択だ。余分な人たちを切り、仲間を増やせよ。意志を同じくする者と付き合えよ。神々の言葉を彼らに伝えよ。さすれば、世の中の意識は統一される」
8／3　森浅間神社下宮にエネルギーをもらい、超能力が強くなったように感じる。
8／9　香取神宮「御言葉を四つ言うぞ。一つ、見ること。過去を振り返り、かしこく生きよ。二つ、3年後この日本を立て直す力となるだろう。三つ、年の神の言葉を信じろ。四つ、アマテラスに従う者たちはこの世から消します。地震も起きようが、幸せ間近。年の神の言うことに従え。アジアの地に地震をおこす。要石の役目だ」
8／9　息栖神社「鹿島の地へも行ってください。クシナダヒメのところへ行ってください。今年の暮れから世の中が大きく変わります。鹿島の地へ行ってください」
8／9　鹿島神宮「千春のように聞こゆるものなれば、鹿島の力を利用し、日々の生活も楽になろうが。暮らしの難しさはこれからさらにひどくなり、自分勝手な者たちはもはや神の存在も分からず、神事の意味も分からず。鹿島の力を持つ者は、よき場所、未来を身霊に入れようぞ。色が変われば、根の言葉も変わってくる。千春さん、この鹿島のエネルギーを利用してくだされ。この地は明日へのエネルギーとして働き、苦しい世の中から脱却するエネルギーとなる。しかし、物にこだわる者には毒として働く」
8／11　中目黒八幡神社「年の神が言っておるぞ。仕事が忙しくなると。これから年の暮れに向けて、人の心の中が変わってくる。近くにいる者も、神々の話に興味を持つ者が多くなってくるであろう。そういった者に伝えてやるがよい」
▽末社三峰神社「暮らしの中において、使う言葉、耳に入る言葉の発する意味が人々を苦しめはじめる。意味なく発した言葉の裏に根の深さを感じるようになる。人々の望む言葉は明るい良い言葉だ。苦しむ人にあったら、こう言ってやるがよい。『安心しなさい。あなたを苦しめているのは言葉です。自分に心配ないと言い聞かせなさい』そうすることによって、人々の心は癒されてくるのじゃ。いつしか、三峰の地を訪れよ」
8／12　年の神「クシナダヒメのところへ行ってください。年の神のエネルギーが過去を変えます。未来の力は過去を癒すことにあります」
8／13　アマテラス「年の神です。アマテラスからです。

身近なものに変化が訪れます。気の迷いです。明日の者には数週間後に連絡が行きます。美しい心の持ち主たちは生まれ変わり始めます。絶対に周りの人々と同調しないようにと。言葉の中にまだ善のある人にも悪い心が芽生えだしてきます。彼らはそれが幸せなのです。アマテラスの力によって、この世の多くの人々は地下へもぐります。美しい人々だけがこの世の中において輝き始めます。うまくかわすようにしてください。国常立大神が次第に力をつけてきます。そのエネルギーに合わない人々は美しい心を持つ者たちを危害を加えません。アマテラスは美しい心の人々には煙たがり、蹴落とそうとします。しかし、アマテラスは容赦しません。心の醜い者たちは徹底的に突き落とします。普段から生まれ変わる努力をしない者は神の道からそれ、仲間のところで死に絶えます。暗闇の中は暗く冷たい場所ですが、それさえも彼らには温かく感じます。年の神に指示を与えてあります。エノックの言うことも真実です。国常立大神はクエンティンと組んで、この世の立て直しを始めています。地球の未来を感じるようになるでしょう。静かなる心の奥に燃える炎、攪乱の渦を呑まれたもう。天照大神より」

8／13　三峰神社へ行った。「(アメノ）ミナカヌシは未来を見えないものにする。混沌とした世の中がこの地球を襲う。一人ひとりの心の中にある自覚が、この地球を救うことになるのだ。わだかまりを持つ者にこの地球のことは分からぬ。全てのヒの光を消し去り、新たなヒをともし、未来を創り変えるつもりだ。未来を知るものはミナカヌシの命に従って、この世の中の立て直しの役に立たなくてはならない」、「国常立大神は、まだこの世に出てきていません。体のない状態ですから、生まれ変わることもできません。貸して頂いている千春さんも皆と同じ体ですから、本神は入れません。一人ひとりの心に少しずつ未来を感じます。夫婦の神として一つになれる時が間近です。イザナミも黄泉の国を後にします。未来は二人で創っていきます」

▽摂社東照宮「素直な心の持ち主よ。いずれ日光へ来い」

8／15　クシナダヒメのところへ行くように指示されていたので、笠間市にある稲田神社へ行くが、電車の都合で時間がなく石だけもらってきた。

8／15　三瓶神社「(女神の声）下谷神社の神に言ってあります。このツボ（瓶）を使って不思議な力を出すことが出来ます。三つのツボの全ての力を授けます。間近に迫るこの世の変化に、このツボのエネルギーが必要になります。この道に進む者には必要な力です。クシナダヒメの想いはそれだけです。漆黒の世はこれからますますひどくなります。舵取りが難しくなってきます。心配しないでください。

クシナダヒメのエネルギーを持っていればその禍も抑えられます。下谷神社のエネルギーに、このクシナダヒメのエネルギーを融合してください。融合は都心の神社で結構です。大宮は一つの中心としましたが、最後に下谷神社で融合してください」。この時、大宮を中心に関東圏の神社を巡らされていた。

8／15 笠間稲荷神社「(男神の声) 等身大の世の中になってくる。天使の声が聞こえる者は、この世を継ぐことになる。笠間のエネルギーは災難を退ける力がある。この笠間のエネルギーが必要と思われる者にその石を握らせよ。下谷のエネルギーも良いが、この笠間稲荷のエネルギーは一番強いぞ！ 下谷はいつか東京の中心となる。このエネルギーを持って行ってくれよ」、「下谷の神にもそのエネルギーを持って行ってくれ。過去の邪魔者をこの力で成仏できるぞ。もはやこの世に残る魂はいずれなくなっていく。国常立大神の世として立て直してゆかねばならぬ。そろそろ行くがよい。スサノオノミコトだ」

▽帰りの電車の中での言葉「今はまだ交信するだけだが、ウガノ神、クシナダノ神、年の神は近日中に生まれ変わるぞ。このスサノオの命により生まれ変わる。千春にもこのことはゆくゆく分かるであろう。習慣として年の神がいるが、オオナムチの神もゆくゆく生まれ変わる。このスサノオの命によってこの国を造り直し、国常立大神を迎い入れる。過去のものはいずれ死に絶え、身のないどころか魂も消え去る。彼らの能力は低く、情報を五感に頼らない機能はない。美しい者たちは魂にその機能が宿っているのだ。いずれそれも理解してくるであろう。帰る所はもうない。残念だが、宇宙の掟を選んだ。過去の者たちには浮き沈みの激しい時代になってゆく。残されていく者たちは今までの常識を捨て、新しい価値観が生まれてくる。普通の価値観とは違う。残酷なものは避けたがる。漆黒の世の中において、残酷なものばかりが目に入るようになる。苦しい世の中になる。先を読み残酷なものは避けよ。情報から目をそらせ。自分の中の情報こそ本物なり。聞こえる者に聞け。長い時代はそうやって過ぎ去れ。国常立大神を迎え入れたときこそ、世の中が明るくなってくる。交換じゃ。今までの者たちは、そのときこの世界を明け渡さなくてはならない。いつの日かそれが来ることを願っておれ。スサノオ」

8／16 稲田神社の石「古い明日の力はもはや通用しません。新しい明日は今までとは違います。日時がこれから暗い方向へ進みます。もちろん、月がなくなったり、太陽がなくなったりするわけではありません。人々の心の中の虹が消え、美しさが心から消えてゆくということです。暗い世の中、無情なときが未来を包み込み、人々の悲惨な状態が日ごとに増していきます。未来の見えない普通の人々は普段の生活に嫌気がさし、うさをはらす事件が多くなります。後の偉い人の言葉にも足元のふらつきばかり目立ちます。今、将棋の駒によって次々と箱詰めされ、箱の中は生き残れない魔の手の中に支配されています。古い支配者はすでに古いところへ。やがて未来は意識のある者たちに支配され、未知の世を創り出していきます。フキタエ（？）の洞窟の中に住む未知の神を呼び起こす必要があります。聞くことができるならば、話を聞くとよいです。国常立大神しかその神は知りません。下谷へ行って、この世のために明日をつくるエネルギーを持っていきなさい。クシナダヒメの本神はこの土地の……つぼ……にいます。残りのエネルギーを三瓶神社へ行ってもらってきてください。女の神を迎え入れることで、この世の中に平和が訪れます。産み親神さまを迎え入れる運命になっています」

8／18　日光東照宮へ行くように言われていたので行ってきた。

▽輪王寺三仏堂「今はまだ、ここの場所を人間は通り過ぎる。アマテラスのことを知っているのか？　嵐がやってくるぞ。嵐は始まりの時が近い。浮き沈みの世の中になる」

▽日光東照宮「今年の暮れ（から？）苦しい世の中になる。この（世）全体的に苦しくなってくる。美しいものたち……この神社も国造りのために役に立つ」

▽大猷院《たいゆういん》本堂「深い末代の永劫の力を授けた。浮世の中において平和を築く力だ。残りの者たちにこの力を授けよ。起こる、将来を……このエネルギーを利用してくれ。年の神にそう言ってくれ。いつの日かすべての者が美しくなれる世の中を築いてくれと申し上げよ。願いは叶うと伝えてくれ」

▽阿弥陀如来「遠くからよく来たな。年の神の使いか？　うまい世の中をつくってくれと伝えてくれ。この阿弥陀も協力すると。未来は美しくなるぞ」

▽帰り車中「（あー、滋眼堂まで行けなかったなぁ）光圀だ。滋眼堂は行かなくてよい。美しい世の中になるエネルギーは揃った。これを下谷の年の神のエネルギーと融合しろ。（どうやって？）フキシタ（軒下？）のところで、その石を持ち年の神を呼べ。すべての石のエネルギーはそれぞれの神社、寺の土地とつながっている。年の神にエネルギーが流れ込む。いずれそれらの神社、寺は一つの流れとなり、国常立の世の中を支える力となる。社殿の石をもらってきたか？　（どこの？）東照宮だ。（ああ、もらってきました！）握れ！　光圀は……権現だ。年の神の仕事はこれで終わりだ。この石を年の神に持ってゆけ。人間のしてきたことは、美しくないことばかりだ。闘いは人々の成長

を妨げる。もうじき、やってくる世の中は権現の声が届く。すべては人間の力によってやらねばならぬ。声の聞こえる者よ。いずれそなたも仲間に入る者への道案内として、この声の意味の分かる者に聞かせよ。よもすがら何人もの仲間は、この意味が分からぬだろう。年の神の力によって先を行きん者がこの世を統治する。先々のことは頼もしい未来の礎になる。（寒川神社へは行かなくていいのですか？↑いろいろな人から寒川神社のことを聞かされていたから、行くべきかどうか迷っていた）必要ないが、寒川の神の力は持っていたほうがいい。過去の者を断ち切る力がある。北野神社を知っているんだな。そのエネルギーを使い、その力でまた世の中が変わってくる。年の神の言葉を信じておれ」

8／19下谷神社【榛名神社、息栖神社、鹿島神宮、香取神宮、三峰神社、稲田神社、三瓶神社、笠間稲荷神社、日光東照宮、大猷院、二荒山神社の石を下谷で融合。関東内の神社の力を下谷に融合】

「二つ足りないぞ……。磯子は始末したのか？（あれ、怖い声だれ？　えっ！　森浅間神社は石をもらってきませんでした。何も言われませんでしたから……）。それでは、もう一度参拝してくださいよ。千春さんから抜きますから。（いつもの年の神の声。ほーっ）……これで（アメノ）ミナカヌシと同じ力になりました。（この石はどうしたらいいですか？）持っていてください。今度、日の光が射してきたとき、また使いますから。（また、使うのですか？）今度は違う神社と融合します。自分の力が強くなったのに、気がつきましたか？（?!）今から、柱が立てられるようなエネルギーになりますよ。融合した神々のエネルギーは、アマテラスの言葉をそのまま受けても、まだ余裕になります。（実感なし……）ミナカヌシが言葉を伝えにきますから、そのまま待っていてください。（小さく細い声で……）この言葉は、融合したエネルギーを使って、通信しています。やっと、直接言葉を降ろすことができます。今まで、国常立大神や榛名、三峰の神に手伝ってもらわなくてはなりませんでしたが、数回練習すれば、もっと聞き取りやすくなるでしょう。アメノミナカヌシのエネルギーを使えるようにします。千春さんのところまで降りていきます…」。これで、東京に結界が張れた。神の意識を下谷から東京へ発信、東京から全国へ発信、富士から全世界へ発信するようなことを言われた。神社巡りの軌跡が、パラボラアンテナになっている感じに受け止められた。そうなると、まだ二か所足りない。どこだろうか。↑これについては、また巡る時期が違うらしい。

8／24　中目黒八幡神社（末社三峰神社）「（イザナミさん

が黄泉の国から出てくるってどういうことですか？）暗いところから、明るいところへ出るということだ。夫婦は一緒でなければならない。イザナギの体から出てきた神には、イザナミの心が宿っておらぬ。イザナギ・イザナミ両神の心を持たねば心としては片輪、不完全なのだ。今、この世を支配している者の多くは、イザナギだけの力で出来た神だ。それでは偏ってしまう。イザナミの力が必要なのだ。イザナミもそれは承知してくれた。これからはイザナミ・イザナギ両神でこの国を造りなおす。（スサノオファミリーがかかわっているのはなぜですか？）スサノオはそれを知って、イザナミが恋しかったのだ。でもそれは、出来ぬ相談だった。この世の中は、片輪の神がスサノオを潰しにかかったのだ。でも時は満ちた。イザナミの心が開かれた。スサノオの中にイザナミの力が入り込んだ。スサノオの家族に、イザナミの力が入り込んだ。これからは、その者たちと一緒に、家族でこの国を造りかえるのだ。この世の多くが片輪なのだ。千春にもそれが分かるであろう。夫婦そろって家庭は円満になる。互いが尊重しはじめて子供は幸せを感じるのだ。トウシ（通し？）から言えば、とば口のところだ。イザナミを迎えに行かなくてはならぬ。もう少ししたら、迎える準備が整う。そうしたら、イザナギが迎えに行く。形だけの愛ではなく、本物の愛を手に入れなければならない。それが、この宇宙の掟だ。イザナミの心を変えたのは、鳥居の下にいる死んだ者たちだ。それに気がついた。死んだ者たちが、イザナミの心を変えさせた。いつしかこの者たちを神に仕立て上げる。死神たちだ。千春のところにいる死神たちだ。ありがとうと伝えてくれ。（え？　私の死神さんたちが、イザナミさんを説得したんですかぁ？）そうだ、一緒にいなくてはいけないと説得してくれた。国常立大神の計らいであろう。良いものを持っておるの。いつまでも大切にしろよ。イザナギ」

8／24　年の神、「不満」について知らされる。

8／25　アマテラス（年の神より）「アマテラスです。大日如来はアマテラスです。これからは地獄と一緒に支配していきます。大日如来とアマテラスの大きな違いは、人々への意識です。地面の近くにいるのが大日如来です。不動明王は更に下の世界を見ています。アマテラスの力はもう地獄へ降ろしました。大日如来も反対に沈むべき仏として、この世の中を統治していきます」

8／30　アマテラス（年の神より）「一人ひとりにできることを意識してすすめてください。自分の意志は、人と心をいい状態にすることが出来ます。まだ、この世の中はアセンションしていない意識です。しかし、人の心にアセンションするかどうかの打診は行っています。自覚のない人々は一緒にどうこう言ってもやる気がない様子で、今まで通りの意識を保とうとしています。どうしてもその意識の合わない人は、アマテラスのことを神と思い、ついていきます。苦しい考え方を改めなくてはなりません。年の神の言葉をよく聞いて、今、何をすべきか考えてください。この世の人々にも、年の神の言葉を興味深く聞く人がいます。年の神の言葉の中に悪を排除する力があります。アマテラスに従う人々は、このプロセスを使って心の平和を保たせます。静かなる心のうちに宿る母を想う慈しみ深き心こそ心の安らぎになります。不思議な神の力によって、いずれこの世の中は二つに分かれてゆきます。心配してもルイジンの未来は生を全うするだけの意識しか出来ませんでした。困った時の神頼みでは神は動きません。普段から声を聞き、目に見えない者に従う心があっての神頼みだということを忘れてはいけません」

9／2　成子天満宮「人は集団で死んでも魂は個別なのだ」と教えられた。

9／6　中目黒八幡神社（末社三峰神社）「普通の年とは違う。アマテラスの沈んだ年だ。美しい者もしばらくはつらいことであろう。そのうち徐々に醜さも出ていく。急がない方が、じっくり少しずつ出て行かせる。太陽の熱が強くなっている。まるで地獄のような暑さかもしれぬが、これも醜さを出すための仕業だ。見受けられる異常な行動は、人間の一人ひとりの心じゃ。揺すりによって出てくる。先の読めぬ者は、どうしても未来を読めない。閻魔《えんま》の力によって、ゆっくり一緒に沈む。ウガノ神が次第に息を吹き返してくる。人々の暮らしにも、つらいことや悲しいことが増え、神の意志に従おうとする者も増えるであろうが、彼らに見えぬものを信ずる力はない。未来を見るコツは、内在する意識のみ言葉を知っている。身魂を知るものこそ、生きる力が備わるのだ。さまよえる神々に、いつか人間は従わなくてはならない。年の神もそのうち、強い神としてこの国を支配する。国常立大神と一緒にこの国を造って行く。未来はまだ来ていない。しばらくの辛抱だ」

9／9　小網神社「間近に迫ってきている。今年の師走にはその影響が出てくる。人々の心の中にアマテラスの影が忍び込んでくる。まだ気がつかないのかのぉー。ここへ来る者たちに知らせておるのに。悲しいことよのぉー」

9／9　第六榊神社「人は集団で死んでも魂は個別なのだ。この世の情報に気をつけろ」と教わる。

9／10　目黒不動尊（大日如来）「アマテラスは勘違いしていますよ。今は分離しているから、関係ないのです。未来において、アマテラスも如来もこの世の人のためにつくします。人々の中には残念なことに宇宙の掟に従う力のない者たちがたくさんいます。すべては自分の欲望から、この大日如来を訪れる者もたくさんいます。そういった欲望や身勝手さを乗り越えられよう、宇宙からエネルギーを降ろします。煩悩をなくすことへのつらさ、浮世の無情さ、そういったつらさを抱えたものを宇宙の力で癒します。いつもの時のように優しい気持ちがよみがえってくるでしょう。その安らぎこそ、この大日如来の役目なのです。やがてくるつらい悲しい世の中を心穏やかにアマテラスと協力して進めていきます」
9／10　閻魔（優しくよく気のきく神でアマテラスともどもずいぶん助けてもらった。これ以来連絡が取れなくなった）今の仏教、先祖の在り方について学ぶ。
9／12　かんしの死神（初めのころ改心させた死神で今では守り神になっている）に「憑《と》りつく」ことを教わる。
9／12　年の神に「生まれ変わるシステムについて」教わる。
9／12　ゼウス（よくサタンと一緒にいた神）に悪神モレクを紹介される。
9／13　モレクに「富」のことを聞いた。この地球は異次元の者に支配され、モレクもサタン同様、いいように利用されていたという話を聞いた。
9／14　サタンにこの世は贅沢すぎると語られた。
9／16　増上寺（阿弥陀如来）念仏について聞いてみた。人の魂は重く、苦しく一人で上に上がることが出来ない。それを軽くしてやるのが、念仏だと言っていた。自身で上がれるなら、念仏はいらないと。
9／16　萬年山青松寺（増上寺から愛宕神社へ行く途中にあったお寺。ちょっと寄ってみた）「いいか、ここも変わってくる。後ろのものたちに言われた。この寺は人々の苦しみを天界へと導く寺として機能し始める。美しき者たちよ、よくここを訪れた。不満がこの世を潰す。この世の不満が人々を潰す。神の意志を継いだ者は、この道を進む力が与えられる。贅沢なこの世に溺れいずれ消滅する」
9／16　愛宕神社「（男神の声）なんだ、年の神のところの者か。なぜ今まで来なかった!!　こうして来てくれたんだから、いいじゃないか。（と、女神の声）もうしばらくの辛抱ですよ。もうしばらく我慢してくだされ。年の神と協力して事が進んでいます。間もなく闇の世も消えるであろうよ！　まぁ、気長に生活しておくれよ！」
9／18　国常立大神「未来は少しずつ変わってきます。人の心の中に自分の欲を抑える自覚がなく、醜い我が出始めます。自分のしていることに快感を覚え、更にエスカレートとしてきます。もはや、そこに理性は存在しません。自我の内部にある自分の憎しみとの闘いが、これからはじまるのです。異常な考えに、自分自身恐ろしく感じるでしょう。年の神はとんでもない人間たちは、自分の考えを期に自分自身を怖がり、そこから恐怖の途絶えない残酷を生み出す仕組みと言っていました。また、この仕組みは女の人だけでなく、男の人も自分自身を殺すという行動に走ると言っています。いつか言っていた、この年末から人々の心が変わってくるということは、恐怖がこの世を襲い始めるからです。しかし、宇宙の新しいエネルギーは、心のきれいな人にはそのエネルギーによって、細かな振動を受け、心の状態だけでなく、からだそのものの活性化につながり、今まで悪かったところが良くなってきます。命も長くなって、人々のしている様子とは違い、生き生きとした生活になってきます。次第にエネルギーは高くなり、2年後にはそれが臨界点となって、一気にこの世の中が彼らを中心とした考え方になっていきます。ぞっとするような事件も減り、人々の中に生きがいを求めて、意識の高い人との交流が盛んになり、宗教の考え方をしない世の中へと少しずつ変わってきます。この世の中は履き違えています。善し悪しはありません。罪があるから悪が消えないのです」

9／14　池上本門寺、未成仏の魂がたくさんいるところで、体を取られそうになり苦労した。お経とはどこから来たかを聞いてみた。「意識の裏から湧いてきたものだ。仲間を呼んで、気持ちを一つにすることで、その音の世界へ入り込み、振動を共感する。それを通して、宇宙と一致させる。その恍惚とした状態が、宇宙の本質から流れるエネルギーである」

10／4　穴守稲荷神社、かわいい白狐コンをもらう。もう、ここへ来てはいけないと言われた。

10／16『ついにきた意志の神』6年ぶりにくる。以前よく来た月の神であり、ダジャレ好きの面白い神である。意志を司る神らしい。これ以来、再び私のところへ来るようになった。

10／21　明治神宮「マニラの意志を約束いたしたぞ。アマテラスのいない世の中より、昔のマジナイを解く鍵を持っているだろう。マニラの神と交信し、形のない世界へ移行する手はずを整えよ」

10／23　アマテラスからの伝言。マニラの神について、国常立大神が地下へもぐったとき、一緒にもぐった神らしい。その神々が地上の仕事を手伝うことになっているようだ。

10／26　てんつく来る。その年も終わりになると、毎年来る福を呼ぶ神が、てんつくてんつくつく……♪と賑やかにやってくる。

10／26　りんごの木（以前よく来て助けてくれた神である。女神のように感じる。久しぶりに来た）自由について教えてくれた。「自由とは秩序のあるものなのです。その秩序があってこそ人間はノビノビと暮らしていけます」
10／27　ついにきた意志の神に『神々を創ったものとは、どんなものであるか』という質問をしてみた。それは「意識」があるという真実だと言われた。
11／5　月の支配の神トート「初めのころから「月の支配の神だ！」とよく来ていた男神である。『ついにきた意志の神』同様、月の神であり、月の支配者である。メカに強く、車を運転するときよくナビをしてくれる。生命の神とか知恵の神と教わったが、ピラミッドを造ったのは「トートだ！」とも言っている。私はトートの弟子だったようだ。弟子の私が地上へ降りてしまったことを寂しく感じているらしく、口癖は「早く月へ帰ってこい！」だ。ウィキペディアで調べてみると、古代エジプトの知恵を司る神で、主にヘルモポリスというところで信仰されていたらしいのだが、広範囲長い間に信仰されつづけ、知恵の神、書記の守護者、時の管理人、楽器の開発者、創造神などとされているという、創世神の一柱であるらしい。言葉によって世界を形作るとされる。魔術とも深いかかわりがあるようだ。ギリシャ神話のヘルメスと同一視されてもいるらしい。驚いたことに本当に「月の神」であるらしいのだ！　もっと驚いたことに、トートのそばには数学や計量を司る女神であるセシャトという妻（または妹）がいるとしている！他にも、ヘルモポリス神話においては、世界を創ったオグドアドと呼ばれる八柱神を、世界が終焉を迎えたとき目覚めさせる役目がトートだとも書いてあった」
「過去も未来もいずれなくなる。シキタリという欺瞞の根強い様子は変わり、掃き清められた命の気がいつしか世の元になる。言葉のように、籠からでた蟹がまき散らかされた様子が、この世を支配している。交通整理をしなければ、急ぐ蟹も突き放す蟹も分からない。言葉の整理をしなければ、この世の者には分からない。予期せぬ言葉は、今以上に人々の心に残る。帰れない者たちは、もはや急ぐ必要もない。鳥居の下をくぐった者に鍵を付けた。自由に出入りができる者には鍵は開く」
11／11　トート「千春には教えなくてはならないことがある。千春こそ神の仕事をしてくれると国常立大神が言っていた。手の届くところで鍛えることにした」
11／11　鶴岡八幡宮「しいの木のことを知っているか？（注：しいの木とは中目黒八幡神社の樹齢300年のしいの木に宿っていた神。私をずいぶん助けてくれた、上神界にいるさまよえる神々の一柱らしい。しばらく前に上神界へ戻ってしまっていた）しいの木が降りてきた。イチョウだ。しいの木の力をもって、この世の中が変わってくる」

▽イチョウ「千春さん、しいの木はまた地球に降りてくることが出来ました。美しい地球を実現するため、ここからエネルギーを送ることにしました。参拝者の人々に美しい宇宙のエネルギーを送っています。この地球の再生のためにマニラの力を届けています」

▽旗上弁財天社で、ピンクのリボンを付けた白ヘビをもらった。八坂さん、ヘビに字をもらい書記ができるようになる。

11／11　師岡熊野神社、拝殿で37という数字を教えてもらう。「（37って何の数字ですか？）八咫烏《やたがらす》の数字。神の使いの数字。不思議な数字です。神の使いを呼ぶとき、この数字を唱えろ」

11／12　トート「神の愛とは意識の上での融合ということになる。意識が高ければ、自然と融合する。それが神々の愛だ。難しいかもしれぬ。生き物としての愛とは違う」

11／15　コビトの言葉「この世の人が、その幽霊たちに光に気づかせなければなりません。浮遊している幽霊たちは、この世の生活が苦しくてなりません。この世の人に憑りつき、形を持とうとしますが、彼らは恐怖心でいっぱいです。お寺は彼らの恐怖心をかろうじて軽くすることが出来るだけです。その力は、今のお寺にはないのです。もはや、この世の中は死者と一体となった世の中になっています。彼らの妄想の世界とこの世の中は一体化し、天界へ昇る魂はほとんどいません。天界を再編成し、この世と直結するシステムをつくっています。直接天界へ上がるシステムです。今まで、彼らの妄想がそれを邪魔していました。もはや、それに気づかない魂はアマテラスの元へ送り、この世の中を二分していきます。意識のある者だけが、それに気づくようになるでしょう。国常立大神の力によって、意識は統一され、神の言葉が直接降ろされます。もはや、お坊さんや神主、キリスト教の神父や牧師といった者の説教は不要になります。千春さんのように言葉が分かれば、彼らがいかにいかがわしいか、よく理解できるはずです。心配しないでください。天界から変わりはじめます。今の天界に新しい神が生まれました。国常立大神の意識をもった神です。もうしばらくすれば、地上へ転写されます。新しい太陽です」

11／15　来年のうさぎ「来年の干支のうさぎです。寅に代わって、来年はうさぎがこの世の中を見ます。（来年はどんな年ですか？）来年はその力に興味を持つ人が増えてきます。うさぎはまだ力が弱く、そのまた次の干支の辰が力を持ちます。好き嫌いのはっきりした年になってきます。自覚今度は年明けくらいに人々の意識が変わってきます。自覚というのが生まれてくる人も多くなります」

11／15　私にいるコビト「意識のない人ほどコビトが必要です。神の意志に添えない人は不幸になってきます。コビトの力で世の中が明るくなってきます。困ったら、周りから改善していきます。だから、困った人がコビトをもらいに来れば、必然的に周りも改善されてきます。愉快なコビトたちですから。コビトの世界で変化が起きました。国常立大神さまがコビトに言いました。一緒に人間の世界を変えてゆこうって。そう言っていました。年の神さまと死神さんが幹部コビトをつくっています。年の神さまが、今ごろ死神さんたちに命じてそうしています。今、いたずらするコビトを集め、うまくできないか考えているようです。コビトはそのままだと、いたずらコビトになっちゃうから気をつけなきゃいけないって。（コビトの世界も変わってきたね）。はい。つくり替えるんだそうです」

11／18　年の神「つるつる太陽の光が次第に強くなって、この世にも射してきています。つるつる太陽の光は、月の支配の神にとってかわりました。個人の妄想を取り払って、今まで、天界へ行くのに邪魔をしていたあの世という場所を取り除きました。多くの人が意識を変え始めます。それに気づかない人々は、アマテラスの元へ送られていきます。心の鍵は開かれません。そのヒントになる言葉は『気づき』です。気づくことに気づかず、それで流されてしまえば、その魂の行先はアマテラスの世になります。消滅の世の中へと変わってきます。それが、アマテラスの世界です。いつしか、魂の世界へ行ったとき、魂の傷を癒し、自分のしてきたことを確認して次の輪廻へ進むか、この世に残るか、休むか、違う星へ転生するか選べます」

11／25　大国魂神社「来ないから呼んだぞ！　そのうち、ここにも大津波が押し寄せる。この世の中が変わってきているが、浮世の者にはその意味が分かるまい。今の世の中に消える者たちはまことの縁が分かるまい。ルイジンの形をした者たちよ、今までの縁を切って、声の届く者の話を聞きたまえ。トウキン追い風、ルツボの中、従わなければ世の滴と消え」

11／25　奥沢神社（鳥居に注連縄《しめなわ》のヘビが巻き付いている神社）「年の神です。人に憑いた憑き物を取る力があります。人に施せば、その人の痛みや病が良くなるとヘビは言っています」

12／1　大鳥神社（国常立大神）「心につるつるの光を入れます。太陽の子は次第に力をつけてきています。月のミシシとマッシロイも一緒に強くなってきています。国常立大神は、もう少ししたら戻れそうです」

12／10　年の神「今度、日本につるつる太陽が輝き始めます。古い太陽はこれで終わりです。美しい人々の心に千春さんの声が聞こえ始めます。日本にいる神々は古い太陽から新しい太陽の輝きで異常が出てきます。（これは日本だけですか？）世の中の美しい人々の多くは日本に集まっているから、日本から変わってきます」

12／12　穴八幡神社「世襲が変わる。アマテラスの力によって、世の中に憑りついた者たちが、この世を闊歩し始めている。正月にはこの世の中にあるものが出始め、今年以上の混乱が待ち受ける。そのうち、この世の中にあるものすべてが、信用できないものへとかわる。それぞれの暮らしにも影響し、人々の心の中に渦巻く真実が滴りはじめる。急がねばならぬ。知る者は声を聞き、体の中にある悪を出さねばならぬ。いずれ、彼らによって翻弄される。自分という真実を見極め、それに従う者には指示が行くようになる。宴はもう終わりだ！　心に従え！　自分の心にだ！全ての神は連合し、ここもその一つだ。（アマテラスの神社もですか？）そうだ。アマテラスはアマテラスの使命がある。アマテラスの世に従う者は、アマテラスのエネルギーを心地よく感じる。それも一つの世界だ。全ての世界がつながりを持つ。自分勝手な者は孤立する。その世界もまたありになるが、孤立した世の中をつくる。彼らは彼らの意志に従って消滅する。依存する心を持った者たちは、いずれこの世を去ることになる。年の神やウガヤ（ウガノ？）の神たちは、これから意識を高めるのに役立つ。これから日本には大津波が来ることを覚悟しておけよ」

12／14　年の神「間違いは、神にもあるということを覚えておいてください。上から見ていますから、この世の人より広い範囲で考えられますが、間違いのない完璧な世界など上の世界にもありません。言葉は体の一部として、過去からの過ちを教訓として残しています。それほどしっかりと受け止めなければ、すぐにその教えは崩れていきます。それが間違いなんです。再びその教えを残すような努力をしていけば、子孫が同じ過ちをする前に気づくはずです。何が真実で何が真実でないかは魂が知っているのです。この世の中に長くいればいるほど、その魂自身もこの世の情報に惑わされることになります。何度も言っていますが、欲は心の穴を埋めるために起こります。心の穴はなぜ起こるのかといえば、魂の声を聞かないからです。情報に惑わされて希薄な魂の声が届かず、体と魂が分離しているからです。探し物がなんであるか、心の中から探すことです。体が要求していることと、魂の要求していることに違いはないのか？　必ずどこかに矛盾が出てきます。それが無理となって、体に現れてきます。それが病気なんです。外的な要因で病気になることも多いですが、内的要因で病気になることも知っておかなくてはなりません。魂レベルも肉体レベルも、ストレスによって大きく傷がつけられてしまいます。なぜなら、体と魂の矛盾を生むからです。心の安らぐ時間を設けましょう。森の中を歩く、海の解放感、植物や土などといった自然の力がストレスを無くしてくれます。食べ物にしてもストレスのない食べ物を食べてください。植物は自然の力で育つ、山の物が一番ですが、現代人はそれを手に入れるのも無理でしょう。なるべく心優しい人がつくった野菜を食べてください。神はいつでもここから見ています。それに気づけば、魂も安心するのです。神は親であり、妻であり、夫であり、恋人なのです。いつでもそばにいるということを忘れないでください」

12／14　絶対神ナニルの神「アマテラスの影響が少し出ています。年の神にも伝えておきました。敷居は高くしました。今まで以上に国常立大神の力を強くしてあります。もう一度、千春さん、大鳥神社へ行ってきてください。声を聞いてください。アマテラスの影響は絶対神の出現によって、次第に薄れて行きます。時間の関係で年明けになります」

神の石と氣

7／25／2010　榛名神社、この神社から境内の石を拾うように指示される。それ以来、石を拾えと言われた神社にて石を拾い集めた。「石もの云ふ時きたぞ（日の出の巻第一帖）」誰しもひふみ神示に出てくるこの言葉は何かの比喩ではないかと思うだろう。しかし、石は意思を持たせることが出来るのだ。神社で拾わされた石は拝殿で神に力を入れてもらう。それでその石にその神社の神のエネルギーが入ったことになるのだ。石はさしずめ言葉やエネルギーを伝える媒体の役目を果たす。それを後で読んだり、神のエネルギーを運ぶことに役立てるのである。エネルギーというのは情報であるから、石だけなく、物でも木でも花でもエネルギーがある。それらのエネルギーは言葉に置き換えられ、人間と同じように意思を持っていることが分かる。「木にも竹にも石にも道具にもそれぞれ霊が宿ってゐるのである。人間や動物ばかりでなく、総てものに宿ってゐるのである。（月光の巻第十二帖）」これは神の言葉とて同じだ。なかには神社の雰囲気を感じ取る人はいると思うが、人の雰囲気、場所の雰囲気、その日の気分、嫌気、気怠さ、眠気、陽気、元気……気、氣（キ）、「キつけてくれよ、キがもとざぞ、キから生まれるのざぞ、心くばれと申してあろうが、心のもとはキざぞ、総てのもとはキであるぞ、キは⦿《よろこび》ざぞ、臣民みなにそれぞれのキうへつけてあるのざぞ、うれしキはうしれしキことうむぞ、かなしキはかなしキことうむぞ、おそれはおそれうむぞ、喜べば喜ぶことあると申してあろうがな、天災でも人災でも、臣民の心の中にうごくキのままになるのざぞ。……爆弾でもあると思へばあたるのざぞ、おそれるとおそろしいことになるのざぞ、ものはキから生まれるのざ、キがもとぞ、くどくキづけておくぞ。……どんな九十でもキあれば出来るぞ、キからうまれるぞ、(磐戸の巻第二帖)」

その曖昧にしている雰囲気(キ)がエネルギーであり言葉であり、そして最大の武器である超能力になるのだ。神々がくれる御利益はこの氣(キ)である。氣が分かるには五感以外のセンサー(器官)が必要になるが、その器官はだれでも備わっているものなのだ。ただ、今の人々は氣というものを曖昧に扱っているから理解ができてない。悪霊にせよ、神にせよ、この氣でやってくる。氣の違いが彼らの名前だから、神や悪霊は人間のような名前は本来存在しないのが普通だ。普通、私たちの意識下では氣のスイッチがOFFになっているようだ。氣を使えるようにするには、このスイッチをONにしてやればいい。スイッチは簡単には入るものだ。ひふみ神示を読んだだけでONになり、手がまだらに赤くなりチリチリ感じたり、熱く感じたりした人もいたのではないだろうか。氣とは人間に備わっている普通の能力なのだ。

スイッチをONにするには、氣が使える人にONにしてもらうか、神社へ行ってスイッチを入れてもらうように熱心にお願いしてみるとよい。神々というのは、こういうお願いはよく聞いてくれるものだ。この本からでも、その能力を得られる人がいるかもしれない。ただし、氣の感覚を得るのは努力次第のようだ。氣の違いに気づく必要がある。近くに分かる人がいると、同調して分かりやすくなると同時に、解説してもらうとさらによく分かる。日々、氣、雰囲気に意識を向ける練習をするといい。そういう繰り返しで感覚が開花しだすと、氣の分かる多くの人が、ほぼ同じような感覚(温度、圧力、大きさ、重さ、形、刺激感など)で感じていることが分かる。氣が使えるようになると、簡単な体の不快感は自分で治せるのである。もちろん、ひどい場合は病院へ行くことをお勧めするが、病院へ行くほどでもない体の不快感、たとえば、肩こり、腰痛、捻挫、ストレスなどは、氣の力で軽減され改善されてくることが多い。また、やる気、集中力、人間関係、運といった健康以外のものも使い方によって改善されてくる。そして、身近な不慮の事故や不運も氣の使い方で抑えられるものだ。なぜなら、悪霊も氣を使って我われを苦しめてくるからだ。その対抗措置のために、ぜひ氣の力を発揮し、不快感や悪霊たちと闘ってほしい。氣は使っているうちにうまく使えるようになり、さらに神社でパワーアップしてくれる。これが御利益だ。そういう意味から、神々から与えられる『試練』は氣の力で解決できることが多い（もちろん氣だけで解決しない場合も多いから、そのあとの行動が最重要課題になるのは言うまでもない。神々は動きに宿ることを覚えていてほしい）。そうやって、自分にとって心地よい人生にしていくのである。神々は氣を積極的に使い試練を乗り越えるように言ってくる。そして、自分にとってうれしうれしの世にしていくのである。

ここで、断っておかなくてはならないことがある。神社の石や人気のあるパワースポットでは、石は勝手に持ち出さないようにしてほしい。あくまでも神の指示によるものだけにしてもらいたい。というのは神社やパワースポットという場所によっては、その場所に過去に人に憑いていた悪霊・悪魔たちや人の念があり、その場所にある石に悪の意識や人の念、怨念などが入っている場合があるからだ。過去に何度かそういう石を見たことがある。神に叱られている人もいた。特に神社は、悪や厄を祓うものの消滅させてはいないのだ。人の集まる神社やパワースポットは、逆に悪や厄をもらってこないように用心しなければならない。その防御も氣の力で行う。

第三章　神々（天界）の動きと指示
《２０１１年》

この年の最大の出来事は東日本大震災（3・11）で起きた大津波の被害であろう。警告は２００７年より始まり、アマテラスの世の最後の仕組みとされていたことだが、いざ起きてみればむごい事だと思わざるを得ない。しかし、ひふみ神示には「大難を小難にすることは出来るのであるが無くすることは出来ん。（極め之巻第三帖）」、「仕組通りに出て来るのざが大難を小難にすること出来るのざぞ。神も泥海は真っ平ぞ、臣民喜ぶほど神うれしきことないのざぞ、（地つ巻第三十二帖）」、「神に怒りはないのであるぞ、天変地異を神の怒りと取り違ひ致してはならん。（扶桑之巻第八帖）」とか、「実地にはだしたくないのぢや。この通理、よく悟りて呉れよ。実地に出しては人民可哀さうなから、……（黄金の巻第二十四帖）」という言葉もみられるように、神々としても岩戸開きのための苦肉の行いであったのだ。そういう意味でもこの大災害は我われへの最後の警告と言えそうだ。「今のやり方、考え方が間違ってゐるからぞ。洗濯せよ掃除せよと申すのはこれまでのやり方考え方をスクリと改める事ぞ。……（日月の巻第十九帖）」、「之が善である、まことの遺方ぞと思ってゐる事九分九厘迄は皆悪のやり方ぞ。……善だと思ふ事が善でなく、皆悪ざから、神の道が判らんから……悪と思ってゐることに善が沢山あるのざぞ。（日月の巻第三十六帖）」そして、我々のそのやり方、考え方、を改める最後の一厘の仕組みが動き出した年と言えそうだ。その準備として、「悪の衣着せられて節分に押込められし神々様御出ましぞ。（日の出の巻第十六帖）」とあるように国常立大神の呪いが解け地上へ出てきたこと、今までのアマテラスの影響がなくなりアマテラスによって抑えていた悪が出始めたこと、ウシトラノコンジンを出現させるために神社巡りをする運びとなったことがあげられるだろう。ヤハウェの諏訪の仕組みが動きだし、意識（命）の選択（洗濯）が始まった年でもある。

1／3　エノックと年の神に下谷へ行くように言われる。エノックが言うには、クエンティンもエノックも集まって、時間のネジを巻いているという。時間のゼンマイは今までのアマテラスの物ではなくて、絶対神のところにある大きなゼンマイだから、年の神一柱では巻くのには無理があるというのだ。私が神社へ渡した呪いを解く鍵が、ゼンマイを巻く鍵にもなっているらしい。鍵を持っている神が一堂に集まり、ゼンマイを巻いているという。鍵を渡せば、私

くはその場にいる必要はないらしい。全国にある呪いを解く鍵が集まるのにひと月ぐらいかかりそうだから、ゼンマイが巻き終わるのも春分の日ぐらいなるという。ゼンマイにも種類があるらしい。以下エノックの言葉。「年の神のゼンマイは、高度な美しい時代にふさわしい人間の意識にじかに働きかけるゼンマイです。……そうそう、頭のネジをキュッキュッとね。知らないうちに巻かれているんですよ。普通の人は伸びきったままかもしれませんが、下谷神社の意識と通じている人は、これからとことん締められますよ。アマテラスのゼンマイは、もう締めるものがいませんから、伸びきったままになります。……アマテラスの御札はいらないでしょう。実体がないです。次の時代のエネルギーではないんですよ。彼らの心の奥にあるものを全て出さなければならないのに、その気は抑えてしまうんです。悪いものは外に出して浄化というプロセスを経なければ、美しい心の中に曇りを生じます」。以下、下谷神社の年の神の言葉。「ゼンマイの鍵をもらいましたよ。その鍵で時間を巻き戻しています。ゼンマイは新しい物へ変わりました。もう、古いゼンマイは使えません。ゼンマイの威力は前の物より強くなります。ゼンマイの強い力で時間がゆっくり戻ってきます。新しい時代の始まりです」

1／4　急に成田の麻賀多神社にある天日津久神社というところへ行きたくなった。なにも調べずに行った先の麻賀多神社は鳥居をくぐった瞬間に違うことに気づき、成田の市役所で地図をもらってようやく台方の麻賀多神社へ行きつけた。

▽拝殿「とうとう来ましたね。待っていましたよ。年の神の力を借りて、行いをしてください。うまくいくように、こちら側から指示を出します。生涯この神社において、いつもここにいるように石を一つ持って行きなさい。（石を持った肩が痛い！）しっかり、体にエネルギーが入りました」

▽大杉（大杉のエネルギーが強かったので魅かれて行った感じ）「いつか正月に来ると思っていました。東京の人なのに、こうして話ができることはうれしいことです。空間の移動はどうしても起こります。エノックの言っている移動は、一番先に植物や動物から始まります。この世界は壊れていきます。クエンティンがさっき来てくれました。いつか話す機会があるでしょう。アラーの神さんは回り道を行って閉まるのを少し遅らせると言っています」

▽末社天日津久神社（はじめは聞き間違えが多く、うまく話が進まず、年の神に通訳してもらっていた）「絶対神といつも一緒にいる人が、正月に来ると言っていました。日津久の神です。はじめまして。どの人かと思っていつも待

っていたんですよ。その人に伝えなければならないことがあるんです。日津久の神は自慢の石をその人にあげなければならないのです。その石はそのまま、次の住まいの土地に転写してください。その人の家とつながります。いつも話ができます。千春さん、クエンティンの言っていた人ですね。前にそう言っていました」。帰りに天日津久神社の御札を買った。

1／6　岡本天明とつながった。「さらなる試練を乗り越えられれば、そこにパラダイスが広がっている。閉じ込められた悪を出し、清算すれば、もう悪を閉じ込める必要もなくなる。今までいた悪は、暗闇の中に閉じ込められている。その扉が開く。全ての悪を排出し、世の中の全てが清算されることが本来の浄化という。心の内に潜む悪は心身をだめにする元凶だ。今、出ているものを排出し、心の隅々まで悪を取り除いた状態が次の世となる。一人ひとりの心の中にある悪を取り除き、シンにある本来の光を取り戻せ。恐れてはいけない。悪に対して立ち向かわなくてはならぬ。それが出来ぬ者はアマテラスの世に移るとよい。燻る悪を抱き、心身ともに悪におびえる。出てきているものは百万石の米粒に匹敵する。それらを一粒一粒丁寧に取り除くのだ」、「これから、国常立大神の世になるんです、千春さん。心の中にある悪も外にある悪も全てが出てきます。多くの人はこの悪にたえられなくてアマテラスの世に行くでしょう。心の浄化というのは、その悪と闘うという意味なんですよ。千春さんがしているように一つひとつ丁寧に事を進めていけば、いずれ悪は取り除かれるのです。形のない者なれど、形のあるものとして目に見えてきます。それは本性。全ての人間がその本性をむき出しにして世の中の人々を襲うでしょう。（あなたは誰？）名前はないものです、いつの世も」

1／8　国常立大神「千春さんのところにいる国常立大神は、長い間地下に閉じ込められていましたが、千春さんと八坂さんが国常立大神の呪いの鍵を開けてくれました。年の神のすべきことが、すべて終了し、地味な地下から白みがかった地上へやっと出ることができました。支援してくれたアマテラスや年の神、都会の神々の力によって、つるつる太陽が輝き始め、今年の初めから東京にもつるつる太陽の光が当たり始めています。生まれたばかりのつるつる太陽の光は弱いですが、昼間のような明るさを持っています。今まで、押しこめられていた優しさと同時にすべてを明かす魔を光によって出す時期に来ています。心の中の魔は、今この時期にやっつけてください。いつしか、自分の身に起こる事と思い、それに立ち向かってください。国常立大神は絶対神ナニルの子としてこの世を統治していきます。絶対神というのは、アメノミナカヌシが率いる、さまよえる神々の上に立つ司令塔のようなところの神の総称です。国常立大神の世は、自分自身の中にある魔を祓ったり、押しこめたりするのではなく、事細かにしずめた魔も一部にすることにあります。人々の心の中にある魔こそ真実を知っています。国常立大神はこの魔を新しい太陽の一部として取り入れ、高い意識を持つ人々を中心につくっていきます。昔のような一つの法則に則って、これからはこの地球を宇宙の一員として働けるようにしていきます。恐れていてはいけません。恐れは恐怖を生み出します。這ってでもその魔に立ち向かってください。今のように一つひとつ丁寧に事に当たってください。そして、これからの世の人に教えてあげてください。形のないものこそ真実があるということを、広めてください。今まで、八坂さんにしてあげたときと同じように、その力をつけさせてあげてくださ い。年の神が支援してくれます。全ての人が年の神の言葉が分かれば、それが一つの教えになっていきます」

1／8 日津久の神「年の神が通訳します。日津久の神です。これから、この神社を中心に皆に意識を送ります。国常立大神の下で年の神とともに、この神社を有名にしていきます。暗い世の中も終わりにしましょう。年の神の力で、この世の中は変わっていきます。千春さんの友だちもこの神社を訪れますように、心の清い方にはそうお伝えください」

1／13 麻賀多神社（末社天日津久神社）「年の神です。ひふみを読むこと。その本は、これからの日本をつくっていきます。岡本天明のひふみを読んでください。フジハハレタリニホンバレという書き出しで始まっています。その言葉の裏にある意味を教えます。年の神の力を借りてください。次回は春に来てください。春のエネルギーを感じてください。それが日本をつくるエネルギーになります。夏も来てください。晩秋に来てください。そして、正月に来てください。次第にその意味が分かってきます。ここのエネルギーを閉じます。（一瞬にしてエネルギーがなくなる！びっくり！）ユネルギーのポータルを閉じました。（どこにあるの？）このコンクリートの十字がそのポータルになります」十字の四隅でエネルギーが違う。これが春夏秋冬のエネルギーだと教えられる。社の裏にエネルギーの厚い壁があった。人が来ると、その厚いエネルギーの壁も急に感じなくなる。人を選んでエネルギーを出しているようだ。大杉に国常立大神がいた。憑代《よりしろ》になっているようだった。

1／14 日津久の神「（ひふみ神示はどこから読めばいいですか？）終わりから読んでください。必ず分かります。千春さんの知らないことはもちろん教えます。いつでも聞いてください」。意味の分からないところは、年の神に聞いた。
1／14 日津久の神になぜひふみ神示に出てくる富士（二二）が真理であるか教わる。年の神に富士と鳴戸の仕組み、諏訪アマカタの仕組み、歓喜とは何かを教わる。
1／18 フキアエズ、年の神「嵐の前に選択できます。国常立大神の大嵐。指示がまだ出ていませんが、式年遷宮の時その嵐はきます。遷宮の時は、人の意識の中に光が入り込みます。のどから光が入ります」、「年の神が言いましょう。隣人の人々に襲い掛かるそのエネルギーは、体の中にある魔を活性化させ、その人自身に襲い掛かります。遷宮は伊勢の時それが起こりやすくなります。アマテラスの力によってなされるからです。（今後、伊勢はどうなるの？）伊勢は伊勢として役割がありますから、今まで通りです。この世の中で必要としている人にエネルギーを与えます。求める人が暮らしを良くするために訪れるでしょう。暮らしの難しさから解放されたいと思うでしょうが、所詮、その力は与えられず、抑え込むことで難から逃れます。彼らは自分のしていることが、良かれと思っている人たちであり、神の教えなど届く人々ではないから、今、生きているこの生（世）を守り抜けばそれでいいのです。もはや、魂の存続まで考えが及ばない人たちなのです」
1／18 モリス（ひふみを読んでいた八坂さんに来た悪神）「アマテラスの世は終わった。どうして分からないんだ。肝心なことが分かっていない。モリスは教わったのだ。アマテラスの下にいる死神たちにだ。なぜ、死神たちがそんなことを知っているのだ？（モリスの支配者は死神？）いや、死神の上に阿修羅がいる。阿修羅の上に支配している地獄の支配者だ。（閻魔？）お前は閻魔を知っているのか？（閻魔は仲良しだよ）そうか！ 閻魔が言っていたのはお前か!? 悪神を改心させると言っていた。モリスも改心したい!! やがて来る波に呑まれないように変えたい！ 頼む、変えさせてくれ！」、「年の神です。モリスは死を選ぶじみな人間に腹を立てていたようです。悪神といえども、どうしたらよいか分からず、自分も人を苦しめていたことに気がついたようです。そんな時、よそから来た死神に言われたんでしょ。地獄へ連れて行かれて、閻魔に会ったんですよ。上に改心させる者がいるから、行ってこいと。下から、さっき連絡が来たんですよ」
1／18 月読みの神？（というよりも、ひふみ神示の神のようだった）「ひふみのことじゃが、言うていること分かるか？（数字のところは分からないですが、おおよそ分かります）ならばよし。普通の者じゃないな。普通と申しても察するにこの意味分かるのは役員じゃな？（役員……

かもしれません。神の石を集めたり、年の神さまに従っただけだけど……）おお、年の神を知っておるのか？　ならば、役員じゃな。普通に聞いてくだされ。この神示、もう普通に腹に入っておろう。必要な所だけ読めばよい。二人おるはずじゃが……。（はい、友だちがいます。二人で神社を巡っています）選択は、選択、選ぶのに言うことはない。この者たちなら岩戸も開く。善人のようじゃ。神の言葉はよく聞けるようじゃ。不足はない。じゃが、まとわりつく者がおるから、この月読みが……。縁を切った。心配するな」

1／19　豊受の大神「豊受です。突然来たことをお許しください。国常立大神に命ぜられてきました。千春さんを助けるようと……。今のこの世の中のことはすでにご存知だと思います。日津久の神も申しているとおり、九分九厘まで事はなし終えています。最後の一厘は今まさに起ころうと準備が進んでいます。あと半年から1年の間は人間界の者にとって、とても苦しいこととなります。神の意志を持って接すれば、事は良きに進みます。大掃除です。すでにこの世に残れる人間の選択は終わっています。今の日本人の中で次の世へ移れる者は、ほんの一握りです。口や門は開けてあるのですが、どの人もそれに気づかず、通り過ぎ、地獄の門へと吸い込まれていきます。彼らには彼らの生き方があります。もはや神にそれを制する力も能力もありません。次の世のエネルギーが充満してくればこの悪にも力が入り、押さえつけていた石を払いのけることができるのです。もう、祓っても押し込めてもその悪はついて回ります。今まで、押さえていた分、パワフルになって人の心を襲います。それに耐えられない者は精神的なストレスを抱え病に陥ります。これからこの世を背負う人には、それが魔によるものと映るはずです。むしろ、それに気づかない人の方が幸せかもしれません。彼らにはアマテラスの世界がちょうどよく幸せに感じます。必要なこと以外はこちら側も手をくだしません。（必要なことってなんですか？）知らせです。神はここにいるという知らせです。ほとんど、気づかないでしょう。残念です。神と連絡が取れる者は、こちら側から限りない支援をします。あの地を拠点として、三千世界のエネルギーを東京から発します。それは『五』なのです。役割があります。神社同士の連携をはかり、この東京に結界を張ります。千春さんが今まで浄化してきた魔物が一役買います。その道は険しいものでしたが、千春さんが浄化してきた魔物が仲間を呼び寄せ、更に浄化の道が進んでいます。気の毒な魔物たちに力を与え、活躍できる場を提供するのが、下谷神社の新しい力となってきます。悪を懲らしめるのではなく、悪を癒し浄化することで、悪がなくなってくるのです。全ては一つの法則に則って進められます」
1／19　年の神「年の神です。ひふみ神示は読みましたか？（まだ全部は読んでいません）複重にも読めると思います。クエンティンがいるまでにすべて読み終わってください。クエンティンが仕事をつなげていきます。（それはいつまでですか？）ひと月後です。豊受の指示に従ってください。今、建てている家の下に日津久の石と大杉の石を転写してください。（もう、土台ができているので、家の下に石を入れるのは難しいです。土地の土のところへ置けばいいですか？）はい、敷地のどこかにあれば転写します。さまよえる神々もその土地に移ってきます。悪魔たちは癒され、最後の力をもらいます。がんばってください。一緒にやっていけたこと、年の神はうれしいです。（あれ？年の神さんはいなくなっちゃうの？）まだ仕事が残っていますから、年の神の声は聞こえます。つまり、いつまでも一緒ではなくなってきたということ。やることが、やる役目がこれから違ってきます。年の神の指示も最後の方になってきました。つるつる太陽の光が輝きだした頃を最後に、年の神の役目も終わります。（スサノオのことをもう少し詳しく教えてください）スサノオのことは以前、話した通りです。年の神の一族が働いているのは光の一族だからです。アマテラスの世の中はもう終わりました。この世の中に光を射し込みます。（それが剣ですか？）そうです。最後の一リン（厘？）でこの剣を刺（射？）します。最後の一リン（厘？）とは人の体の中に光が入ることです。声の聞こえない人の中には何も感じない人も大勢います。アマテラスの者たちです。もはやその光によって、意志は消されていくでしょう。もうじき、新しいエネルギーに変わります」
1／19　クエンティン「千春さんの新しい家を、今まで人が住みにくかったあの家は土地の神が制していました。腰を据えて言葉が降ろせるようにします」
1／20　麻賀多神社（末社天日津久神社）言葉を書き留めておかなかった。手を合わせると、真っ白い光の中に黒い点が見えてくる。「波の力、押し寄せる波の力。海（かい）の力。炎の力。土地の力……。帰ったら、ひふみを読んで理解してください。これでひふみは終わりです」
1／21　年の神「八坂さんはアマテラスの身霊を鎮める役目があります。下谷神社の年の神が指示を出します。八坂さんには八坂さんの仕事があり、千春さんには千春さんの仕事があります。二人でやる仕事も多いですが、普段の生活での仕事は別々になります。ひふみは、分かるところだけ分かればいいのです。人それぞれに分かるところが違います。もう気づいたと思いますが、ひふみはジンミンにだけ出したものではなく、役員の指示書にもなっています。分からない数字や言い回しは無理に分かろうとしなくていいのです。そこに気を取られてしまうと、この神示は分からなくなるようにしてあります。分かる人はこちらから分かるようにさせています。必要なところだけ読んでください。鳴戸（成答）の仕組みは質問、疑問を持つこと。人々に今の状態がいかに普通でないか疑問を持たせることです。カイの仕組みは、一緒に巡っている神社の岩戸を開くこと。まだ、行っていない神社がありますよね。そこへ行って、石をもらってきてください。石は千春さんちへ置いてください。アマテラスの者は国常立大神の者に襲いかかってきます。石を持っていいのは、国常立大神の者なのです。八坂さんが持っている石は八坂さんを守り、力をつける石ですから、これは持っていてください。神というのが分からない人間は神に恐怖を抱いています。もし攻撃されるようなことがあったら、その人と縁を切ってください。言葉は激しいですが、だんだん人は獣の本性を出してきますので、八坂さんも猛獣使いのつもりでいてください。もうお互いの仕事は始まっています。やることに違いを感じ取ってください。千春さんの仕事は国常立大神の仕事、八坂さんの仕事はアマテラスの仕事です。もし、分からないことがあったら、この年の神が答えます」

1／24　日津久の神「ひふみを読んでください。重要なことが載っています。気がついたとき、その言葉を繰り返してください。何度も同じ魔がやってきます。その魔と話をしなければ、根本的な解決にはなりません。自分の中にしずめてある魔は一つや二つではありません。一つひとつの苦しみは、いつか表面化してきます。体に変化が出てくる人も多いでしょう。その時、このひふみを読んであげてください。今までの経験が役に立ちます。いつものように、人との会話から、その魔を感じ取ってください。年の神の言葉を信じて進んでください。暗いしつこい魔はまた出てきます。それを丁寧に一つひとつ取り除いてください。止まってはいけません。止まると魔にやられてしまいます。すぐに行動するように自分を追い立ててください」

1／28　国常立大神「教えてあげますよ。どうしたらミロクの三千世界が実現するか。まず、愛しい人のために信じあうことです。それが人々の間に伝播すれば人々の中に疑うということがなくなります。そして、人を欺かないこと。だましたり、自分さえ善かれの人生を見直すべきでしょう。そして、働くこと。自分のため、楽しみのために働くこと。そして、多くの趣味を持つこと。生きるということに感謝し、神という存在を認めること。そういうことが出来る世の中であれば、ミロクの三千世界が実現します。まだ人々の中に自分に対する、人に対する恐怖が大きくて、なかなか進みませんが、千春さんのように神と話ができるようになれば、人々の心は次第に解放されてよくなってきます。国常立大神はそういう世界を目指しています。いつかそういう三千世界ができます。そうなったとき、はじめて地球も宇宙の一員になれるのです」

1／28　年の神「年の神です。愛しいものの心を乱す者は、いずれその世界へ行くことになると注意されました。急がねばならず、急いではならず。難しいことが分かりましたよ。国常立大神に、前にも注意されたことを思い出しました。人の上に立つ者は、下にいる者に強いてはいけないって。強いることは恐怖につながる。恐怖は愛しい者の心に蓋をしてしまうと。いつの間にか、年の神が今までしてきたことは人に押しつけようとしていたようです。神の世界は厳しいけれど、恐怖はないということを教えなければならないと、アメノミナカヌシをはじめ、日津久の神、ナニルの神にじきじきに言われました。人間を統治する神社の神として、それは恥じることだったと、今更ながら反省しました。千春さんはすでにひふみの内容はよく理解できているし、八坂さんの過去の清算もおおむねできたと言っていましたから、天の命令で、年の神は神社の使命を果たす役をするように言われました。しばらくはこちらの仕事を中心に、東京から世界に発信するための拠点づくりをしていこうと思います」

1／28　国常立大神「時機を見て、諏訪の下社へも行ってきてください」

1／29　シコウ「この使命の人には、人の神でない神が入ることがあるんです。千春さんだって、人の神でない神が出入りしているでしょ？　今まで、国常立大神のほかにもこうして支援している神々がいるんです。その他の神々は今のように時々来る神の他に、いつも常駐している神がいるんです。それがシンの神です。どうしてもシンの神も言えないこともあって、その人と話すことはできませんが、その神こそいつまでも一緒にいる神になります。守護をしている意志の神は抜かれることがおおく、そのたびに違う意志が入ったりします。（どうして、抜かれるの？）交信している浮世の支配者に抜かれてしまうのです。人間を支配しようとしている者たちです。彼らは人に意志の神が入ると、人々が自分たちの思い通りにいかなくなるので、抜くのです」

2／3　寒川神社「寒川も千春さんの住む家に置いてください。寒川の力が家を守ります。石を地面に添えてください。その力が今度の家の力になります。神社の力が今から発揮します。暮らしの悪さから守り抜きます。他の石の神と一緒に祀ってください。神示の力が強くなります。年の神にもこの寒川の力を届けください」。このあと下谷神社へ行った。下谷神社の帰りに寒川神社の八方除けのお守りを眺めていた時降りてきた言葉。「年の神の力と合わせて使えます。四季おりおりの四隅の厄を祓います。四つの方位の力がここにあります。友だちにも知らせてください。このエネルギーを使って邪気（鬼）を祓うようにと。曇った体では神との連絡が取りにくくなります。この力を使って邪気（鬼）を祓い心の曇りを取ってください。工夫して使ってください。新しい力がこの御札から入ります。寒川の力、太陽の力を感じてください。節分の時、アマテラスの力が完全になくなります。立春を過ぎれば、今までの力がもう使えなくなります。悪がこの世の中に出てきます。もう、抑えることは不可能です。すぐに暮らしにくくなってきます。実体のないアマテラスの周りに、良き日の悪が集まり、これからの世に出る準備を整え、今か今かと外に出るのを待っています。恵方の方角から彼らは出てきます。春分の日を境に人間の住むこの世に出始めます」。寒川神社で国常立大神に「磯子へ行ってください。石を持って来なかった神社がありますね」と言われた。

2／4　アマテラス「アマテラスはもう、これで通信が最後です。暮らしの難しさから脱がれるには寒川の八方除けを使って、つるつる太陽のエネルギーと合わせて使ってください。縁を切ってください」

2／5　榛名の神「暮らしの難しさが出始めているようですね。年の神の力では、この先、乗り越えるのが難しくなってきています。アマテラスの力が届かなくなっています。今まで、抑えられていた悪たちが出始めて、襲いかかってきます。彼らはもはや意志のない邪気（鬼）の類です。榛名の力はこの邪気（鬼）を祓うのに適しています。今は静かな力ですが、いずれ、大きな力となって、餓鬼どもと一緒に強い光で消滅させます。千春さんの体に、今その力を封入しました。これを使ってください」

2／10　森浅間神社「コノハナサクヤヒメです。これからの仕組みにコノハナサクヤヒメの力が重要になってきます。カイ（甲斐？　解？　開？）の仕組みです。土の神にこの石をささげてください。土地が活性化し、全体を覆います。カイの仕組みはここから始まります。この世のすべてに、このエネルギーが行きわたります。人間の中にコノハナサクヤヒメが宿り、人間としての役目を感じさせます。目覚めた人間から、コノハナサクヤヒメの御用をしてもらいます。神の言葉を聞きやすくし、下谷神社の年の神を助けます。ウガヤ（ウガノ？・）神を呼び寄せ、元のこの日本から立て直ししていきます。もはや、それを止める者もいません。クウシンが今の世をつくりました。これからの人々の心の中に神の意識が入り込み、命の洗濯（選択？）をします。もはや、これに従わない者は魂の墓場として、絶対神ナニルの命により、アマテラスの世を設けました」

▽下宮「そのエネルギーが、これから役に立ちます。今までのエネルギーが使えなくなっています」

2／10　根岸八幡神社「心の中の悪が出てくる。時々、その悪が人を襲い焦りや不安を呼び覚ます。心のままに過ごせば、この世の中は悪化してくる。荒んだ人の心は人を襲い、書き言葉のように体を襲う。人の言葉は心の隅に残り、取り除くことが出来なくなる」。このの ち下谷神社へ行った。

2／10　下谷神社「磯子森浅間神社のエネルギーはもらいました。この神社から発信するためのエネルギーです。都会の神社と連携して、世界へ向けて、このエネルギーを発信していきます。ようやくここの神社もよい光が届くようになりました」

2／11　野原の牛「くじ引きで、次の仕事の担当になりました。エノックの仕事をしてください。時々、地震がきます。千春さんと八坂さん、国常立大神によって守られています。……人のいいところは何も知らないというところです。人の無知は自分の生きる術をゆがめています。国常立大神の唯一の法則を理解できない者は、地盤のないところへ命を命じます。長い人生の歩みがたたれる始末です。国常立大神のそれぞれの力を発揮できるまで、この地はいつもよりかわれない者（？）が入ってきます。この嵐の浄化を伝播します。牛のところへ来てください」

2／13　アマテラス（大地震予告）「アマテラスです。どうしても伝えたくて、年の神に頼みました。東京にも関東にも地震を起こします。もし、千春さんのところが大きく揺れても心配しないでください。千春さんや八坂さんに被害はありません。国常立大神によって、地震は起こります。人が死ぬような大きな地震を起こそうと思います。これで、人間の意識に変化が起きればいいです。堪忍してください。愛しい人に危害は加えません」

【このころより「大地震が来る、大津波が襲うが心配するな」という言葉が頻繁に降りてくるようになる】

2／14　エノックにヤハウェは悪神だったと言われた。聖書については、サニワされていないと言われる。「あれは神の意志の分からない者たちへの書です。……神の意志の聞こえる者たちに書はいらないからです。教えとは聞こえない者のためにあります。だから、書いて残さなくてはいけなくなります。聞こえる者たちは直接聞けばいいんですから、書く必要ないんです。千春さんだって書き留めているけど、聞こえない人のためでしょ。隠してもいずれ分かりますよ。神は隠し通せないということが分かりますよ」
2／14　年の神？（人の腹の底にあるゴム人間について）「ルイジンが持っている、共通した過去の呪いです。これがこれから出てきます。取れる人と取れない人がいます。今まで、このために成仏できない魂が大勢いました。魂の枷《かせ》を取るには、祈っても念仏を上げてもダメなんですよ。自分から捨てる努力をしなくてはなりません。もちろん環境によるストレスもそうなんですが、死という概念からくる、世の中の思想が枷をつくっています。人それぞれの過去からの想いがゴム人間を作り出してしまっているのです」
2／15　エノック（地震予告）「地震の規模はM4～8、震源地の異常な……崩れます。国常立大神が力を入れに行っています。震動は東京にも伝わります。声が聞こえる人は心配いりません。時期は2か月後、場所は北の方。時間の関係で繰り上げることも考えています」
2／16　天使？（地震予告）「どうしてもいい神社に協力してもらわなくてはなりませんから、地震の神々が一斉に集まってきます。人間のネガティブな思考が地震をつくりだしてimasu.（←ここから急に手の動きがローマ字になるが記載はいつも通りにする）。ネガティブな人間は、アマテラスに従います」
2／17　牛天神「国常立大神のところで、くじを引いて決まった、野原の牛です。今年の最後の方から、この日本が変わってきます。北野（北の？）意志が入ってきて、日本国民の危機感が強まってきます。神社への参拝もいままで以上に多くなります。天神巡りをしてください。亀戸と湯島、少し離れたところで、北野神社を指揮している亀戸天神から先に回ってください。今まで眠っていた国際的な意識を目覚めさせるためです。年の神の仕事は、この日本から世界にエネルギーを送ります。北野神社系の神々を一気に目覚めさせなくてはなりません。国常立大神はもう地上へ出ています。更なる力をこの神社が持っています。（平河天神も？）コビトを使います。年の神のコビトのエネルギーを天神から発します。平河天神へも行ってください。しかし、まず、亀戸。ここへ行って湯島へ戻って来てください。それが次の指令です。牛の力を総動員して、この世の中を立て替えます。（ウシトラノコンジンって道真？）そうです。道真の牛です。国常立大神の意志を反映させているのが牛なのです」
2／17　亀戸天神「そのまま湯島へ行け。この石は所定の場所へ持って行け。年の神に仕事を言いつけてある。急げ！　湯島へ急げ！」。八坂さんに降りた言葉「この神社から始まる。この神社から広がってゆく。行く先々の天神が開けてゆく。すぐ湯島へ行け」

2／17　湯島天神「年の神の仕事をしてもらう。仕組みがおおよそ分かったな。湯島の神の力でこの世の中に光を放ち人々の意識を変える力を降り注ぐ。閉まった鍵を放ち、人々にかかった呪いを解放するときが来た。日本中の天神から永遠の時をつくるエネルギーが放たれる。かまわず進め。超能力を使えよ。その使い方によって、この世の中が大きく変わってくる。コンジンの光が神社を駆け巡り、隠れた世界の本質が現れる。時を経なければ、生き抜くには、神の力が必要となる。今までの世の中の名残が怒涛のごとく襲ってくる」

▽末社戸隠神社「この世の中が大きく変わる。岩戸が開けてきている。多くの者たちが不思議な体験をするであろう。その時に教えてやれ、神の教えを。伝えてやれ、その生き方を。その能力を使い人々に広めるのだ。それぞれの神社にある摂末社から本社へエネルギーがいきわたるのだ。いいか、固ずを呑んでみている者たちは、もはや行き場がなくなるであろう。もう、そのときは手遅れなのだ。強く声の聞こえたる者は集結しだす。それは夢ではない。現実のことなのだ。神という形のないものが形となって現れてくる。目に見える形とは違う現実だ。分かる者には知らせてやれ。この先、世の中に大きな変化があることを。一つの時代が終わる境目であることを。そのうち、戸隠の意味も分かるであろう。地下にある秘密の国の戸が開く。その者たちがこの世に出てくる」

2／20　年の神に、アマテラスというのは複数存在すると言われる。「アマテラスはこの世の中に姿を現しますとシトラノコンジンという名前で現れます。ウシトラノコンジンは国常立大神の現界の姿となって見えると思います。つるつる太陽は天界からこの世の中を照らし、真っ白い光の神は天界を支配します。地獄のアマテラスの役割は大きく、この世の者の大半がこちらの世の選択をしています。彼らにとってのアマテラスは、このアマテラスなのです。そこはあくまでも、彼らにとっては天国なのです。菅原道真は今まで、国常立大神が支配していた人間なのです。意志を継いでいたのです。道真は人に恨まれ、流されてしまいましたが、ゆくゆくは来るべき時のために牛を連れています。この牛こそスサノオの化身。今はスサノオの神社と天神を祀っている神社に牛がいます。国常立大神はウシ。スサノオと菅原道真と国常立大神はウシで表されます」

2／24　横浜媽祖廟「その時々によって、暮らしがたい状態が続きます。まだこれから人間はつらい時期を迎えます。

神々の仕組みにより、事がなっていきます。全ての事は順調に進んでいます。過去から未来へ受け継がれていきます。期待外れのこともあるでしょうが、それもまた神の神意です。いつしか、あなたには仕事が与えられます。今、その仕事の準備をしなくてはなりません。これから来る津波は、人々にはつらいものになるでしょう。人々はそれを体験しなくてはなりません。これからの日本は世界中の人々を背負って行かなくてはなりません。全てを神に任せ、ただひたすら生きて行けばいいのです」

2／24　平河天神「仕事があるコビトを広めてほしい。帰ったら、コビトに伝えよ。この仕事はそなたたちの仕事だと。コビトを人々につけよ」。八坂さんが降ろした言葉「この先、コビトは重要な役割をする。コビトは人につき、癒しを与え、邪気や悪が入り込んだ人々が精神が破たんしたとき、コビトを使うとよい。コビトが人の心の癒しになるだろう」

2／24　下谷神社（門）「年の神さまの前にいるムキコです。アマテラスの声が後ろから聞こえました。時の流れに千春さんのことを……、まだそのことが分からない人々に罪がいきます。普段から、吹き飛ばしていれば、罪の意識もないものに、それをわざわざ身にまとって生きてゆこうとしています。ムキコはそういう魔を退治する役割を持っています。年の神さまにより、仰せつかっています。この門をくぐる者から邪気を祓い、年の神さまの御神殿に影響がないようにしています」

2／25　ニニギノミコトが来て、地獄のアマテラスのところへ行く。

2／25　ついにきた意志の神？（地震予告）「千春さんのところはつぶれませんから心配いりません。千春さんに被害はありません」

2／26　ヤハウェ「そう、昔アマテラスと一緒にいたヤハウェだ。……ヤハウェの民の者たちはこの世界を背負い新しい日本をつくって行かねばならぬ。ヤハウェは悪魔だということが分かるであろう。聖書の言葉を読み、信じる者よ、そこに書いてある物語が偽りのものであるということを知らねばならぬ。アマテラスのしていたことは、いずれこの世を崩壊させ、この地球もろとも消える運命にある。最後の時が来たのだ。封印を解く。ヤハウェの封印、ユダヤの封印がそこにある。仕事はそれだと八坂に知らせろ。国常立大神の力でその封印が解ける。ユダヤの民が解放される。……ヤハウェの苦しみを聞いてくれ。ヤハウェは神などではない。人間を支配したいがために降りてきた悪神だ。アマテラスと一緒にこの世の中を牛耳ってきたのだ。日本の民こそヤハウェの民といえよう。アマテラスという支配者の時代は終わったのだ。目覚めよ。これからは時代が変わる。神の時代へと変わる。過去の生きた神がこの世を統治するのだ。封印を解く鍵を渡す。ユダヤの封印を解かなければ、ジンミンは目が覚めまい。もし、それが出来ないなら、石を拾ってきてくれ。ユダヤの神社だ。諏訪の石だ。石の言葉を聞いてくれ。そこに封印を解く鍵が記されている」、「千春さん聞こえますか？　国常立大神です。八坂さんに伝えてあげてください。ヤハウェの苦しみはユダヤの封印を解くことで放たれます」

2／27　ひふりん「隠された土地の秘密が明かされています。諏訪大社に秘密が隠されています。千春さんと一緒に諏訪へ行ってください。諏訪にある石を持って来てください。今回は八坂さんが使う石です」

2／27　天使？「地獄の砦を壊す。（誰？）国常立大神の力で地獄の砦を壊す。美しい者たちよ、過去の者たちがこの世をつくり直す。時間がない」

2／28　アメノミナカヌシに宇宙について聞く。

3／3　麻賀多神社（末社天日津久神社）宇宙絶対神のエネルギーが、これから役に立つと言われる。社の前に立っていると、エネルギーが真北（大杉）から来る。最後のエネルギーだという。「北のエネルギーは、この世を立て直す重要なエネルギーです。この下にあるポータルが一つひとつ開いてきます。最後のエネルギーがこれ（北のエネルギー）です。この日から、エネルギーを変えます。穏やかな春のエネルギーになります。もう、下のエネルギーが変わり始めています。苦しくなってくる人が増えるはずです。もし、そういう人に出会ったら、この日津久のエネルギーを入れてあげてください」

▽八坂さんの持っている下谷神社の数珠に聞いた。八坂さんに山の神の話が降りてくる。「（山の神さまって何ですか？）山の神とは諏訪にある山のことです。あの山そのものが神でモリヤ（マ？）と言います。その神に力をもらってきてください。それが諏訪の仕組みになります。諏訪の仕組みは、このモリヤの力を国常立大神とつなげることです。（どうやって？）指示を出します。この山から指示を出します」

3／4　年の神「真北に光が射し始めました。太陽が真北から昇ります。普通は東から昇って、南へ向かいますが、この太陽は北から昇って、東へいきます」

3／8　クエンティンに仏像について聞く。

3／10　谷保天満宮（谷保天神）「鳥のエネルギーを授ける。夜明けのエネルギーだ。このエネルギーを持って北へ行け、すぐ行け。人の意識を変える、人の意志が必要。このエネルギーを使え。次の夜が明けたら、このエネルギーは、この世をつくるのに必要なエネルギーになる。時の声を世に知らせ！　人々に知らせ！　人々の心を開け！　人々の意識を地獄の意識を変えさせろ。急げ！　ここに留まるな。人のいる言葉の分かる者を連れて、すぐに国分寺へ行け！　指示はそこでする。国分寺へ急げ！」

3／10　武蔵平安神社（ククリヒメ）エネルギーのイメージが春を連想させるパステルカラー。「このエネルギーを使って、神示の御用を成し遂げてください。これから来る大津波を回避するエネルギーです。超能力を強めました。年の神の言うことをよく聞いて、これからの世を立て直していってください。諏訪大社へ行って、エネルギーの指示を受けてください。八坂さん、これから大仕事が待っています。山の神のエネルギーが必要となってきます。千春さんも一緒に行ってサポートしてください。千春さんは次の仕事をしてもらわなくてはなりません。多くの人に神社の神々の声を伝えなくてはなりません。八坂さんと協力して進めてください」

3／11【午後2時46分ごろ、三陸沖を震源とするM9の大地震発生。宮城県栗原市で震度7、東京震度5強】地震の前後、多くの神々は留守になり連絡取れず。揺れの真っ最中だけ、アメノミナカヌシが「動いてはなりません！」と言ってくれた。

3／15　年の神（久しぶりに来た）「まことの真髄は永遠のものとなります。今、苦しい時が続きます。原発も最後の時まで手を出しません。今、苦しいことが、この世の中を通過していきます。日本人の本来ある友情が出始めています。苦しくとも苦しくともこの時期を乗り越えてください。美しい人たちが生まれ始めています。うまい工夫をして乗り切ってください。不満も苦しみによってかき消されます。欲望の過去の者たちは消滅し始めています。災害に遭った人たちはあの世へ全て送りました。この世の苦しみを消して、この世の全てを忘れさせ、絶対神のもとへ帰しました。彼らがそれを望みました。この力をどうぞ、日本のために使ってくれと、下の人間のために使ってくれと、その願いを絶対神は聞き入れました。彼らのエネルギーは、これから日本を立て直すエネルギーとなり、再び、人の中に入ります。彼らの意識は、もはや過去の者たちではありません。次の世のエネルギーを携え、降りていきます。もうしばらくの辛抱です。まだつらい時期は続きます。食料もたくさんは食べられなくなってきます。震災はまだ続きます。関東は千春さんの巡りが早かったので、何とか切り抜けるでしょう。関東の神々が連絡を取り合っています」

3／16　アメノミナカヌシ「心の底にある不安は心配いりません。天にあるものを千春さんたち美しい者には送ってあります。千春さんの能力を使って、電磁波を防御するように障害を防いでください。少しだけでも防御できます。放射能を防御できます。この日本人の心にある、強い団結力を芽生えさせています。一致団結した力はすべてのものを可能にします。強く生きるために、人間本来の生きる喜びというのが分かってきます。物の世界はこれで終わります。しばらく物のない時が続くでしょう。地震の災害よりも日本人にとって恐ろしかったのは、超弩級の津波だったと気がついたでしょうか？　災害に遭った人には申し訳なかったと思いますが、北からのエネルギーが元になり、この日本が立ち直ってきます。千春さんを中心とした地域の人々には役割があります。強い心を持って、これから彼らを援助しながら、精神的にも助けていかなくてはなりません。お互いに支えあい、地域を越えた団結が強い日本をつくり、世界を導いていかなくてはなりません。この事態に多くの人が気がついたと思います。その心を大切にしてください」

3／16　天使？「震度よりも放射線に注意してください。北風に乗ってやってくる放射線に注意してください。被ばくする恐れがあります」

3／17　明治神宮「こんな時によく来てくださった。脇によって言葉を聞いてくれ。こんな災害になったのは全て神のせいなのだ。ただ、人もそれで気がつかねばならぬ。この世の中を昔のような大和魂にするために仕方がなくやっている。悪いものは全て吐き出させなければならない。原発もそうだ。被爆国ニッポンにこんな原発はいらない。余は悲しい。全てを無にして世の中を立て直す。ニッポンはニッポンで団結する力を持っている。それを発揮させる。まだ、関西において地震はくる。彼らは阪神淡路大震災の記憶が新しい。これを機に一気に変わってくる。不満を言う者はこれから排除され、意識が変わってくるであろう。原発は心配するな。人への害は最小限にすると、上の神は言っている。しかし、最後まで、人がやらねばならない。多くの亡くなった人々を無駄にはできない。お前たちもよくやってくれている。お前たちに被害はない。途中の過程をよく覚えておけよ。なぜそうなったのか段々分かってくるであろう」

3／17　下谷神社、神社のエネルギーが変わっていた。「いよいよですよ。これから大きく変わるんです。下谷神社のエネルギーが変わったのに気がつきましたか？　命を失ってでもしなければならない大仕事。これからですよ。まだまだ立て直しは続きます。まだまだ八坂さんと千春さんには働いてもらいますよ。これからなんですよ。これからが、勝負です。人々の意識が変わり始めているのが分かるでしょ。塩釜には神がいるんですよ。その神と連絡を取り合っています。もう少し、もう少しの辛抱ですよ。もう少ししたら、物資も届きます。みんな命があることの大切さを十分味わってください。復興の喜びは生きる喜び、東北地方に光が射し始めています。まだつらいでしょうが、もう少し、もう少し、辛抱してください。東京の人はこの人たちを支えなくてはなりません。自分たちは助かったなんて思わないでくださいよ。自分本位の考え方は、これから排除されますよ。関西にも地震を起こす予定です。地震ぐらいで倒れる日本ではありません。奮い立たせるための地震です。神は人の尻をたたきますよ。ぼやぼやしてないで、復興しなさいってね」。以下、八坂さんが受けたメッセージ。「関東の神社は皆エネルギーが変わっています。しより研ぎ澄まされたこれからの時代のエネルギーです。しかし、まだ災害は続きます。これから関西に未曾有の地震と津波が襲います。日本国民全てが、これによって一体となります。一体とならなければいけないと感じ、心がどんどん清らかになります。『セイヒン』という言葉を知っていますか？　清らかに貧しいということです。それは心が貧しくなることとは逆の意味です。清貧です。物はなくても心が豊かになり美しい人が増えていきます。八坂さんはその人々の力になれるようにお手伝いをしなければいけません。年の神の言葉を教えてあげてください。八坂さんの話で気持ちが落ち着き、それからまた進んでいけるでしょう」。いつもの年の神、この日から東北地方へ支援に行き留守になる。【清貧について、ひふみ神示には「清貧はまけおしみ、清福になれよ……清福こそ弥栄の道、神の道(月光の巻第二十三帖)」と書いてある】

3／18　国常立大神「一人ひとり、意識を変えていく時間はありません。今まで、十分に時間は与えてきました。もう待てません。心の掃除の済んでいない人たちは、この生活がつらくなってきます。4月は関西に起こします。自分だけ助かろうと思っていてもムダですよ。どこにいたって地震はきます。津波の次は、火山の噴火を予定しています。千春さんのいる東京には被害はありません。心ある人に伝えてください。まことの心を引き出します。心の美しい人は生き残る仕組みです」。仲間で分担し、富士山に癒しのエネルギーを送りはじめる。

3／19　国常立大神「地震を起こす日を決めました。4月上旬です。自分の意志をしっかり持っていれば、心配いりません。大津波は日本海にもきます。デマに注意してください。東京にいれば安全です。しばらく食料が少なくなるかもしれませんが、がんばってください。日に日に状態は悪くなるように思いますが、これも仕組みのうちです。とりあえず、着の身着のままで大丈夫です。水も電気もガスも心配いりません。食べ物も心配いりません。千春さんが食べる物はいつもあります。ただ、生鮮食料品には注意してください。国常立大神はこれから行きます。しばらく来れないと思います」、「心配いりません。アメノミナカヌシです。東京に被害はありません。ここを動かないように。いいですね。心ある人に知らせてください。原発も心配いりません。千春さんの力で十分防げます。（どういうとき、次の災害が取りやめになりますか？）人々の意識が変わったとき」

3／22　エノック「ますますひどくなります。普通の生活ができるのも……。もう一度災害を起こします。地震の神であるウシトラノコンジンの力で行われます。災害は未曾有の災害、さらに原発の被害も出てきます。エノックはこの東京にいて、ここを守るように言われています。他の神社と連携してこの地を守っていきます」

3／25　月の知らせという神も地震情報を伝えてきた。

3／26　つるつる太陽の神（国常立大神の意志を持ち生まれた神らしい。幼い男の子の感じ。同じころ生まれた神にマッシロイという月の神もいる）「4月の初めの地震はルイジンの自覚を促す心を支援します。アマテラスの人々は心を閉ざしたまま飢えてきます。いつものように心の美しい人々に、つるつる太陽の光を入れ危機を免れます」

3／26　エノック「最近の意思の変化で少しは震災が抑えられます。が、エノックは偽りの意思の多さを知っています。本格的な変化はやはり、自分の命を懸けた切羽つまった意識が必要。確実に一つの意思にするために大切なことを思い出させる必要があります。被災していない地域の変化が重要になります。自分よしの仕方は排除されます。みんなの一つの意識こそ、つらさを乗り越え、悲しみを超え、次なる世界のエネルギーになります。いつも一緒に輪廻転生、みんなで一緒に輪廻転生。一緒に家族を超えた家族を実現していきましょう。一つの地球だけど、一緒に歩むものが、この宇宙全体にいるってことを知っておいてください。間違っていると思わないでくださいよ。決して間違っていないんです。人の命を失うことが、間違っていると思わないでください。今、必要なのは、悪は善を生むということを覚えてください。警告はたくさんしてきました。自分の意思でその警告を受けなかったのですから……自分の意思で。悲しいのは神の方なんですよ。なぜ気づいてくれないんですか？　気づいた人たちは助けましたよ。命もつなぎました。努力してください。生きる努力を。その想いをみんな持ってください。優しい光が射していることに気づいてください。地震や災害は自然現象じゃないんですよ。

人の想念が起こしているものなんですよ。過去の大災害もそうです。それだけ、犠牲を払わなければ分からないほど、人の心が曇ってしまっていることを知ってください」

3／28　ユダヤの封印を解くために諏訪大社を訪れる。宝物殿にあった薙鎌《なぎかま》のエネルギーを石に封入。下社、秋宮のエネルギーを使い人々を癒すように言われた。

3／29　神界にいる、降りてくる前の新アマテラスから連絡あり。諏訪大社上社の神オシリスを紹介される。

3／30　ある人の谷保天神の石「震度の大きい地震がくる。震源地はそのときによって分かる。今は遠州灘に起こす予定だが、いずれ、関西に及ぶ人が死ぬような地震を想定している。（中止にはなりませんか？）仕方がなく中止にする場合がある。が、そのときは教える。今、やらねば、日本中の意識が変わらぬ。許しがたいことだと思うなよ。こうして、知らせているであろうが。それを分かれ」

3／31　ある人の写真より（市原市五井若宮八幡宮浅間大神の写真）「年の神の仕事で来たのか？　そうか、このエネルギーを渡せと言われている。富士のエネルギーじゃ。良いか、体に植えつけるぞ。使ってくれよ。いずれ、役に立つであろう。声にはならぬが、外国の理解も必要じゃが、立て直すには外国を頼ってはいかん。富士の力で日本国を立て直す。絶対神の指示を受けろよ」

4／1　八坂さんに降りた諏訪大社上社の神オシリス（主に八坂さんの諏訪の仕組みに関係する山の神。古代エジプトでは冥界の神とされている。八坂さんにはウシルという名前で他の神から指名されていた。ウシル＝オシリスと知り、びっくりしていた。この時、同時に子供の現界の神ホルスとオシリスの妻であるイシスも登場してくる。後にトートのところに弟のセトがいることも分かった。オシリスはヤハウェ同様厳しい感じの神である）「オシリスだ。陰と陽、裏と表、全て対極あってこそだ。母性（秋宮のエネルギー）だけでは事はうまく運ばぬ。父性あってのことだ。決断のエネルギーは父性だ。力強いエネルギーは、この先力を発揮するぞ」。母性のエネルギーと決断のエネルギーを使って、沈みゆく人々を癒し、新しい世の中をつくる邪魔にならないように抑えていくのが、八坂さんの仕事だと伝えられた。

4／1　諏訪大社宝物殿の薙鎌の石「このエネルギーは、今に役に立ちます。上社のエネルギー。帰れない人々の心を見出す、地味ななんでもないことの迷いを取り、決断する心を強いるエネルギーです。人の心にある迷いを取り除くことにより、恐怖心をなくし、次の世の人に与える助けとなります」

4／4　野原の牛「時の声を放ちました。真ん中のシンが動き始めました。人々の心の中に伝わります。このたびの地震について、この日本列島の言葉も変わってきます。絶対神ナニルの働きで、みんなの心を一つにします。今の状態では、東京の人々の心はまだまだです。エノックの指示では、まだどうしていいか具体的には言えません。人の意識の中にある、オシリスの言葉とホルスの言葉を聞いてください」
▽ある日のエノック「年の神が、疲れたーって言ってますよ。エノックも疲れたー。（えーっ！　神さんでも疲れるのー？）神だって疲れるんですよー。ここはいいですねー平和で……平和が一番です。エノックも早く戻りたいですよー」。こう言って、またすぐにいなくなった。まだ多くの神々が私のところへ戻ってこない。
4／6　年の神「年の神です。やっと戻ってこれました！東北地方は津波の影響が強く思いのほか難航しています。ウルイが出始めています。ウルイは仕組みの一部です。ようやく芽が出始めましたということです。これからの人々の苦しみが強くなってきます。先の見えないことで不安になり、やる気を失います」
4／7　つるつる太陽「生まれました。アマテラスです。夫婦ではありません。夫婦ではありません。アマテラスです。死んだアマテラスは、いまに岩屋戸に入ります」
4／8　ヤハウェ、西日本の地震予告。火山の噴火予告。
4／9　塩釜の神の使いより、東北地方に心のストレスを取り除くエネルギー、心が安らぐ安心感を送るように言われる。その時いた仲間で送る。
4／10　ピラミッド型ＵＦＯに乗っているウキにエネルギーをもらう。ウキはある本の巻頭にあった写真から入ってきて以来のつながりである。プレアデス星から来たと言っていた。女性に感じる。この時は矢追純一氏の講演があり、映ったピラミッド型ＵＦＯの映像からつながった。
4／11　天使、地震予告。３／11の大震災から、次の大災害は４／11だろうと覚悟をしていた。４月中では地震の発生数が多かった日だが、言われていた富士山、遠州灘、西日本の被害はなかった。
4／14　ある人の石より（江の島洞窟の石　乙姫）「時間がありません。仕組みを動かします。龍宮の乙姫の仕組みです。この石のエネルギーを東北地方へ送ってください。人々にやる気と気力をもたらします。更なる仕組みをつくるために、石を使えるようにします。力を授けました。仕組みの回りが早くなります。仲間の者にもこのエネルギーを渡してください。年の神の前の方にいる門番にも、この石のエネルギーを付けてください。この石は、この石を持って来たものに返してください。仕組みを動かすのに必要です。東北地方へ送ってください。年の神の者ならばかまいません。それで乙姫とつながります」。それ以来、乙姫の力（超能力）を東北地方に満開の桜のエネルギーと共に送ってみる。ピンク色の桜吹雪が龍の形になって東北地方の沿岸部を駆け上っていく感じは素晴らしかった。
4／16　下谷神社（いつもと感じの違う怖い年の神の声も混ざっていた）「この石を使って仕組みを動かします。イシの仕組みです。自在に未来をつくれますよ」
4／16　豊玉さん登場。年の神の言葉より、神の力を使えるようにするため神社巡りを開始する。
4／18　ウキ「人の未来が変わりました。被害は日津久の家よりも、言葉の通じない人々の家でおきます。日津久の家は被害はありません。絶対神の地面に、これから人間には感じられない不幸がやってきます。都心もこの被害に遭いますが、被害は最小限にしてあります。（実際地震は起きていないが、豪雨や台風のことか？）人々の中において、苦痛の嵐はこれからどんどんひどく襲い掛かってきます」
【このころより、今まで緊迫していた富士山のエネルギーが、急に穏やかになる。神々が警告していた遠州灘の大津波、関西の大地震もこなかった】
4／20　このあたりから、今までの超能力の力が急に感じなくなってくる。乙姫にもらった超能力を使う。
4／20　塩釜の使いより、東北地方の様子を知らせてきた。「いままでに津波の経験がある年寄りの知恵が必要だ、年寄りを活性化せよ」と言っていた。
4／21　乙姫から、乙姫の能力を伝授する力をもらう。
4／23　ある人の石（森浅間神社コノハナサクヤヒメ）「皆をまとめて一つの意識にする仕組みをつくります。震災後のエネルギーが変わったのが分かりましたか？　今、このエネルギーはどんどん高くなり、今までの言葉では通じなくなってきます。常識が神への常識へと変わってきます。新しい常識は神示に書かれています。コノハナサクヤヒメの仕事は、新しい常識を人間に広めることです。石の言う言葉に気をつけてください。人々の意識を変える石があります。その石をもらってきてください。この石を使えば、乙姫の能力を伝授することができます。乙姫の力を使うには、人々の心の掃除以外に神々のことを知らなくてはなりません。信頼するという気持ちがなければ、乙姫の力は発揮できません。したがって、神の意識のない人には、この石だけの力の伝授になります。この力を使いこなすには、神との連絡が必要です。邪心や欲望だけで形のない伝授になります。最悪、能力の剥奪や低下にもつながりますから注意が必要です。年の神の神示を広めるようにしてください。言葉を降ろします。その言葉を広めてください」

4／24　国常立大神にエネルギーをもらうがしばらく分からなかった。しばらくして、国常立大神の超能力のエネルギーが、だんだん分かるようになってきて、そのエネルギーにびっくりしていた時、年の神が言っていた言葉。「下谷神社のムキコのエネルギーも強めました。乙姫の力をつけました。この神社全体が次元を上昇しています。それにならって、他の神社も次元上昇を始めます。今に日本全土が次元上昇します。八坂さんは仕事が忙しくなります。それについてこれない者もたくさんいます。八坂さんは仕事が忙しくなります。（諏訪大社の）決断するエネルギーを送ってあげてください。母性と一緒に父性のエネルギーも一緒に、桜の風に乗せて送ってください。今までの超能力は次元上昇すれば使えなくなってしまいます。これはいつか人間の未来をつくるエネルギーとなります。神の道に進む人へそう伝えてください。それから、八坂さん、千春さん、更なる次元上昇の準備をしなくてはいけません。日津久へ行って、次のエネルギーに変えてきてください。それが合図で更に上へ次元上昇を始めます」

4／24　クエンティン「ひしひしと神の仕組みが動き出しています。地震の後には、今から神の次の仕組みが働きます。神の次の仕組みの仕事はぎらぎらした太陽……」

4／25　中目黒八幡神社「コビトの意識を高めている。みんなのコビトもじきに戻す。これからこの力を使い、世の中を統率する意識をつくる」

【私たちのコビトは再教育中だった】

4／26　下谷神社（いつもの年の神が東北地方へ出張中なので、怖い感じの年の神の声）「（新）アマテラスの鍵を渡した。急いでそれを日津久へ持って行け。その鍵を合図に日津久の仕組みが動き出す。できれば、5月2日ごろに行ってほしい。（2日ですか？　5日でなくて……）2日だ。予定が少し早まっている。仕組みは今月中に動かせばよい。ベンも一緒に来たのか？　ベンにも仕事を言い渡す。意識の向上には、ベンたち妖精が人間の後ろでささやくのだ。バカな人間ほど騙されやすい」

4／28　穏田神社「（女神の声）そのまま石を持ってきてください。太古のエネルギーを使えるようにします。過去の者たちには、すでに知らせてあります。太古のエネルギーは、今この世の中に必要なエネルギーです。垣根を越えるのに必要なエネルギーです。垣根を越えた者から、順にこのエネルギーが使えるようになっていきます」、「（男神の声）少しだけよいか。お前の仲間に知らせてやってくれ。遠くの形のない伊勢神宮に勝手に行くでないぞ。もし、行く時はつまらぬ石の言う言葉に気をつけろとな。かの石には触れるでない。今のうちに知らせておくぞ。（なぜですか?)かの土地こそ、逃れられない宿命を背負った者が行く神社なのだ。神の者たちより、一人の人間の言葉を信じ、実行していく者たちだ。諏訪の者に伝えろ。諏訪の者よ、かまわぬ(な?)急ぐなと。伊勢には二つの大きな神がいる。豊受こそが真の神。本物はそこにいるのだ。ヤハウェもそこにいる。伊勢の石を持ちかえってはならぬ。過去の者たちの物だ。上へ上がれぬ過去の者たちだ。触れるでない。いいか。そう仲間に伝えてくれ。イザナギノミコト、イザナミノミコトの国造りが始まっている。新しい神がそこに生まれる。いずれ、その神に入れ替わってくる」

4/28 年の神「聞こえはいいかも知れませんが、神に服従しろというのは、神の本意ではなく、悪魔の本質です。神には従いたければ、従えばいいし、従いたくなければ従わなくていいのです。伊勢の地へ向かう者の心には、そういった神の本質が見抜けてない者が従うのです。伊勢の地に従わないのであれば、それを神に背くという、レッテルを貼り、自分の中から排除するのです。過去の者たちには神は分からず、ただ、形だけのハリボテを拝んで満足するのです。今まで人々がしてきたことを、そのまま従うのを善しとし、新しき者を排除し、服従させるべく使命を持っているのです。今、必要なのは他の人のことなどいいのです。自分自身がどうあるべきか知るべきなのです。人を批判したり、人の行動に口を入れることが、自分にとってどういうことなのか知るべきでしょう。自己満足の世の中はもう終わりました。これからの人は、神の言葉に従うのです。人の言葉に重さはありません」

4/28 穏田神社の石に古代いにしえの教えを教わる。自由とは対極の拘束があるから存在するもので、拘束がなければ自由もない。本来自由というものはない……と、自由について語られた。

4/29 エノックに、今の人が想っている神と実際の神との違い、考え方の温度差を教えられる。「千春さん、お友だち達に教えてあげてくださいよ。神のこと。人が神を想うとき、崇高な存在で、とても怖いというイメージがあるんじゃないですか? 絶対失敗しなくて、何でもお見通しで、神の言うことに従わないと祟りがあって……って、思ってないですか? 神というのは人間と一緒なんですよ。でも、人間より少し高いところから見ているから、人の考えていることより、もっと広く見られるという違いはありますよ。だから、神も疲れるし、失敗はいっぱいするし、人間と同じで日々勉強なんです。絶対神ナニルはそういった努力をした後の喜び、つまり、生きていることの喜びを我われ神も人間にも要求しているんです。どうしてかといえば、絶対神そのものが、喜びの固まりだからですよ。もちろん、喜びを知るには、反対の悲しみ、苦しみ、つらさなどが分からないと喜びというのも分からないから、悲しみ、苦しみ、つらさも喜びを知る上では大切なことなんです。でも、人はその苦しみから逃れようとするんですよね。確かに、神だってそういうのはつらいですよ。でもね、そこから逃げてしまっては真の喜びっていうのが分からないんですよ。神を知る上で必要なのは、神というのは絶対強要しないってことです。強要してまで、その悲しみ、苦しみ、つらさを味わわせようとはしませんよ。その人の段階において必要な努力はしてもらいますが、それ以上の苦労はさせません。神を拝まなければ罰が降りるとか、前世のカルマがあるなんて神は言いませんよ。神というのは各ステップを楽に上がれるように、いつでも傍にいて、忠告したり、教えたりする存在なんです。だから、怠けていれば叱りますよ。その人がやるべきことをしなければ尻をたたきますよ。そこだけを強調してしまうから、神は恐ろしいとか、祟りとか勘違いをしているわけです。みんなが知っている神とは、どっちかと言えば悪神の方じゃないですか？　神は拝めよ、なんて言いません。だって、いつも傍にいて、同じ目の高さにいるんですから。親とか先生とか兄弟とか恋人とか夫とか妻みたいなものなんですよ。究極の友だちです。それも決して裏切らない友だちですよ。だけど、人間がそれは嫌だと言って、拒否してしまっているんです。人間の方から離れていって、悪魔みたいな神のところへ行ってしまうんです。だいたい、神の話も分からない、神の本質も知らない人間が偉そうに神を語っているからいけないんですよ。神棚なんていりませんよ。心の中に神がいればいつだって話せますから。注連縄なんて神を縛り付けているもんですよ。鳥居だって本来いらないでしょう。神と人間社会を区切ってはいけません。神と人間が共存する世の中をつくらなくてはならないんです。そうすれば、悪魔は入ってきません。もう、悪魔に従うのはやめましょう。本当の自由に気がついてくださいよ」

5／2　麻賀多神社（末社天日津久神社）、指示に従い大杉の周りを回り、日津久のエネルギーをもらう。

5／2　下谷神社で蝶の癒しのエネルギーを変える。「帰らない人々に癒しのエネルギーを与えよ。使えるものを探せ。石を持たせ（神の言葉を）書かせろ。全ての者が書ければそれが真実になる。八坂も降ろして人に伝えよ」

5／2　天日津久神社の石、この石はいろいろな神と通信できる通信機の石だという。「この世の中を、今にさすらう人々を片すときが近づいています。いつまでもこのままではいけません。地震の神の力によって地震を起こし、未来の道を切り開きます。かしこみ、かしこみ神秘の仕事、終えたころには、ひふみ喜び、ごろくに七難八起、きゅう しん（急進？）のとう、と仕事は進めていきます。ご（五）ろ（六）しち（七）まで行っています。八起は今まさに起き上がろうとしているところ。八、九、十の進みは早く、二桁の仕事は神の仕事。増える言葉を人に知らせ、しぃ（四）ご（五）のむ（六）かしを思い出す。七転八起の世となれば、く（九）るしみとう（十）のく、ミロクの世。全巻のおわり。（これ、ひふみ神示の言葉ですか？）字が書けましたか？（はい）そうです。ひふみを降ろしたのは、地震の神です。（でも、口調が違いますよ）書き言葉にしたのは、八幡のところにいるコノハナサクヤヒメ。（五井若宮八幡にある浅間大神の写真を見ながら、どういうわけか、最近よくこの写真がノートから落ちてくる）そうじゃ、わしが降ろしたのじゃ。（どうして、いつものコノハナサクヤヒメと口調が違うのですか？）アマカタの仕組みを変えるための言葉じゃからのう。アマカタの仕組みが近こうなりてきたのぞ。体も心も。遠くはないぞ。知らないからと知らんぷりもできまいがな。遠くから知らしておったのじゃ。天明使ってな。書くものが増えれば、言葉の独り歩きもなかろうがな。片言でも神と話せる者が増えれば、神もうれし、うれしの世となるのじゃ。そなたたち、役員の働き、よー見えとる。ご苦労じゃのう」。このの ち、今回の地震と国常立大神の働きについて知らされた。

【このころ、年の神の言葉に従って神社巡りをし、神の言葉を降ろせるようになる人が出てくる。年の神に教育された愉快なコビトが人々の間で活躍しだす】

5／10 絶対神ナニルについて聞く。今までの古い体の一部を取り除き、新しいエネルギーを入れなければナニルが成長できないと言われる。国常立大神を通していつも見ている。ナニルの体の中にあるものが宇宙であり、その中に地球がある。ナニルに気づいてほしい。うれしいことが好きだという。

5／11 穏田神社の石が絶対神ナニルにつながっていると気づく。

【国常立大神が絶対神ナニルの成長が著しくなっていることと、同時に地球の次元上昇も激しくなってくる、と伝えてくる】

5／11 絶対神ナニルのエネルギーをもらったが、乙姫によれば、絶対神ナニルのエネルギーは普通の人には強すぎるから注意して使うように言われる。主に新アマテラスからもらったエネルギーを使って、人々をしずめるように指示が降りる。

5／11 ウキ「千春さん、絶対神ナニルのエネルギーを持っているのですね。神示の言葉の中に『5日以内に神の言葉が分かるようになる者が出てくる』とあります。(えっ!? ひふみ神示にはないですよ!) ウキの神示の言葉です。絶対神ナニルの言葉が聞ける人間はそういません。千春さんの意志がこの地球を救う鍵となって、事が運んでいきます。鍵なんです。開通する鍵です。次元の上昇を促す鍵です。これから、急速に日本が変わってきます。めまぐるしく変わります。それに伴って、千春さんたちも忙しくなります。神示を降ろす仕事も増えます。神と人とが、一体となって働かなくてはなりません」

5/12 ウキ「一つ上の次元に上昇しました。国常立大神がナニルの意識と千春さんの意識をつなげています。ナニルは自分自身の中の動きをみて興奮しています。急激に色の光がナニルに入り込み始めました。胎動が地球にも伝わっています。全ての宇宙に振動が伝わります。垣根を越えられない人々には、つらいエネルギーが入ってきています。循環が早まっています。楽しくてしかたがないナニルの喜びの表れです。ナニルの成長に伴って、次元上昇していきます。急激な次元上昇です。世の中が急激に大きく変わり始めます」

5/14 トート「これから地球人は大いなる変化を遂げていく。それは人間復興だ。今まで眠らせてあったDNAの働きを活性化させ、全ての脳の能力を目覚めさせる。支配の神の仕事だ。千春はこの支配の神の仕事を手伝うことになっている。人材を見つけ出し、人々の能力を開花させる。いいか、皆に伝えよ。開花させるにはエネルギーを行き渡らせることにある。千春の仲間を使え。エネルギーを得たら、それを乙姫の力に乗せろ。エネルギーを与える。信用するエネルギーだ。まだ未熟な者や開花しそうにないヤツに入れても効果はないが、開花しそうなヤツの脳には効くはずだ」

5/15 サタンが今まで使っていたエネルギーが感じなくなったことについて教えてくれた。普通の人には効いているが、私たちにはもう効かないエネルギーだと教わる。サタンのエネルギーをみんなに渡す。

5/15 絶対神ナニルが言っていたことの覚書、ナニルからこの世を見ると、色がなく暗く見えるそうだが、私を通すと色がたくさんあって、明るく映るからうれしいらしい。

5/16 優しい口調の年の神が、塩釜の神の使いを連れてきた。東北地方の状況を伝えてくれた。年寄りを活気づけるために仕事を与えなければならないと言っていた。

5/17 トート(急に手がだるくなる。)「当たり前だ! 力を授けた。これで人間の脳にその力を入れてやれ。時間のかかるやつの進化が早くなる。神を信じない者に入れてやるとよい。一つは開花させるエネルギー、もう一つは開花した後に体をつくるエネルギーだ」
5／18　コビトのシン、地震のあと年の神に再教育され戻ってきたというコビト。これからコビトのお仕事が始まるという。
5／23　サマエルの身の上のことを聞く。地球は他の次元の者に狙われていて、3／11の大地震はそういった者が人に起こさせた地震だという。ハーメルンの笛吹き男やピノキオのように人について行ってはいけない。騙されてはいけないと訴えていた。サマエルもサタンと共にこの世界を変えていくという。これから私たちを（悪から）守るエネルギーとしてサマエルのエネルギーをもらう。
5／24　年の神に私たちを守るために特別に教育された特殊コビトを送り込むこと、コビトのお仕事が洋服の色で変わってくることを教えられた。
5／24　ウキからサマエルの話同様、地球が狙われていること、宇宙の掟より直接手は出せないが指示は出せることを知らされる。今まで鎖国によって守られていた日本だが、今は他国から狙われているという。
5／25　仙人コビト（古い机の中に住んでいるコビトで妖術使い）「黄色のコビトは年（齢）に関係なく使命を持っている。使命は人の意識を変えることだ。世の中の意識を変える力を持っているコビトだ。この仙人も天から来ている。天の使命を持っている。今にこの仙人の力もやろう。うまく使えるように黄色のコビトを教育する」
5／26　黄色いコビトのキミちゃんの話を聞く。
5／27　ルシファーと名乗る悪魔がくる。改心させる。
5／28　年の神に悪魔には考える力がないことを知らされる。人間から考える力を吸い取っていると。しかし、真実は人の考えの中にあり、考えが神を呼びつながるという。「日常生活の一時でいいので、テレビも音楽も消して、自分自身の中に耳を傾けてください。必ず神とつながります。自分の考えとは違う考えが必ず生まれてきます。それに質問をしてください。神から教えることは、そういった質問の中に織り込まれているんです。人間の方からアプローチしてくれなければ、神は手をだしません。それが宇宙の掟だからです」
5／28　国常立大神に悪魔について教えられる。「命とは意志の力で作るんですよ。意志がない人間は命もなくなるのです。今まで、生きてきた証拠が意志に刻まれているんですよ。悪魔には意志がありません。意志がなければ命もないんです。命とは生きている証のことです。意志とは生きる意欲のこと。神に近づくこと。これが意志なんです。今の人間にはこの意志がない、ということは、もう命もないということなんです。生きるために選択する時間が与えられていますが、それまでに気づかなければ、その魂はナニルへ返されます。もう、魂としては生きていかれないでしょう。使えない人間は、もうこの三次元にはいなくなります。月のシステムをトートが変えていますから。これから千春さんたちは、次の次元へ移ろうとしています。地球とそっくりな星ですが、自然豊かな神々と共存する五次元の世界です」

5／29　ミルカと名乗る者（天使か？）「東京の真下に仕掛けてあったものは失敗に終わりました。あなたの力ですか？（いいえ、友だちの悪魔が神々と抑えてくれました）」

5／29　国常立大神「故郷の月の神は、トートの神のもとで日々危機を乗り越えてきました。トートの仕事と千春さんの仕事を分けるためです。生まれ変わる人の意識を光で変える仕事です」

6／1　年の神にエネルギーの感覚について聞いた。

6／2　年の神【再び地震と富士山の噴火予告】

6／2　ウキにも地震と富士山の噴火を予告された。実際は震度4~5の地震が6／4福島県沖、6／9岩手県沖、

6／9　茨城県沖と3回起きたが、富士山近辺に地震はなかった。

6／3　クエンティンに地球も宇宙の一員として参加してもらいたく地球の進化を支援し陰から手伝っていると言われる。進化を阻止する者が、特に日本を標的にしているという。富士山の噴火に注意せよと。「我われは直接地球に対して関与することはありません。地球人の進化を促進させるべく働きはしますが、直接、地球に起こることに対しては地球人が自ら立ち向かわなくてはなりません。地震や原発など、不安に思う材料はたくさんあると思いますが、そこから逃げてはいけません。人が一団となって彼ら（悪魔）に立ち向かわなくてはいけないのです。そのための知恵はこちら側から授けることができます。……かろうじて東京への被害は少ないものです。すでに結界が張られています」

6／3　八坂さんの寒川神社の石「光を授けます。富士山の下に力が注がれています。命をつなぐ光です。この寒川のエネルギーは、未来の魔除けとして使ってください。増している悪は、今までアマテラスによって抑えられていた悪魔たちです。いつかお話しした悪魔たちが、とうとう活動を開始しました。国常立大神の仕事をもった人たちはこの力を使って、つるつる太陽の光を悪魔にぶつけることで、彼らに入る余地はなくなります。これから、数年、人々にとって苦しい時期になってきます。経済の低迷、自然災害に見せかけた被害はこの土地だけでなく、全ての土地に及

びます。隠れていてもまぬがれません」
6／5　ルシファーのところにいた悪魔の夜叉が改心し仲間になる。
6／5　熊野速玉大社末社神倉神社の写真（ある本の巻頭にあった写真。神気の漂う写真だったので降ろしてみた）
「人間はいつか早い時期に罪を消し、自分の存在に気づかねばならぬ。神のことを知り、存在を認め、浮世の意志を変えなければならぬ。神の意志のように人間も神の仕事を抱え、生きてゆかねばいずれの場合も進化はできぬ。今までの一生は、支配者によって、ゆこうとする道が閉ざされ、いつの間にか行方が分からなくなってきている。いつまた来るかも知れない恐怖に怯え、罪をきせるのか。軽く考えた言葉に支配され、自分という人格（神格？）を失う。釘の刺された浮世は神の意志により、人間の手によって破壊され、再生される。熊野の土地の力を授ける。（声が急に小さくなる）熊野から熊野のエネルギーが入ります。じきに入ります。神の意識が体中に駆け巡り、更なる力となってこの世の立て直しに一役買います。天地の異変は人々に本来の知識と癒しを与えます」
6／7　天使「人の力によって富士山を爆発させようとしています」
6／7　エノック、地震予告だが、実際はそれほど大きな地震は来ていない。富士山の噴火が、コビトによって止められたという。
6／11　緑の妖精ベン（男の子のイメージ、背丈は1mぐらいという妖精。全身緑だという妖精。お父さんとお母さんと新宿御苑に住んでいたようで、電車に乗って移動していたと言っていた。2年前に目黒川のお花見をしていたとき、娘が急に「腰が痛くなった！」と騒いでいたら、娘のコビトが「コビト知っているわよ。緑の妖精だわ。コビトのお友だちよ。名前はベンと言っているわ。人間とお友だちになりたいって言っているのよ。後ろから押しているわ」と言っていた。それ以来、時々来るようになった。ベンのお父さんは、人間のような思考回路を持っている堅いサラリーマンのような口調で、「なぜ、自然を壊すのか？」と盛んに人間を非難していた。妖精は全般的に、人間のことをよく思っていないようだ。ベンは大地震のずいぶん前からいなくなっていた。久しぶりに来たベンは、この時、緑の妖精のことを話してくれた。「人間と同じように生活しているんだ。人間の肩ぐらいだよ。体が緑色しているよ。長い髪で一つに縛っているよ。ベンもそうだよ。全身、緑。草とか木々の間に住んでいるよ。お父さんは仕事。お母さんは妖精の世界へ行っているよ。地震の前から引っ越しちゃったから、この世界になかなか来れなくなっちゃったんだ」

6／12　年の神（日付が変わったころ来た）「（今日（11日）地震はこなかったですね。↑11日ごろに地震がありそうだと言われていた）まだ、用心していてくださいと伝えてください。まだ、地震の可能性は残っています。もうしばらく用心してください。遠州灘と静岡のあたり、江の島への津波、被害はまだ残っています。裏の力でいくらか鎮まってきています。芯のところに始末の悪い動きがあります。今後の動きを見なくてはいけません。地震でこないなら、台風の土砂崩れなどの被害に取って代わるくらいのものが芯にあります。かまわず意識を日本全国、隅々まで向けてください。みんなの意識が一つになれば、被害は少なく済みます。今よりも、少しあと、梅雨の集中豪雨、南の台風の被害に注意してください。お伝えしたいのは、まだ仕組みが終わっていないということです。人々の考え方によって、大難が小難に変わります」

【年の神に、まだ災害に注意するよう言われる。この年、三つの台風が日本に上陸し甚大な被害をもたらした。統計史上7月最強級の勢力台風6号（最低気圧９３５ｈＰａ）により四国地方、近畿地方、東海地方中心に甚大な被害。台風12号による豪雨で紀伊半島に甚大な被害。東日本大震災以後の災害としては最大の災害となった。さらに、台風15号による被害が続く。東日本に上陸した台風としては戦後最大級の勢力であった。（ウィキペディアより）】

6／12　中目黒八幡神社（末社三峰神社）「今から、ここも大変になる。言葉の分かるものには伝えてやれ。過去のもの（過去のつらい出来事）が大挙して押し寄せる。そなたたちの世にするために、偽りの神と闘え。かれらに思考はない。自身の罪を認めぬ者だ。美しい世の中に住まう人間には、必要な試練となるだろう。過酷と思われることも、よく見極めれば、中心のなさが分かる。そこを突け！　空洞を埋めよ。さすれば、偽りの者どもは消される。芯（真）を見極める力をつけよ。それがこれから生きる力となる」

6／12　中目黒八幡神社「交信できるものはまだよいぞ。ここにくる者のほとんどは神を知らぬ。国が変わるぞ。自分の世界が変わるのだ。それに気づけ。こよなく大変革がせまっている。千春の仕事も忙しくなるだろう。国常立大神が準備しておる。この八幡もそれに従う。よきものは、よき世界へ導くための仕組みだ。それに従わぬものは闇を好むもの。もはや、救う手立ては絶った。信ずるものに伝えよ。互いの心の言葉をつなげ、さすれば未来が見えてくる。情報を集め危機を乗り越えよ。この世の務めも大切だが、それに呑まれてはいかん。悪の行が邪魔をする。心してかかれ。いつも心に神をおき、問えよ」

6／13　大鳥神社（国常立大神）「この先、つらいことがたくさん出てくると、みんなに伝えてください。過去の者たちが、いつかのように押し寄せてきます。これを祓うことは難しいでしょう。今までの経験を生かして、立ち向かっていってくださいよ。神々の力を駆使すれば、どこに問題があるか明確に分かってきます。普段からそういう目で世の中を見てください。人々はやみくもに自分の意思を出してきますから、もし、不可解なことを言われたら、腹を立てずに、なぜ、その人がそのようなことを言ってきたか、よく観察してください。意外と意思の疎通が出来ていなかったり、誤解していることが多いです。まず、自分の先入観を捨てて、相手の話を聞いてくださいよ。相手もそこに気がつけば、それ以上は言ってきませんから。これからは、人は人として、自分の解釈で勝手に判断しないようにしていきましょう。そうすれば、いつも気持ちよくいられます。地球の次元上昇が、まもなく終盤の域に達していきます。これからは、ますます生活しにくくなってきます。いつものように冷静に事を進めていってください。いいえ、これからが本番ですよ。終盤と言っても、これから心を引き締めて行かねば、ふるい落とされますよ。世の中の渦に巻き込まれないように、周りをよく観察して、神の声を聞いてください。あと3～4年は続きます。大峠はここ2～3年でしょう。うまく乗り切ってください。神々は千春さんたちを応援していますよ。形のない者が人々に入り、この現実として現れてきています。あちら側からうまく操作すれば、難は乗り切れます。かかってきたものを祓い落とす力を持ってください」

6／14　新井薬師（中野駅から新井薬師へ向かう途中で、お爺さんの声が入ってきた）「真髄はここにはないが、進化の過程では必要なことだ。いずれ真《まこと》のことが分かるであろう。一人ひとり、進化の過程は違う。進化を希望しない者もいる。いつも一緒とは限らぬ。そのことがこの世の中をつくる。それが時として芸術として現れる。どうでもよいことにうつつをぬかすより、自分の思うままに生活することも必要であろう。（どなたですか？）真髄を知るものだけが、この世の中を行き渡るのだ。真髄とは何か。ひと事のように思っているやつらには分からぬであろう。時が経て気がつくのだ。自分のしてきたことが、どのようなことであったか。後悔しても始まらん。それが人生だ。今を生きることの重要性を知れよ。薬師の神だ。選択は始まっている」

6／14　新井薬師（薬師如来）「一滴の光を授けたぞ。過去にも来た者だな。いつかのようにこの世の変わることを知らせるぞ。一塊《いっかい》の魂はもはや再生を望まぬ。形のない者がどういうことか知らぬ。務めを果たせ。その力を入れた。この力を使い世界を変えろ。天の道だ。病気は見えない世界から来ている。気の流れを阻止するのだ。おもとの仲間にはびこっている。体とはそういうものだ。念仏を唱え、光を入れよ。怪物が異常な意思から来ていることに気づけ」

▽不動明王「いずれにせよ、形のあるものはなくなる。真髄は自分の心の中にある。帰ったら、言葉を聞けるように石を拾え。石を拾ったら、また拝殿に来い。真髄を知らせる」

6／16　五井若宮八幡神社（昨年の夏に巡った関東圏の残りの神社の一つらしい。急に行きたくなった）「久しく力のある者たちが来たな。仕組みを変えるエネルギーを渡した。五井のエネルギーは、次の世にするために必要な体をつくるためのエネルギーだ。地球の次元が上昇すれば、それに伴って、体をつくる必要が出てくる。そうしなければ次の世の者になれぬ。若宮の力がそなたたちの体をつくり、仕事をしやすくしていく。この裏にある石の上にもう一柱、重要な神がいる。そこの神にのぼり、絶対神の力をもらってこい。言葉を降ろすことが楽になる。今はただ書くだけでも、そのうち意識がつながりいつも行動が神のものとなる。口調は厳しいが、親しみやすい神だ。行ってみてくれ。その口調に聞き覚えがあるだろう」

▽浅間大神「ひふみの神じゃ。ここまでよく来たのぉ。知らせてあったのが分かったか？　石を拾ったのぉ。ここに力を入れたぞ。ひふみの仕事の役にたてよ。神の言葉を書け。癒すのに役に立つじゃろう。石の力は今に必要になるじゃろう。言葉の聞ける者たちよ。石の言葉に耳を貸せ。耳が付く石じゃ。声が聞こえやすくなるじゃろう。ひふみを降ろせよ。次のひふみじゃ。やがて、この世も変わる。その者たちに知らしてやれ。いつかと同じ過ちを繰り返すなと、申し伝えるのじゃ。ここの神はコノハナサクヤヒメの門番じゃ。ここから、全てが始まるのじゃ。次の世の階段を上る手助けじゃ。しっかり聞けと申しておろう。今から書き言葉に慣れておくのじゃ」

6／16　上総一ノ宮玉前神社（ここも同じく関東圏の残りの神社らしい）「乙姫さまから聞いています。ここの力を授けますので、ここの石を拾って神殿の前に来てください。（乙姫の力と今までの力を調和する働きがあるから、今までの力が使いやすくなると言われる）このまま神の意識を持って、書き言葉を書くようにしてください。玉依姫の力を授けました。今までの力と合わせて使ってください。いつかの仕組みが変わってきます。不思議な人たちと思われるかもしれませんが、人の意識を変える力を授けました。

過去の事が分かってきます。年の神にもこの力を渡してください。人の意識が変わってきます。人を自分の思い通りにできます。意外な良い事が起こりはじめます。札を持って拝殿に来てください。必要な家に置いてください。暮らしやすくなります」

6／16　下谷神社（この時降りた声は、いつもの優しい年の神と口調が違っていて怖い感じ。この神が本来下谷神社にいる神なんだそうだ）「年の神の用事は済んだ。体に入ったエネルギーは更なる仕組みに使える。これから来る波を乗り越えるための力だ。心を癒し、考えを変える力を持っている。使えよ」、「（ここからいつもの年の神の声）年の神です。下谷神社までよく来てくれました。これで、次なる仕組みの結界ができます。もう間近にせまっています。じきに世の中が変わってくるのが分かるでしょう。真実を見極めていってください」

6／16　新井薬師の石「命の真髄は永遠の力だ。今の命は光の技術で延びるものだ。体の組織を変えれば永遠の力が授かる。光とはこの世の中とあの世の中と両方で存在できる体をつくっている。ある者は光の波を受けて進化することを望んでいるが、人間の皆というわけではない。体の組織もこの宇宙の中の一つ。いずれなくなると思う心の底には、今を生きるための大切な「生」を授かっているのだ。生きるための心の勉強がこの世をつくっている。共に生きている者たちよ、身動きない、冷たく、つらい憎しみ、憎悪という光の中で、いつまでも過ごす場所ではなく通過点であるという認識をもち、解決する強い心の奥底を散策するのだ。次第に何事にも強い心が芽生え命の永きを得られる。光の一滴が、この喜びとなるのだ。真実の言葉をもつこと。その言葉は真髄の見晴らしをつくり、体の組織が一つの宇宙と連動する。上へと昇る階段こそ、今に真髄を知るための叡智なのだ」

6／17　北口本宮冨士浅間神社へコノハナサクヤヒメに会いに行く。途中のバスの中で飛び込んできた言葉。誰だか不明。「あくまでも今までのアマテラスは沈んだ。それは今までの、偽りの鏡のせいだ。鏡の奥の真実は真からのものでなければ分からぬのだ。諏訪の仕組みがこれで分かったであろう。仕組みはこれから明らかになる」

6／17　北口本宮冨士浅間神社「コノハナサクヤヒメの言葉を聞いてください。ミハシラ（御柱？　身柱？）のシンにコノハナサクヤヒメを入れてください。三神います。富士の三神いるうちの一神のコノハナサクヤヒメです。一神のものは今暗い中にいます。三神目のコノハナサクヤヒメは磯子の森浅間神社にいます。ここは二番目のコノハナサクヤヒメです。雲の中にいる富士の中には、一番強いコノハナサクヤヒメがいます。この仕組みを伝えるのが、この本宮のコノハナサクヤヒメです。形は富士の形ですが、シンのコノハナサクヤヒメは龍の形をしています。神道の神々はほとんどが龍神です。必ずこの仕組みが起こります。富士山の基の神から言われています。コノハナサクヤヒメの仕事は、この世の中の人々の意識を開花することです。コノハナというのは、意識の開花のこと。今、現存の世界でなく、もう一つの世界の扉を開く仕事の意味があります。富士山の下にある神の世界では、火口の様子が変わっているのが分かります。火口の様子というのは、人々の意識の入り口のことです。この仕事を理解するものはこの力を使い、移る世をつくる仕事をする者たちです。感心していま す。そこまで乱れた世において……声の通りに実行するものの姿の意識に開花していきます」

【昨年から言われていた関東圏近郊の神社は、これですべて巡ったことになったようだ】

6／17　下谷神社「日津久にその石の仲間を持っていけ。それが合図になり、更なる仕組みが動き出す。日津久の神に言え。いまに必ず年の神がこの世を変えると。神のミハシラを下谷に立てると。いいな。ご苦労だったな。心配いらぬ。形のない事をよくやってくれた。これで国常立大神は出て来れる準備が整う。（下谷神社に神の柱を立てるんですか？）はい、そうです。この地から光を発して行きます。更なる仕組みが動き出しました。仕事が終わったら、また来てください。いつかのように最後の仕上げをしますよ。（湯島で柱を立てたように？）はい、力の強い合図を送ります。用意が出来たら、仕組みが動き出します。（仕組みはどこから動きますか？）日本全国から出てきます。ひるむくらいのエネルギーが、関東の神社から出ます。それが合図になります。（天変地異ですか？）誤解しないでください。神の仕組みはそれだけではありませんよ。いつものようにしていれば事は進みます」

6／18　北口本宮冨士浅間神社の石「コノハナサクヤヒメです。今のうちにこの石を家の土地に撒いてください。この下のものが龍の住まう土地となり、活性化すると共に今まで以上の働きが出来る家へと変化していきます。住まう者にとって、最上の家となるようにします」

6／18　北口本宮冨士浅間神社にある太郎大杉の石「意識を持つものよ、日津久の杉へもって行ってくれ。この杉の意識を。次元を変える力が強まるであろう」

6／18　五井若宮八幡神社の石「この地は人間の気がつく土地ではないぞ。神の声を聞けば、今、何をすべきか理解できる。この石は普通の者が持てる石ではない。次の世をつくるために必要な力を授けた石だ。自分のことで使うのではない。心の準備ができたら、この石を手に持ち使うのだ。体をつくるために必要なエネルギーを入れてある。神の力は普通の人間には効果がない」
6／18　五井若宮八幡神社（浅間大神）の石「ひふみ祝詞を知っておろう。声に出して読んでみるのじゃ。心が洗われるぞ。その言葉の一つひとつに神の言葉が宿っているのじゃ。言葉をつづる者は自らの心の清算をしなくてはならんぞ。サニワ出来んようじゃとその言葉に邪魔が入るから、よう気をつけなあかんぞ」
6／18　玉前神社の石「いつものようにこの石を持てば、一つ上のエネルギーが使えるようになります。人々の今までの感覚が違ってきている人は玉依姫のエネルギーを入れてあげてください。今までの者で玉依姫の力を授かれば、感覚が戻ってきます」
6／19　年の神「今に人皆に、これから受ける意識改革が始まります。変化に気づく人は少ないと思いますが、分かる人には知らせておきます。いつかも伝えたように、この世の中をつくる人たちの進化を促進させるため、言葉を降ろしています。国常立大神の言葉です。国常立の尊はいい世の中をつくろうと仕事をしていますが、その反対する勢力が阻止しようとして、直接伝えられないのです。年の神を使って仕事をすることになりました。じきに話せることは話したいと言っていますが、進化するものに危害が加わることを恐れています。体をつくるようにとのことです。変化は肉体的にも出てきます。言葉だけでは長いことかかるので、オシリスの力を借りてヤハウェと共に堕ちるものは落とすしかありません。神の意識が分からない者はこれで何もかも意識を変えなければつらくなります。体にも変調を来してきます。コノハナサクヤヒメのエネルギーが充満すれば、開花する人と枯れていく人に更に分かれます。今、みんなに必要なのは体をつくっていくことです」
6／20　国常立大神「人にはそれぞれ、選ぶ権利があります。今に人の裁きを千春さんたちがすることになります。地獄へ堕ちる人は言葉を聞かない人です。自分の意志で進む道ですから助けてはなりません。並の者でなければ、今の言葉は通じないでしょう。始末は自分ですることになります。それが宇宙の掟です。罪を認めて全部を人に頼ることで安心します」
6／20　「いきがみ」という神にイエス・キリストは宇宙人とのハイブリッドだと言われた。
6／21　麻賀多神社の大杉「ここで太郎杉の石をこの木の根元に置いてください。（北口本宮冨士浅間神社の太郎杉の石を根元に置く）かたじけない、これで今までの……この真下の木の根元から、コノハナサクヤヒメの意識が広がる。木漏れ日のいつか下で、コノハナサクヤヒメと融合して更なる力となる。石を地面に置くことで木と木が共鳴し、諏訪の仕組みが成就する」、「千春さん、国常立大神です。コノハナサクヤヒメの意識が杉を通してつながりました。今まで巡った神社のエネルギーが一つとなって、下谷神社に集結しますよ」
▽大杉の奥に光が当たっていた。ごつごつの樫？　の木の言葉「苦労の末の幸福じゃ。知らないものは分からぬが、世界が変わる仕組みがここにある」
▽拝殿「ワクムスビです。うまくいきましたね。知らない言葉はもうないでしょう。これから起こることは、いずれ分かってきます。年の神のところへ行って、仕上げをしてください」
▽末社天日津久神社（行ったとき、何かが開いた感じがした）「意識を変えます。遠くの意識をここへ持ってきます。更なる仕組みが動き出しました。一人、二人、三人と開花します。先々で起こることは、世の中に仕組まれていることです。日津久の仕事は、世の人々には悪と映るでしょう。この世の中にあるもの全てが必要なものです。悪も善もありません。人々にどのような禍があろうとも、過去の大惨事のように助かるものは助かるのです。次元のポータルを開きました。アマカタの仕組みが動き出します。この次は夏のころ来なさい。意識の変革が進んでいるのが分かってくると思います。年の神の所へ行って、最後の仕上げをしてください。石を一つ持って行ってください。下谷へその石を持って行ってください。下谷の下のポータルを開くエネルギーを入れます。握ってください。これで下谷の下から強いエネルギーが出てきます」
6／21　下谷神社「神殿の近くに石を投げ入れ、力を神殿内部へ移せ。移したら、また拝殿にこい。柱を立てる。（拝殿で拝んでいると、神殿下からエネルギーがこみ上げてくるのが分かる。湯島天神の時のように神殿から、金色の光の柱が立ち、噴水のように四方八方へ広がるイメージ。いつもの優しい年の神の声になる）形のないことをよくやってくれました。これで、すべての神社はつながりました」
6／21　年の神（帰りの電車の中）「年の神の仕事をよく信じてやってくれました。軽く考えている人たちには理解しがたいことでしょう。今、下谷神社の神殿内部の下のポータル、次元トンネルの扉が開きました。神殿から五次元のエネルギーが噴き出して、それが合図で今まで千春さんと八坂さんが巡った神社のポータルも開きます。神社の役割はこれからますます強くなり、人々の選別につながってきます。日本全国へ行き渡ります。コノハナサクヤヒメのエネルギーも加わりましたから、更なる意識改革が始まります。アマテラスの世の人は更に下へ落ちます。意識の花を咲かせる人が増えてきます。絶対神ナニルの働きによって、世の中のエネルギーが変わってきます。それを意識していってください。今のうちに強いエネルギーに慣れておかなくてはなりません。体をつくるエネルギーが必要です。体に変調をきたすようであれば、トートの石をしばらく持っていてください。五井の若宮八幡の石は体のエネルギーと調和し、無理なく体がつくられていきます。しばらく身に着けておいてください。世の中のエネルギーが強くなってくると、今まで使っていた力の感覚がなくなってきます。そのときは、玉依姫の力を使ってください。千春さんたちの仲間は今に超能力者として、この世を統率するエネルギーを送らなければなりません。進化の方向を示すエネルギーです」

6／22　中目黒八幡神社に、十月後《とつき》アマテラスが出てくると言われる。夜明けの薄明は強まっている。つるつる太陽の光がアマテラスの光となると言われた。

▽末社三峰神社「変わるぞ！　この世が大きく変わるぞ。光が届いた。合図の光だ。もうすぐ夜が明ける。新しい太陽が昇り始めるぞ。自覚のある者から順に意識が広がり始める。十月後だ。そのころを境に世の中が変わってくるぞ」

6／23　新宿熊野神社（都庁の周りをヘリコプターが低空旋回していて聞きにくかった）「下谷の神社のエネルギーをもらったぞ。一つひとつ事が進んでいく。神の道へ進む。賢く生きるためには声を聞くことだ。こうしていても来る者の心は荒み、いつかはよいと思われる道を探している。少しがいつかのことになるとは知らずに、自分の欲や自覚のない方向へそれていって、覚悟もないままの人生では運命は開けぬ。年の神のエネルギーは、ここの次元も開いた。更なる仕組みが動き出し、ここもその役を果たす。人々の生活は苦しくなるが、信じるものは言葉の端々から言葉のエネルギーが発せられる。それが覚悟となっていくであろう。ここへ来る者も次第に分かれてくる。言葉が分からずとも心で分かるもの、肌の違いのように心にもその違いがでてくるのが分かるであろう。人はそれを元に自分にあったエネルギーの下へと集う。いつしか、それが階のようになり進化が行われる。進化が進んだ者から順に力を授ける。それがこれから必要なエネルギーとなっていく。もうしばらくの辛抱じゃ。光の下に集まる者に教えてやってくれ。この熊野の神が意味を知らせようぞ。体をつくり、過去のものを祓い、心穏やかに過ごすのだ。そのとき、すでに強いエネルギーがこの世を襲う。それに耐えうる力を持っていることだ。（そのエネルギーはいつ降りてきますか？）2～3年後だ。もう時間がない。今、気づかなければ間に合わぬだろう。体をつくるのに時間がかかる。急いでは出来ないものであることを知らせておくぞ。いつものように仕事を続けよ。長い夜《よ》はもうすぐ明ける。形のない者に従え。それが次の世に移る者の覚悟となる」

6／23　国常立大神、強い反対勢力が仕事の邪魔をしているため、再び地面の中に潜っているという。仕事は地面の下から年の神を使ってしているらしい。たくさんの人に神社からのエネルギーが届けば、阻止できなくなると言っている。自分の心の中にあるものを大切にするよう言われる。

6／25　緑の妖精ベン、ある人が妖精と話ができるようにしてくれると言っていたことに対して、ほとんどの妖精が人間にいい思いを持っていないため、つながれば妖精からの攻撃を受けることになるという。コビトにしてもしかり。私の場合は、教育されたコビトとしかつながらないようになっているらしい。妖精について学んだ。

6／25　コビトのコビシン（この時はある人についたコビトだが、その後その人についている必要がなくなると仙人コビトの元へ戻ってくることになる。仙人コビトの下で働くコビトらしい。この時の言葉は妖精についての言葉）

「長い間に一緒に生活が出来ないようになり、人の意識がつまらない方へ移ってしまったために、妖精との生活がうまく行かなくなってしまったのだ。コビトとて同じで、突き放されたコビトの大部分が、いたずらコビトとしてつくようになってしまった。しかし、コビトも妖精もこの世界の生き物。仲ようしなければ夜のままだ。コビシンのように仙人に教育されたコビトを増やしている。コビトのシンもその一人だ。まだ力は弱いが、そのうち人の意識を変えるくらいの力は持つであろう。その使いは初めてだから、シンもがんばっておる。八坂さんのところのコビトのシイは人の意識を抑えるのが仕事だ。この世の中の進化についていけないものの意識だ。ようやく使えるようになってきている。もう少しだ。コビシンの力は、コノハナサクヤヒメの使いできておる。千春さんの言葉の中にコビトを使う年の神がいるであろう。今に、コビトがこの世の中を生きとしたものに変えていく。妖精が協力してくれるといっている。今まで妖精たちは陰を潜めていたのだ。しかし、コビトと同じように妖精の力も使い、人とのつながりを強化しなくてはならぬ。それが次の世界へとつながるのだ。今、妖精たちは意識を変えようとしている。コビトと同じようにまだ人間に対して好意を持ったものは少ない。意識のそろったものから、順次、つなげていくからしばらく待っておれよ。千春さんのところへは、強い妖精をつけてある。今まで通り、話をしようと思えば出来ないことではないが、つながればベンの父親のように非難の声を浴びせられるであろう。言葉の通じん者にはいいが、言葉を降ろせる者は注意しなければならぬ。人の意識を害してはならぬ。その掟を守れる者から意識をつなげていく。（妖精は）コビトのように陽気な生き物ではない。言葉の一つひとつの意味が重いのが妖精だ。生きている次元が違うのだ。この世の中の次元が上がってくれれば、コビト同様、妖精の言葉も理解できてくるであろう。それは人間への非難ではないことに気がつくであろう。その意味が分かるまで、しばらく、妖精の言葉は聞かぬ方がよいであろう。意識の統率はコノハナサクヤヒメが行う。コビトも妖精もみな協力していかなくてはならぬ。終日話せるコビトのように妖精もなっていかなければならぬ。なにもかもが理解なのだ」

6／26　国常立大神「つまり、神と妖精は違うんですよ。今まで、千春さんのところへ来ていたコビトたちは、年の神に教育されたコビトたちなんです。いたずらコビトとは話をしてないでしょ。妖精というのは物や植物、昆虫、動物の魂なんです。今まで、人間たちにいいように扱われた者たちなんですよ。コビトの世界の者とは違います。いつか違いが分かると思います。何者にもいつかはこの妖精たちと仲良くしなければいけない時期に来ています。（今までで、妖精たちは楽しいイメージがあったけど、違うの？）それは、物と人、自然と人が一体となっていた時期の話ですよ。お互いそれでうまくいっていました。しかし、人間の世界に悪い意識が入り込んで、彼らをのけ者にしていきました。自然を破壊し、使い捨ての生活、食べ物の動物を殺していることの認識さえ感じなくなり、殺しては捨てている習慣、それでは彼らの魂は浮かばれないでしょう。そういう反感が、この世の中に押し寄せているんです。その中でも千春さんたちは声の聞こえる人ですから、言葉として降ろせることに注意してくださいよ。むやみやたらに意識をつなげているわけではないことに気づいてくださいね。形のないものというのは、そういった全般に広く分布しているんですよ。よく、見極めて判断してくださいね。仕事として降ろせるのは、神の息のかかった者たちだけです。過去の意識の始末は、七色の光が必要なんです。よって、身近な意識に波長を合わせないようにしてください」

6／28　牛天神（拝殿）「今までご苦労だったな。今からここのエネルギーも変わる。いつまでも人に頼っている者たちは、この先、翻弄されつらくなってくるだろう。細かなことで気を使い生活も苦しくなってくる。今、そのことに気づかねば、いつまでも同じことの繰り返し。神の言葉を聞くことが、呪いの言葉から打ち消されるのだ。千春のように言葉を降ろせるものは、この次に来る試練を乗り切れる。次元の扉が開いたのだ。そこへつながる者は、いつか幸せになれる。時間のない者にとっては、消えない過去を抱え心身共に重たく沈みゆく。今までのふがいなさを反省し、はじめて気づきとなす。年の明けたころ、さらに人々は苦しみだすであろう。今、気づかねば、いつまでたっても世の中の屑となることに気づかぬ。更なる仕組みが動き出している。五次元のエネルギーに変わりつつある。人々にとって、このエネルギーはつらくのしかかってくるが、言葉の分かる者たちは、今まで通りの生活ができる。苦悩の人々に手を差し伸べるのもよいが、彼らの中にあるものは消えぬ。心を鎮めてやれ。それが癒しということになる。言葉の聞ける者たちは、厄介な仕事が待っている。しかし、裏から手を回せば、楽に解決できるはずだ。恐れず、突き進むが解決の道ぞ」

▽撫で岩（野原の牛）「ここのエネルギーも変わってきましたよ。一度に変わることはありませんが、少しずつポータルが開いてきています。1月の初めにすべての扉が開く予定です。今まで行った神社へ行き、確かめてくださいよ」

6／29　金龍（「源流レムリアの流れ　世界に散った龍蛇族よ！　この血統の下その超潜在力を結集せよ」浅川嘉富著からつながった）の言葉。大昔、日本もレムリアの一部で、龍神が支配し、人間と一緒に暮らしていた。アトランティスの意識の低下により、大洪水を招くことになった。あらかじめ知っていたレムリア人は、高台や地下へ避難した。その時、国常立大神をはじめ多くの龍が呪いをかけられ、地へ押しこめられたという。「呪いを解く鍵を持った人はそんなに多くなくて、すべての事柄をうまく神の指示で働ける人しか持っていなかったんですよ。今までだって何人か試みたんですよ。でも、失敗しました。やはり、それだけ神の言葉を理解して悪魔と闘える人でないと、その力は発揮できなかったんです。（悪魔と闘ってないよ。仲良くなっただけだよ）そう、それに気づく人々が、今までいなかったんですよ。悪を悪として捉え違えて、封印しようとするから、さらに悪にやられちゃったんです。レムリアの人たちは、洪水が来ることを事前に知っていたから、意識を高めようとしていたんですよ。でも、それを阻止する者もいて、うまくいかなかったんです。レムリアの人たちは、日本やポリネシア、ニュージーランド、オーストラリアなどに避難したんです。龍も地下へもぐった龍と地上へ来た龍で分かれました。龍神のことを良く思っていないアトランティス人によって、多くの龍がニュージーランドに閉じ込められたんです。日本もそうです。だけど、もう、時代が変わって新しい時計の時代になったから、もう、彼らの呪いも解けだして、新しい時代のエネルギーが降り注ぎ始めています。（あっ！　エノックとクエンティンが今年に入って、新しいゼンマイを巻いてたよ！）あ、それそれ、それが新しい時計ですよ。それでアトランティスの意識が、呪いが、だんだん解け始めています。千春さんたちががんばって、この世界へアプローチしてくれたからですよ。金龍も昔は日本にいたんですけど、あまりの意識の低さに嫌気がさして、ニュージーランドへ引っ越してきました。金龍も千春さんのところにいる国常立大神のお手伝いをします。この日本から龍神たちの力を使って意識を高め、世界を変えていきます。（コビトが、妖精とかも力を貸してくれるって言っていたよ）はい、昔はみんな仲良しだったから、コビトも妖精も龍も人もみんな仲良く暮らしていたから、昔に戻ろうとしているんですよ」。今までのアマテラスの正体は、アトランティスの意識を持った支配者であるという。本当のアマテラスの意識を持った者は、スサノオだと。スサノオも龍神で、この世に姿を見せるときは人の姿で現れるそうだ。アマテラスというのは上にもいる。上のアマテラスの現身が、下のアマテラスということになる。現在のアマテラスは役目を終えたことにより、形のない者がたくさん出てくるという。「生みの苦しみ。この次元の試練は間近ですよ。人々を襲いだしますよ。それに呑まれないようにしてくださいよ。金龍が見張っていますよ。いつか、さらに上の意識が降りてきますから、体をつくっておいてくださいね。心と体のバランスが保てないと病気になってしまいますよ」

6／30　居木神社（ここの神社は多くの神が合祀されているが、私とつながるのは大国主だという。通りがかると憑き物を落としてくれる、とても面倒見のいい力のある神だ。後に下谷神社の年の神と共にその力を発揮する）新しく建った家に、ここのエネルギーも置いておけと言われる。苦しい時はつながるそうだ。これから禍がくるから、この力で祓えと言われた。

6／30　品川神社（ここの神社は女神の声のように感じる優しいイメージの神だ。いろいろ忠告をしてくれ見守ってくれるありがたい神だ。後ほど分かったことだが、スサノオも祀られていた）「浮み沈みの激しい時節がせまっています。行く手にある魔がせまっています。うまく乗り切るには、普通の生活をしていたのでは無理です。体をつくり、天から降り立つエネルギーを受けることです。アジアの国々から意識が届いています。この日本より、エネルギーを送る準備が着々と進んでいます。これから繰り広げられる意識の変革は、人類にとってつらいことになります。今のうちに気づかなければ、この先々で起こる厄介な出来事に巻き込まれることになります。自然現象もその一つです。自然現象と見せかけた支配層の行為にも注意を払ってください。彼らはこの地球を我が物にしようと画策し、虎視眈々と狙っています。強い支配層の働きによって、この世の中のうねりが大きくなってきます。維持するのも困難な状況になってくるでしょう。今、宇宙のエネルギーが日本の神社を中心に湧き出ています。時を経れば、その意味も分かってくると思いますが。この太陽系のエネルギーもだんだん強くなっています。太陽からの熱の放射も大きくなっています。このことに気づいてください。普通の生活では対応するのが難しくなります。細かな気の流れを頼りに生活をしていってください」

7／1　中目黒八幡神社「国常立大神の言葉を伝えるぞ。年の神の仕事のことだ。国常立大神が動き出した。国常立大神は、今、地上に出ている。形のないものを出しつくそうとしている。知らない者から言葉をかけられるかも知れぬが、今の状態を保て。過去からの者たちが言葉となって現れる。この世を支配しているものの力が強くなっている。ヤハウェの諏訪の仕組みが動き出した。八坂と一緒に国常立大神の仕事をしろ。（具体的には何をしたらいいですか?）困ったら、手伝ってやれ。千春のほうが言葉を降ろせるだろう。意識をその者に向け、形のない者を引き出せ。表に出てくればしめたものだ。その者の意識を探り出せ。今、重要なのは、進化を阻止しようとしている者を潰すことだ。落ち着きが出てきたらこの仕事も順調に行っていることだ。過去のものを意識して処理していけ。そこを狙ってくる」

▽末社三峰神社「これから、世の中の波が大きくなるぞ。今から心しておけ。言葉を降ろせる者の使命だ。過去から来る波を砕かなくてはならない。普通の生活が出来にくくなってきている。まだ序の口だ。これからが大変だ。それは自然災害、政治、原発と多岐にわたる。今まで通りにはいかぬ。裏を知れよ。ヤハウェが諏訪の仕組みを発動させた。今、入れたエネルギーは、その被害を受けぬためのものだ。過去のことがあらわになってくるに従い、現実のものが揺らいでくる。今、過去の清算を出来ぬものは、そこへ因われ、身動きが取れなくなり、次元を下げる。いいか、この者たちの魂を取り出し修復してやれ。形のない者は、そこで癒されてくる。今まで通り見える形で示してやれ。過去の者たちは、うずきを利用しているのだ。そのうずきをなくせばよい。アマテラスのエネルギーが役に立つ。抑えろ！　鎮めることが次元の上昇を促進させていく。

7／2　アメノミナカヌシ「この仕事を終えた後には、今まで書いてきたことを執筆しなければなりません。（えっ！今までのこと全部ですか？）そうです。仕組みについてです。細かなことは書かなくてもいいのです。この世の中がどう変化していったのか、こちら側から指示を出しますので、そのまま神の言葉として、書けるようにしてください。心配いりませんよ。すべての手はずはこちら側から整います」

7／8　大国主（どこかへ行っていた時の言葉。多分、小國神社の石の神）「体をつくるということは、エネルギーの流れがよくなるということだ。つまり、抵抗がある者の意識は低いということだ。不吉なことは命にかかわる。今から体をつくるということは、不吉なものが素通りしていくということだ。体のエネルギーの通りをよくしておけば、人の生き方に好機がおとずれる。意識の低い者たちにはつらい人生となっていく」

7／8　ある人の小國神社の石「国常立大神も言っているように、強いエネルギーに耐えられる者だけが次の次元へ行ける。使えるものは強いエネルギーのもとで体を持って次元を上がれる。体は出来てなくとも、心の準備が整った者については、心の次元上昇を味わうことになる。体はなくなり、次の次元の人の姿となる。深いところでつながる。いつかのように、今までと一緒に次の次元上昇の魂となる。この次元においての体を持った意味は、意識の低い者たちに未来の幸せ、喜びを知らせるためである」

7／10　下谷神社「札を買ってこい。下谷のエネルギーを入れる。社札を手に持て、日津久のエネルギーも入れる。稲荷の力を強める。（実家のお稲荷さんのことらしい）稲荷の力が強まる。言葉を人々に伝える日が来る。今までの言葉が生きてくるぞ。仕組みが徐々に変わっていく。今までのように変化は急にやってくる。しっかり、地に足を付けて心してかかれよ。年の神はしばらく千春のところには来れぬかもしれぬが、ここに来ればいつもいる」

7／28　年の神（引っ越しした後）「不吉なことが巻き返してきます。今まで通りのことを進めてください。普通の人々には、次の試練が待っています。あまり、自分を出すと疲れて、時間の洪水に呑まれます。今のうちに整理することです。言葉の降ろせない人々は、身の危険を乗り越えて進化していきます。進化しない人々は、いつものように時間が過ぎていきます。浮き沈みの激しい消えない自分を考えて、繰り返しています。くじけても這い上がろうとせず、今の状況を維持しようと一生懸命です。消えないように、いまさらながら自分という証拠を残そうとします」

7／28　年の神、実家から引っ越ししたため、私の先祖から切り離されたという。お稲荷さんにいる先祖は神化した特別な先祖で、先祖霊から私を守ってくれたらしい。新しい家には山の神がいたというが、数年前にいなくなっていた。それを戻したという。「この土地には、本来いた神を戻しました。山の神です。小さなこの土地に住んでいた神です。この力がこの家全体を包み、更に神々の力と連携して、強力な磁場がつくられています。タコの足のようにたくさんの神々とつながっています。ひふみの神を降ろします。宇宙のポータルが開き、この家から柱ができます。今までのように、いつまでも石を拾わなくても、つながるようになります。気の流れを良くします。信じない者には、この家が地獄のような家になっていきます」

8／1　品川神社「気まぐれな人々は今度の心の変化によって、とても大きな試練となります。アマテラスの次の太陽はとても強い光となって、人々の今まで見なかった心の奥を照らします。心の支度が出来ていない者たちは、この試練に明日を見出せずにいます。心の病となり、今までのような生活が苦しくなってきます。いつまでも明日を夢見ることは、過去を顧みようとしないからです。死を意識すること、死の先を見つめることが、この先生きるために必要になってきます」

8／2　ある人からもらった秩父神社の石、聞こえにくい。「生まれる前の意識を。そこに真実が隠されているのです。宇宙の始めと終わり、神道における『あ』『うん』それらは共に循環しあうのです」

8／2　死神がやってくる。改心させる。

8／4　再び秩父神社の石「アマテラスの仕事は、今まで以上に厳しくなってきます。今まで以上に人々の暮らしはつらく、厳しくなってきます。石はいろんな神社とつながるための道具です。不吉なこともたくさん起きてきます。宇宙の仕組みを知るには、実際に神に問うてみなければ分かりません。形に因われない心を持つことが必要となります。生きている人の言葉を鵜呑みにするのではなく、参考にして神に問うこと。いずれ、神の言葉が支配してくれば、神の真実が普遍の言葉になります。今までのようにテレビやラジオによる情報に頼ることなしに、宇宙から来る神の言葉は命をつなぐことになります。はじめの言葉は、イロハニホヘト、一二三《ひふみ》と進み、最後は「うん」、十で終わり。イロハはそのときの状態を示し、仕方を表す仕組みです。次から一二三《ひふみ》となり、「ん」の途中でミロクの世の中、十と進みます。形の世の中から信頼を得るのは消えないシミを残します。つまらない、さりげない仕組みのように、自然の中から湧き起こる神の道は（シミが）残りません。筋だけがそこに残ります。道の筋、それが神への道なのです」

8／4　ある人からもらった三峰神社の石「イザナギだ。国常立大神によって、ナミの力が増している。この世をつくるのに必要な力だ。今までの神々はナギしか知らない。イザナギだけでは残念なことに発展はない。アマテラスの世は終わり、スサノオに剣を渡した。ナミの血が流れ、スサノオに入った。今、動いている。スサノオにナミの力を注ぐ」

8／7　天日津久神社の石（当時なかなか自動書記ができなかった豊玉さんの石）「苦しい時も悲しい時も書くことで、癒されてきます。言葉を書くことは、心を作ることにつながります。時々、年の神のところへ行って、言う言葉を書く練習をしてください。日津久の石は書くことをしなくてはなりません。書くこと、思ったように書きましょう。時々、神社へ行って、言葉を聞く練習をしてください。苦しい時は苦しいなりに言葉が降ろせます。いつか書けるようにしていきましょう。使えるようにしていきましょう」

8／10　鹿島神宮へ行ったときの石「時の経つのは早い、今、やらねば、今に困ったことになる。人間は不吉な生き方を憂いていることに気づいていない。帰れないことが、どんなことか考えもしない。この石には、その力をいれてある。いつか聞くことができる者たちよ。この力を使い、美しい世をつくってくれ。未来をつくる石だ」

8／11　中目黒八幡神社「いっぱいいるから、どうしたものかと思っていたであろう。いつの間にか、コビトが集まってきた。平河（天神）のコビトだ。穴が通じているらしい。（いたずらコビトではないようですね）年の神のコビトのようだ。人間について行く。年の神の命令で動いている。神の意志をもったコビトだ。時々、ここへ来るとよい」

8／11　再び鹿島神宮の石「アラーの神じゃ。アラーの世の中は一神じゃ。元をたどれば、イスラム教もキリスト教もユダヤから始まっておる。一神教というのは、和やかな心を持った教えのことなのだが、この世の偽りの神が何かにつけ、アラーの神のもと戦争を繰り返すのじゃ。アラーの神の者だって、ちゃんと言葉を聞ける者などおらぬ。なのに、アラーを敬うばかりに潰されそうになっておる。一神教というのは、つながりを見つけることによって仲間を増やすことにある。偽りの神々がしていことは、より孤独にしていることだ。人々が宗教を信じるのは孤独が怖いからだ。いつも誰かに見ていてもらいたい、誰かにそばにいてもらいたい、そういう想いが神という存在をつくり出してきた。神の言葉を聞ける者は、神の教えが一つであることに気がついているであろう。さまざまな神がいても教えは一つなのじゃ。神の意志を汲んだ者であるなら、絶対神の言葉を書いてくれよ。神の教えは一つじゃ。なぜ、それに気づかぬかのう。（鹿島神宮とアラーの神とどう関係がありますか？）さよう、一緒じゃ」

8／12　鹿島神宮奥宮の石「一つの言葉が、いろんな意味になることがあります。その時その時で、意味が違ってきます。その受け手の意識の容量でも意味が違ってきます。人間の教育では、一つの言葉は一つという捉え方をしますが、神々の言葉はさまざまです。教育された人間の頭脳は神を否定し、形のみを重視して、体の偽りを知ろうとしません。実際の出来事は見えない世界からの働きによって、行われています。教育された者たちは、神の言葉を真実として受け止められなくなっています」

8／19　再び鹿島神宮奥宮の石（前回と声が違う）「スウシンじゃ。石（意志？）の働きは普通の間近に今はいる。神の言葉が分かるのか？（はい）アラーの神を知っておるか？（はい）生きている者は一つの教えのもとに、生きるつらさや幸福を見出す。支援するから、今から石を持っておれ。（本殿の石なら持っていますが、奥宮の石も持っていた方がいいですか？）そうか、本殿の石を持っているならそれでよい。ルイジンの動きが次第に消え始める。高いところは、今以上にいいところとなる。言葉の分からぬ者はこの石の意味も分からぬであろう。声の聞こえぬ者たちは、生きていくのが一番苦しくなる。声の聞こえる者よ、今から、言うことを書き留めておくれ。明日のことのように、人間の意識は未来を見ているようだが、これは過去からきている……」

8／19【下谷神社にて、宮司たち職員が被災地（福島、宮城）へ仮の社を建てに行っていた様子のチラシを見つける。年の神は現界でも東北地方へ行っていたようだ】

8／27　国常立大神（地震予告なのだが、実際はそれほど大きな地震は起きていない）人の一生は魂の成長にあるんですよ。それを無視して、自分勝手な行動をとっていれば、自分の一生を何のために費やしたか理解できません。体の思うままに過ごせば、いずれ病気になって一生を終わるでしょう。今までの自分の生活がそうさせてきたということに気づけば、病気も良くなっていきます。今まで一生懸命やってきた人の中に病気を発症することもあります。どうして？　と自問しても分からないときは、外部のものにやられたときです。病気も悪いわけではないのです。もうすぐかなり大きな震度の地震が起こります。それも、自分勝手な行動をとっている人たちには理解しがたいことですが、全ての仕組みは悪の中に隠してあります。今までのように、神の仕事をしていれば、災害に遭うことはありません。いつか今の状態が明らかに自然のものでないと思ったら、記念として時間まで記録しておいてください。今この国の下で眠っているつながりを断ち切るためには、神の意識をもった者から言葉を降ろし、かつての生活が出来るように……真実を知るには、打破しなければならない岩盤が今日の人々の地震。神の仕組みの一つです。人工の地震による被害は自分たちのことでもあります。そういう、報道をしないところに真実があるということを知らせるために出てきた情報です。神の意志でおこなった情報では、それ以上に彼らが切羽詰っているということです。強い精神力をもった日本人ならば、これから先の世をつくる原動力をつくっていけます。体の構造がこれから変わってきます。矛先を本当の悪に向けて、彼らの真髄を貫くことです。残された者の使命です」

8／30　ある人から預かった麻賀多神社の石「しつこく言うようですが、（地獄へ沈んだ）アマテラスの言葉を伝えます……。この世の中はもう地獄へ堕ちかけている。八幡の神と協力して世の立て直しをせよ。よいか、このアマテラスは地獄の果てから言葉を送っている。この世の全ての悪を吐き出す。それが今のアマテラスの使命なのだ。アマテラスを良き者と思うでない。今まではそれを良きものとして、世の中をだましてきたのだ。悪は悪としての役割がある。抑えてはならぬ。この世の全ての悪は、アマテラスが支配していたのだ。神道の最高神アマテラスの時代は終わったのだ。伊勢へ行くな。伊勢へ行ってはならぬ。分かるか、この意味が？　伊勢は地獄へ堕ちる者の行く所。この世を背負っていく者は、悪を封じ込めてはならぬ。全てを明るみにし、全てを浄化するのだ。浄化は祓うのではない。参らせるのだ。悪事の最後は消滅だ。消滅してはならぬ。この世の不幸を幸福に変えるのだ。この世の悪を善に変えろ。祓ってはならぬ。参らせるのだ。アマテラスの悪はまだ続くぞ。今まで溜めてきたものを全て噴き出すのだ。アマテラスを信じるでない。この世の浄化が済めば、新しいアマテラスが照り始める。それが真のアマテラスだ。国常立大神の世になれば全てが明るみなり、悪に逃げ隠れするところはなくなる。それは心の中に潜む悪も同じこと。今から、心の中を浄化しておけよ。八幡の神の力になれ。国常立大神に従って、この世を立て直し一つの考えにする。言葉はなくても心で通じる世の中だ。悪は大挙して押し寄せてくる。自分の心に住まう悪も含め、この世の混乱は続く。周りに惑わされてはならぬ。常に神と心を一つにするのだ。アマテラスは、もうこの世のものではない。地の底から、ついて行かぬ者どもを引きずり落とし消滅させる。もはや人間ではない者どもだ。獣の類だ。心を鬼にして聞け。アマテラスに従うものは、この世のくずだということを。次の世にはいらぬ獣どもだ。足を引っ張られぬように獣どもを鎮めよ。アマテラスの力を授けた。この力を使えば、獣どももおとなしくなる。自分の信念のままに生きよ。それが神の道ぞ。……分かりましたか？　今、この世に起こっていることは、今まで秘めていたことです。天日津久は、岡本天明というものを使ってこのことを世に知らせました。それが八幡の神の意です。人々の心を救うには、神の言葉が分からなくてはなりません。この石を持てば、字が書きやすくなります。八幡の神の言葉を降ろしてくださ い。つらいこと悲しいことが続きます。もうしばらくの辛抱です。落胆しないようにしてください。言葉を書く練習をしてください。心に思うことを書いてみてください。手が動くように書いてみてください。自分にふたをしないでください。自分の考えでないと否定しないで書いてみてください。……（ここからは私へのメッセージ）……日津久へ来てください。新しいポータルを開く準備をします。次なる仕組みを世に発します。（東京が狙われていると聞きましたが……）はい、心配はいりません。結界を強くします。今までの神と連携をとって、下谷から発信していきます。しばらく経済的に苦しくなると思いますが、テレビや新聞の報道の裏をよく読んでください。政治が大きく変わってきます。意外な方面へ進むかもしれません。もう少しの辛抱です。国民もうすうす感づいています。今までのムチャクチャな政治に腹を立てていることでしょう」

【また、東京に災害が来ると警告。台風15号への警告か？】

9／5　中目黒八幡神社「急いで日津久へ行ってくれ。時間が無い。世の中の動きが激しくなってきている。災害はそのためだ。台風の速度を調節し甚大な被害を起こした集団が、次なる手を東京に向けている。福島を保護しなければならない。カジ（台風）の向きを福島へ向かわせようとしている。今のうちに手を打たねばなるまい。日津久のエネルギーを使い、福島を保護する。ここもじきに大嵐になる。（どんな大嵐ですか？）地震だ。鎮める力を授かって来い」実際に13、15、21、23日に地震があった。

9／5　末社三峰神社「最後の時が来るぞ。気をつけろ。覚悟をしておけ。（また、富士山の爆発ですか？）富士の噴火は諦めたようだが、地震で都市機能を麻痺しようとしている。じきにその作業が始まる。日津久へ行って、新たなエネルギーをもらってこい。次元を超えたエネルギーだ。その力で……急いでくれ。（その力での続きは？）東京の次元を一気に上げ、（地震の）エネルギーを小さくする。彼らにはこの裏の事が分からぬ。異次元のポータルを開き、敵の懐にそのままそのエネルギーを返すのだ。真実はじきに暴かれる」

9／6　麻賀多神社（末社天日津久神社）エネルギーをもらう。「次元の上昇が完了しました。東京の結界を強くします。下谷へ行って、この力を年の神に渡してください。下谷の次元も上げてきてください。（石を持って行かなくていいですか？）必要ありません。千春さんの体に入れました。このまま下谷へ行ってください。杉のエネルギーを強めます。杉へ行ってください。これから、日津久の仕組みが始まります。東京の結界を強め、次なる震災に備えます。地域の神社へ持って行ってください。直接強めてください。心配はいりません。東京全土のエネルギーが上昇します」

9／6　下谷神社「下谷に日津久のエネルギーが入った。これから、次元上昇が始まるぞ。書くのを止めて、目をつぶれ。（上りのエレベーターに乗っている感じ）今、次元を上昇している。じきに到達する。過去から未来へ駆け抜けるぞ。その鍵を持っている。これから近くの神社へ行ってエネルギーの鍵を渡して来い。（また、同じ神社を巡りますか？）いや、近くの神社だけでよい。下谷と他の神社はつながり連携している。自宅近くの神社へ行け。（しばらく後）神の仕組みが変わったぞ。今、神殿からエネルギーを発した。これから、東京の次元が上昇するぞ」神殿から、ほわん、ほわんとエネルギーが出ている感じ。体がエネルギーでぐらぐらする。久しぶりに強烈なエネルギーにあたり（注：湯あたりのようになる感じのこと）。

9／6　日津久の神？「不吉なものが動き始めています。下谷のエネルギーを強めました。体の底に下谷につながるパイプを通しました。覚悟してください。心配はいりません。そのエネルギーで防げます。体の不調はしばらくつづきます。しばらく辛抱してください」

9／6　ひふりん（少し前に、ひふりんがいなくなることを宣言）「ひふりんはまだいます。心配しないでください。天の上昇が終わるまで、まだ時間がかかります。全ての上昇が終わるまでいます。心配しないでください。ひふりんの仕事は、この世の中に残されたアマテラスの民を慰めることにあります。それは八坂さんのお仕事です」

9／7　大鳥神社（国常立大神）「（下谷神社の）力をもらいますよ。これで、ここの結界も強くなります。八坂さんの力ももらえれば、さらに強くなります。その時の力は比較になりませんよ。この力をここから発信します。八幡神社と連携をとり、その逸脱を強くします。年の神の力一つでも強くなります。千春さんたちの生活圏は心配ありません。また知らせます。しばらく留守にしますけど、心配ないように」

9／11　アラーの神「不吉なものが動き出しています。アマテラスの声のせいです。地震がきます。震源地静岡県。仕掛けをしています。東京も連動します。静岡県が震源地ですが、今、下にある歪みが動きます。今、一番気をつけなければならないのは、震源地の下にあるマグマの上昇です。それによって、マグマが上昇し、火山の噴火を想定しています。（原発はどうですか？）心配いりません。これ以上問題を起こせば、国民から原発反対運動がおこり、仕方なく中止せざるを得ません。それで一番困るのは、都心の機能がマヒしてしまうことです。東京が機能を失えば、この国を乗っ取ろうとしている、アメリカ、ロシア、中国の軍がこの国に入り込み、占領され、日本人は捕虜となって奴隷のように働かされ、外貨ばかりか、美しい自然も彼らによって破壊されてしまいます。今、必要なのは、地震の原因をもとに国民の意識を一致団結し、教訓として残し地震に対する備えをすること。そうすることで、この国はどんどん強くなり、砦も高くなってきます。攻めてくる外国の軍より守りを固くし、心の進化を成し遂げること。それにより、いい状態になっていきます。決して自ら攻撃してはなりません。神の教えの下に心の進化を成し遂げたものは、宇宙の仕組みが理解でき、幸せになれるのです。攻撃により自国を守っても、いつ侵略されるかという恐怖で、いてもたってもいられなくなります。守りを固くして、攻撃されても微動だにしない国造りがこの国には必要なのです。それが、最良の攻撃となります。指図されて働く日本は、もう終わりです。アラーの神の力で、この国の意識を変えていきます。（攻撃してくる相手は、イスラム教の人も多いのではないですか？）長い間に声の聞こえる者がいなくなり、神の意識を持った信者はほとんどいません。彼らの中にいるアラーの神は偽物の神です。アラーの神は神の総称であって、一つの神とは違います。今まで、何度もそれを言ってきました。しかし、それを聞き入れるものはいません。今のイスラム教は、その時の教えが元になっています。一つの神という意味を取り違えています」。このあと、しばらくして、一つの神とは、一つの教えのことだと言っていた。

【9／13の2時42分に茨城県沖で震度4、M4・4の地震発生】

9／14　ついにきた意志の神「人の意志の神はもうおしまい。これからは、人の神の使いとして、働いています。（どうして、私のところへ来たの？）今度の神は、人間の脳に直接話しかけることが出来る、いい神ですよ。不吉なものがこの東京を襲ってくるから、退治するように言われました。人の心を変えるエネルギーを使えば、いつかのように楽に変わります」

9／14　品川神社「帰る家をシロ（城）と呼んでいます。城に唱えてください。城のところの邪気を祓います。不吉なものが動いています。今のうちに家の中に入るとき唱えてください。ハエの入る隙もなくします。一人ひとりの名前を呼んで結界を強めます。時を司る神、言葉を司る神、護衛を司る神と唱えてください。ハエの入る隙間もないように張ります。東京の地震は、二人が巡った神社から強いエネルギーが出ています。（東京の地震はどうなりましたか？）東京の震度は2～5弱、想定内の地震です」。家に結界を張るように言われる。

【9／15　17時に茨城県沖で震度4、M6・2の地震発生】

9／16　エノック「いつか話そうと思っていましたよ。心配しないでいいですよ。次の未来がもうすぐ来ますから。日のいい時に、ニジの方向の神社へ行ってきてください。はい、その神社のエネルギーを強めてきてください」。2時の方向の神社へ行けと言われる。地図で神社を探した。

9／20　高山稲荷神社「2時の方向の神社だ。ここまでよく来てくれた。質問はあるか？（なんで、2時の方角が必要なんですか？）東と北にある神社、東よりの神社が鬼門になっているからだ。（どうして、鬼門になっている神社の力が必要ですか？）石を一つ拾え。それに力を入れよう。その石を家の地面に置け。東の力が強まる。これからその力が必要になる。ウガノミタマノカミは伏見よりここへ来た。地の商売を活性化させる役を果たしてきた。しかし、世の移り変わりが早い。そなたの家にしても、商売が続かねばうまく事が運ばないであろう。そなたの財運を上げた。これから経済は低迷し、人々の暮らしはますます苦しくなる。しかし、そなたは心配することはない。ここの力で難を逃れる。……しばらく後……指示をするぞ。神社へ行ってくれ。国常立大神祭神の神社だ。（大鳥神社でいいですか？）いい。今から行けるか？」

9／20　大鳥神社では、国常立大神が東京を強めると言っていた。台風の進路を変え、東京への直撃はなくなるようなことを言っていた。エノックが台風の進路を変えているようだ。

【9／13、21時に、日本の南で発生した非常に強い勢力の台風15号が、21日午後2時過ぎに静岡県浜松市付近に上陸（中心気圧は950hPa）、まっすぐ関東に向かうが、山梨県、埼玉県、群馬県、栃木県、茨城県、福島県を通って、福島県南相馬市沖に達し、東京に被害はなかった】【9／21の22時30分に、茨城県日立市十王町で震度5弱、M5・3を観測する地震発生。9／23、17時15分、茨城県北部で震度4、M5・1の地震発生。9／21～26にかけて茨城県

北部で群発地震が発生した。（震源地：北緯36・7～8、東経140・6～7に集中）震源地近くに東海第二原発があった（北緯36・5、東経140・6）】

9／16（注：日付不同）ある人の北海道土産の石（阿寒大神）「未来へ続く今を変えないと、未来への道は開くことはできません。残酷なことだと思うかもしれませんが、みんなの意識を変えるためには命がけの準備が必要です。こうして、言葉が聞けるようになるまでには、命の尊さや、本当の意味での生きることの意味が分からなければなりません。学校の勉強をしていてもよい成績を取っても、残念ですが、神の言葉を理解することはできません。真実を知る力は未来をつくります。真実の中に美化したものも多くあります。自分の中で、それを判断することが重要になります。国常立大神の世の中では、突然の地震はいりません。自然と知るようになるからです」

9／17　ある人の北海道土産の石（白藤の滝の砂）「一滴の集まりが言葉をつくり、以前の自分を変える働きをします。賢く生きるためには、その一滴、一滴が重要な役割を果たしていきます。生涯にわたりその一滴を集め、滝をつくるのです。命の滝は仕事の身の中に落ち、生涯の言葉の意味を知らせます。滝の速さは一人ひとり違います。ざーっと落ちる人、複数に分けて落ちる人、白く見える滝、青く見える滝壺、通りすがりの者に安らぎを与え、シの道の勢いを教えます」、「国常立大神です。（久しぶりですね）やがて東京に地震がきます。心配はいりませんよ。予定では、今のうちに打った布石が功を奏し、被害というものはないはずです。しかし、揺れる覚悟はしておいてください」

9／18　ある人の北海道土産の石（オンネトーの湖）「国常立大神です。うまく書いてくださいよ。書くことは伝えることにつながります。千春さんの仕事です。千春さんの仕事として、人々に言葉の力を与えてください。人は言葉によって癒されるのです。自然（新鮮？）な言葉は深く入り込みます。自分の言葉より、神の言葉は人々の胸に残ります。普通の言葉とは違うからです。一つひとつの言葉に動きや感動があります。その一つひとつが束になって、心の滝壺に落ちていきます。今この湖の水は、そうやって集められた言葉の湖ですよ。言葉を聞いてみてください」、「（はい、オンネトーの湖の石さん、こんばんは）アマテラスの言葉を覚えていますか？　下へ行く人の心の支えであるアマテラスの言葉を。下へ行くことすら分からない彼らは、人間の心を失った獣と同じです。彼らの心を癒してやるには、彼らの心にある、不安感を癒してやることなのです。今の言葉の裏の心を読んでください。そこに、彼らの苦悩の言葉を癒す言葉のヒントがあります。彼らの多くは、自分でそれに気づいていません。自分で自分をどうすることもできなくて、口にするのです。当然ながら、自分の言葉で自分自身をがんじがらめにしています。彼らに言葉を降ろすことによって、それに気づくはずです。暗い道に光を灯してやりましょう。死を待つしかない彼らにとって、神は今以上に遠い存在になってしまっています。その言葉の心がヒントになることを覚えていてください。気の遠くなるような死への道はそっとしておいてあげましょう。いつか消滅してほっとすることでしょう。不幸な人は、今の状態を好んでいます。無理に否定することは避けてくださ い。それが、神への道だと信じています」

9/25 宝登山神社「石を拾え。石にエネルギーを入れる。アマテラスの世は終わった。しんどい世の中になってくる。聞くことによって、生涯、幸せになれる。破壊の神が動き出している。仕事を続けよ。この石には、その破壊から逃れるエネルギーを封入した。それを身に着けよ。難を逃れ、ここへ来た者たちは、お前と同じ力を持っているな。それらの者にもエネルギーを授ける。石を拾えるものは石を拾っておけ。しかし、心無いものは、これが破壊へと変わるから注意が必要だ」

9/25 秩父神社「いつか来ると思っていました。ここのエネルギーが強まりました。意識のない者にもエネルギーを入れます。今、必要なエネルギーはこの地より活性化すると共に東京の結界を強めます。御札を買って家に置きなさい。難を逃れます。苦しい時が、これから続きます。難を逃れるエネルギーで（札を）持っているものを守ります。このエネルギーは、人によっては毒になります。真実を知る者だけが、このエネルギーは使えます。石のエネルギーはコビトに与えてください。このエネルギーで、コビトの力が強まります」

9/25 秩父神社から三峰神社へ向かう車中「アメノミナカヌシです。賢く生きることがこれから必要になってきます。女性性を大切に生きなければなりません。イザナミの力が必要になります。イザナギだけの力では仕組みが動かせません。そのことを知らせてください。世の中が大きく変わります。まだ、必要なエネルギーが足りません。意識を上げるべく作業をします。振動の波長を高くします。次元の上昇が続きます。振動が細かくなってきます。……意識の上昇が続きます。しばらく苦しい時が続きます。覚悟をしてください。（どなたですか？）イザナミです」

9/25 三峰神社「今、必要なことは、次のエネルギーに耐えられる体にすることです。絶対神ナニルの動きが激しくなってきています。騒がないで事に当たってください。

急がず、慌てず、事の成り行きを見てください。人の言葉よりも自分自身を信じる力を養ってください」、「イザナギだ。待っていたぞ。ここの力を強くする。すぐ神殿へ来い。国常立大神が杉に入った。アメノミナカヌシが神殿に来ている。神の意識を感じることであろう」

9／25　ある人から京都へ行ったお土産にと貴船神社の石をもらう。強いびりびりするエネルギー。怖い感じ。石に命と引き換えで呪いをかけると言われる。みんなでぞっとする。「年の神です。千春さんの持っている石、貴船神社の石は聞いてから下谷へ持ってきてください。聞くことに影響はありません。このエネルギーを使うことは避けてください。命との引き換えの成就です。千春さんの力でも危険です。この石は封印します。千春さんの力では無理ですから、イザナギの力で封印します。（三峰ですか？）はい、ここで封印します。神殿の前で石を持って封印してください」。この後、石を持って、三峰神社の拝殿で手を合わせていると、雷のようなエネルギーが石に入る。石のエネルギーが柔らかくなった。

9／27　貴船神社の石「下谷へ行ってください。封印を解きます。このままでは危険です。下谷の境内で封印を解きます」

9／27　下谷神社「封印を解く。石を手に持て。絶対にこの力を使うなよ。読んだらまた封印をする。そしたら、石は境内に置いていけ。（はい）」。拝殿で石を手に持つ。電気が走る。強いエネルギー、封印の解けた石を持っている左手が痛い。右手が勝手に動き、字が書きにくい。「（私にいつもいる神の声）ここの中では力は使えません。いつものように言葉を聞いてください。（急に声が変わる。老人の声）頼まれたのか？　石の力を使いたいか？（い、いいえ！　メッセージをお願いし、します。私はビクビク）いつかも言ったように、この神社は呪いが成就する力を持っている。しかし、それは命との引き換えだ。未来の者か？　ならば話そう。真実の呪いは闇の中で行われる。真実の怒りをぶつける。怒りはこの神社に届き、必ず相手を呪うことができる。（なぜ、呪う神社になりましたか？）怒りのためだ。怒りでもって成就するのだ。鎮まった心の者よ。怒りのエネルギーは自分の魂にも傷をつけていることを知っておけよ。心の澄み切った心の者にしか、それは分からぬであろう。追うものは、この怒りをいつまでも追う。執拗に追う。絵具の色が混ざるまで追い詰める。色が変われば、自分でなくなることに気づかぬのだ。この石のエネルギーは、そなたには必要なさそうじゃ。変えてそなたのものにするとよい。いつかも言ったように、呪うことは自分を破滅に向かわせることだ。新しいエネルギーをそなたにはやろう。罪の意識なく呪う心を鎮めるエネルギーじゃ。怒りをぶつけてきた相手に、このエネルギーを逆にぶつけてやれよ。我に返るであろう」。新しい石に貴船の新しい力を入れてもらった。「ムキコです。いつも来てくださってありがとう。ここのエネルギーも強くなってきます。貴船の新しい力は、ここの力にもなりました」

9／27　国常立大神「一緒に行きましたよ。貴船のエネルギーを変えたのはこの国常立大神です。過去の者たちの怒りも鎮められます。今までの怒りの元を切ることができます。静かな心こそ魂の成長があります。意志のない者たちはかわいそうですが、自分の怒りで自分を苦しめます。それくらい怒りとは、エネルギーの強いものなのです。光を受ける前に言葉をかけて怒りを鎮めてあげましょう。心の傷だけでなく、体調も良くなってきます」

9／27　武甕《たけみか》さん、近くの神社の結界直しと、JR新小岩駅の自殺を防ぎたいと言ってくる。年の神の指示を受け、神社巡りを始める。

9／28　貴船の新しいエネルギーの石、手に持つと手が痛い。強い力。「年の神に従え。苦しい時も、死にたくなるようなことが起きても、次の世は石の言葉の分かるやる気のある人間しか残れん。命の大切さばかりが強調され、人の魂の大切さをおろそかにしている。呪うということは、心の傷であることを忘れてはならぬ。たとえ小さなことにせよ、人の心の傷は深くなることがある。その仕返しが呪いなのだ。いつまでも呪っておったら、残酷なことも平気と思える。人間の魂の傷はそうやって生まれてくるのじゃ。勝手に呪われた人間は、なぜ自分が呪われているのか分からぬであろう。たとえ、いつも一緒にいるからと思っていても、明日のことは分からぬ。何が呪う気持ちになるか、いつまた戻るのか、自分でも分からなくなる。残酷なことをしてまで、呪う気持ちは、命のない成仏しない生き物へと変化していく。自分の知らないところで、そういうことは起きるのじゃ。石の力は成仏しない魂の呪う気持ちを、死んだ意味のなく憑りついた意識から放し、残酷な考えを鎮める。誰もが執拗に怒りを爆発させていたのなら、調和が図れない。貴船の新しい力は怒りの元から正す。国常立大神によって、つり下がっていた怒りの元を過去に遡るようにしてもらった。使うときは体を清らかにし、鎮まった心で使えよ。こうやって使え。呪いをかけてきた相手に向かって呟け。「貴船の力で、呪う心よ、鎮まれ」と。鎮まった心に怒りはなくなる。怒りをぶつけてきた相手に、執拗に追うものの願いは一回だけでは足りぬかもしれん。一回で済まなければ、何回も送ってみてくれ。じきにおとなしくなるであろう」

９／30　お土産にもらった石（下賀茂神社）「いよいよ始まるぞ。そなたなら分かるであろう。この神社の意図が。この神社から変わる。この神社のエネルギーを受け取れ。賀茂氏の力だ。ユダヤにつながる。さすがのイエスも諦めるであろう。予定では、来年の春以降になる。そなた言葉が分かるのなら、神社のことは分かっておろう。賀茂神社から変わるのだ。よいか下賀茂神社の動きをみていろよ。最後のあがきをしてくるものが大勢出てくる。しかしこれが真実なのだ」

９／30　宝登山神社の石、一緒に行った方々へのメッセージのようだ。「言葉の分からぬ者たちよ。ここまでよく来てくれた。そなたたちの心は、こちらからよく見える。見るという行為に二つの意味がある。『目で見る』と『心で見る』だ。残念なことに多くの者にはそれは分からぬ。意識をしないからなのだ。心の目を持つには、そのことを信用しなくてはならないのだ。言葉を信用すると同じように、目で見えないものを信用しなくてはならないのだ。いつの間にか、人間の心の中に自分の感覚を疑うようになってしまった。（神の）言葉と同じように、意識の世界のことをなくしてしまった。長い間に失ったものは、人間の尊厳にもつながる。贅沢をつくし、心の喜びと勘違いをしてしまった。本来の喜びとは何か、喜びの本質とは何かを知らねばならぬ。この言葉を手にした者たちよ、生きることの喜びを感じることが、死を迎える喜びにつながることを知れよ。勘違いするなよ、生きる意味を。取り違えるなよ。体だけが生きているのではないことを知らなければならぬ。心も生きているのだ」

９／30　秩父神社拝殿の石「今に覚悟のいる時代になります。（アメノ）ミナカヌシです。この道へ進んだ者はいつか知らなくてはなりません。探しているものを……。覚悟を決めることです。声の届くものに変える仕組みを作らなければなりません。始末におえない者は、魔の餌食となります。残酷なことのようですが、これも必要なことなのです。この道にいる者たちには被害はありません。体をつくり、最後の悪巧みから逃れる力を与えます。今、体をつくらなければ、時間がありません。強いエネルギーがこの日本を支配していきます。都会の空気もだんだん変わってくるでしょう。この地を訪れたみなさんには、ミナカヌシの生きる力を与えました。覚悟の準備ができている者に発揮していきます。今まで命のことを、生きることを、見えない者への畏怖の念とは別に考えていたと思います。今、この地を訪れた皆さん、喜びとは何かを考えてみてください。生きる喜び。シンの底から生きる喜びを感じなければなりません。日常の些細な出来事、残酷なニュース、つかの間の憤り、すべて生きているが基本です。自分の気持ちを出しても……、いつまでも覚悟のない状態なら、生きている喜びも薄いでしょう。シンからの喜びとは、逆の喜びを知ることなのです。災害のような不幸があってこそ、命の喜びは分かるのです。突き破る壁を越えての喜びは、魂の喜びにつながります。時間がありません。次の世に移る準備をして、この力で乗り越えるようにしてください。破壊の魔の手が人間に忍び寄っています。自分の覚悟を確認してください。覚悟のない者は呑まれてしまいます」

9／30　秩父神社神降石の石「残酷な世の中になってきています。今、この力を使い、生きることが楽になるように力を与えました。聞くことは、いつか動きへと変化していきます。明日への動きは人の活力です。学校の勉強だけをしてきた人にはつらく苦しい人生が待っています。宗教とは、人の神による教えです。ここにいる神は違います。自分で聞くことができます。自我を捨て、意識を傾ければ、だれでもできるのです。ただ気づいていないだけ。自分を否定してしまっては、探し物は見つかりません。神というのは、自分自身に存在しているものなのです。悲しい時もつらい時も自分はいつでもそばにいるように、神もそばにいるのです。自分に畏怖の念がないように、神を持つ自分も畏怖の念はありません。いつでもそばにいる、恋人であり、友だちであり、お父さん、お母さんなのです。アメノミナカヌシの帰るところへ、ここへ来たみなさんも帰れるのです。ただし、みなさんがそれを望めばです。自分の選択は自分でしていきます。瞬間、瞬間の選択が、それを含む未来の選択になっていきます。過去からのつながりでみなさんはここに来ています。この瞬間、瞬間の選択を、無意味なものにしてはなりません。意識のない者たちは、長い間に自分の選択を人に委ねてきました。自分の未来を人に委ねることは、自分の魂も人に委ねているのです。死んでからもそれは続きます。何でもお経をあげればいいというわけではないのです。死んだ場合の選択も、自分で判断しなければなりません。今、この世に生きているうちにその判断をしておかなければ、死んだ後にはできないのです。判断や選択は自分自身に問うてみて、人にとって良い魂になるようにしましょう。今、この世に生があるうちに、その力をつけていってください。生きやすさ、仕事のしやすさとは、そういった判断や選択、決断のしやすさなのです。意識の向上が見る目や感じる心を養います。残りの人生を意識の高い人生にするために、この石を活用してくださ い」

9／30　三峰神社の石「イザナギだ。未来をつくるには、夫婦そろっていなければ開けぬ。ナミの力が、この世の中の不吉なものを打破していく。夜の世界はもう終わりだ。神代の世界を復元する。これからは、神と人とが一体となってこの世界を立て直す。ミハシラ（御柱？ 身柱？）を作り替えるのだ。舵をとる手を人間から神へと移す。この世は地獄へと向かっている。次の世の支度をせねばならない。その船にいつまでも乗っている者よ。矛先を見よ。黒雲の中に一筋の光が見えようぞ。今のうちに準備しておけ。その光へと飛び移るときが来るぞ。光の見えぬ者は置いていけ。身辺を軽くせねば、乗り移ることはできん。イザナミの白い光に従うのだ。体を軽くしろ。過去のものはすべて捨てろ。今、自分に必要なもの、それだけを持って行け。地獄へ堕ちる者を憐れむな。それが彼らの選択だ。自分から進んで地獄行きを決めたのだ。光に従う者よ。心の扉をよく掃除しておけ。改心しておけ。光の通（透）る道を開けておけ。息吹を感じろ、未来の息吹だ。しばらくは舵取りが難しい。船は荒れる。よく矛先を見て飛び出せ。周りは気にするな。機会は一度だ。見誤るな。いずれ、次の世で会うことになろうぞ。舵取りの方法を教えたぞ。この地へ来た者よ。自分自身を救え。他人の指示を仰ぐな」、「イザナミです。イザナギの世は終わりました。意識の向上は男性性と女性性との調和です。いずれ力が人間にも及んできます。女性の持つ感覚、子をはぐくむ仕草、信じる力、自分自身にそういった兆しが表れだしたら、それがサインとなります。形のないものを信じるには、それなりの覚悟が必要になります。今までの経験をすべて覆さなければなりません。その覚悟ができた者から次の世へ移ることができるのです。今、この世でそれをしなければ、死んでからではできません。自分自身をあきらめないことが必要になります。（女性の場合のサインを教えてください）自力で問題を解決する力、人に頼らない力など、女性にしても男性にしても意識が変化してきたらサインになります。くれぐれも人に左右されるのではなく、自分自身で覚悟を決めてください。

9／30 塩じい（塩釜神社の神）「仕組みを動かす。神の意識を広めてやれ。いずれそれが大河になっていく。7人が49人に、49人が2000人へと変化していく。神の意識のない力は必要なくなる。意識のある者から乙姫の話をしてやれ。（あなたは誰ですか？ 聞いたことない声）塩じいだ。（は、はじめまして！）以前から知っておった。今度ここへも来るとよい」

10／4 麻賀多神社大杉「左の方へ回ってください。（ちょうどお昼の時報）今度は右へ回ってください。ここで書いてください。（ちょうど真後ろ）いつかも言ったように、人の意識が変わってきている。この杉のことも知られるようになった。今の言葉は、未来に向けての言葉だ。過去からのつながりで未来がある。言葉を降ろすことは、未来を降ろすことだ。書け。いつの日か書いたことが現実となり、人々に混乱が走る。書ける者は書いて知らせる。残酷なことなれど、これも人間と獣との選択だ」……急にエネルギーがなくなる。
▽末社天日津久神社（言葉を降ろせず苦心している豊玉さんに言葉を降ろしてください）「豊玉さん、ようこそいらしてくれました。日津久はいつもあなたのことを見ています。豊玉さんには力を与えました。書く力です。広辞苑のように書くには辞書が必要です。自分でその辞書をつくっていかねばなりません。必要な言葉は、千春さんから聞いてください。日津久の言葉は、手の動きを読み取ることが必要です。書くということは、読むということなのです。字の形をよく見て書く練習をしてください。書き言葉になっているのか心配しなくていいです。豊玉さんには分かっています。いつまでも分からないと思わないでください。書けるようになれば、どんどん言葉が降りてくる人です。字の形に気をつけてください。腕が重くなったり、勝手に動くようであれば、それを字として捉えてください。書くことは知ることです」
▽森のシラカシ、境内の森の中を歩いていたらエネルギーの強い木があった。よく見たらシラカシと書いてある小さな木「シラカシです。少しいいですか？　シラカシの声を聞いてください。樫の木の根元の石を北野神社（？）の樫の木の根元に置いてください。（中野の北野神社ですか？）探している人がいます。日津久のエネルギーをこの人の木の根元へ届けてください」。（日津久へ戻り、エネルギーを入れてもらう。大杉にも入れてもらう）「異次元のエネルギーを入れましょう。これを持っていけば、シラカシのポータルが開きます」
10／5　豊玉さんの石（多摩御陵・武蔵野御陵）「いつか来たことのある者だな？　いつか、話したことがあるような気がした。（明治天皇様ですか？）いかにも。じきにニッポンの象徴である天皇家のことも分かってくるであろう。この秘密は守らねばならず。知らしてやりたいじれったさがある。ニッポン国民よ。そなたたちは神の選ばれし民なり。誇りを持て！　他国の言いなりにならずとも、やっていけるだけの力はある国ぞ。下を見よ！　地面のことぞ。これがニッポンという国なのだ。この国を守ってゆかねばならない。つらい時期が来ていよう。我もつらい。裕仁にはつらい思いをさせてしまった。悲しいことよ」
10／8　てんつく♪「脇の下に今年も『てんつく』が来ています。みんなのところへも行きます。（わー！　1年ぶり!! ありがとう。みんなは『てんつく』のことを知らないから説明してあげて）はい、『てんつく』とは来年の神を呼びまわる神です。貧乏な神の使いとは違って、裕福な神の使いです。自分の力とは違う力で、その人の運命をいい方向に変えていきます。てんつくてんつく〜♪ 次々に回り、貧乏な神から裕福な神へと……つい最近、まだ勢いのない子供の『てんつく』が加わり、江の島の姫のところからのお使いとして、『てんつく』の仕事に加わりました。よろしくです。自慢じゃないけど『てんつく』の力はすごくて、毎年来る人は時々しかいないんです。今度の仕事は新米の『てんつく』も連れて回ります。てんつくつく、てんつくつく〜♪ 不気味な江の島のてんつくです。（何が不気味なの？）『てんつく』の意味ですよ。（どうして？）教えてあげましょうか？ （教えてよ）人の意識を変えることができます。（どういうこと？）てんつくの力で人を言いなりにさせることができます。（えーっ！ でも『てんつく』はいつも年末にしかこないでしょう）その力を与えられるということ。近所の人々の心も千春さんにつまらない感情を持たないようにしておきました。（まぁ！ ありがとう！）江の島の子供の『てんつく』いまいち、力が足りないから、『てんつく』の力を加えておきました。今度の人たちのとこでは金《きん》がたくさん入るように、てんつくを鳴らしておきます。信用してくださいよ。てんつくつく〜♪ この話は聞こえる人たちに教えてあげてください。『てんつく』が訪れたことが分かるように教えてあげてください。では、また来年。よいお年を迎えてね。♪〜てんつくてんつく、つくつくてんてん……つくてんつくてんつくつくてんてん……（フェードアウト）〜♪」

10／9 新井天神北野神社のシラカシ「日津久のエネルギーがここへも届きました。ポータルを開きました。みんなもここへ来るように言ってください。ここのエネルギーを体に入れてください。日津久と同じパワーが得られます」

10／12 貴船の神、武甕さんに憑いてた死神に、恨みを防衛する方法を聞いていたところを貴船の神につながった。

「……それで、恨みを防衛する方法を知りたかったのか？（そうです）簡単だ！ 恨む心をなくせば、恨まれることもなかろう。気持ちの良さは、他人も気持ち良いものだ。意地を張らずに人に対しても快くする。（あれ？ どなたですか？ 声が違う……）貴船の神じゃ。恨みを晴らすより、恨みを持たぬが最大の防衛となる。死神もそれに気づいたようじゃ。そなたの言葉で死神も癒されたのじゃ。排除しようという気持ちが心を荒ませることにつながる。苦しいながらもその気持ちを捨てることじゃ。（それは難しいんじゃないですか〜？）そうだ。難しいことだ。だから、アマテラスに頼るのだ。その力で鎮めてくれとな。恨む心は地獄を生む。その世界から抜け出せない者たちが大勢いるのじゃ。貴船はそういった者たちに、恨みの念を晴らしてやってきた。これからもそうするじゃろう。（それじゃぁ、死神みたいのが、たくさんできちゃうじゃないですか？）彼らはそういう世界を好み、そういった世界に生きる者たちなのだ。そなたのような心になれるには、まだまだ時間がかかる。国常立大神も言っていたように、そういった世界は封印していく。この世に残ったものに恨む心はなかろうぞ。（分かりました。貴船の神さま。それって、互いに破壊して消滅していくってことですか？）そうだ。それが消滅なのだ」

10／12　武甕さんが東京大神宮から連れてきた死神が改心して「支援の神の死神」を名乗る。

10／16　武甕さん新小岩駅から、また死神を連れてくる。

「支援の神の死神」が改心させる。

10／20　（年の神さま、アマテラスの神社はどうですか？）

「日津久です。アマテラスにはアマテラスの役目があるように、死神や悪霊たちが集まりやすくなっています。今まで、アマテラスを信じていた人たちが、ここへ置いてきたものを含め集まります。アマテラスはそういったものを一緒に鎮めるのが仕事ですので、あまり行くことはお勧めしません。もうしばらくすれば、上神界のさまよえる神々の中にいるアマテラスが降りてきますので、そうなったとき行くのがいいと思います。今はまだ、後ろへ控えている状態です。千春さんが行くなら、さまよえる神々のアマテラスを呼び出すのがいいでしょう。（それはほかの人にも伝えますか？）その力を持っている人であれば、だれでも呼び出すことはできます。しかし、多くの人は、そこまで高い神を認識する力は持っていません。注意が必要です」

10／19　小桜姫（『霊界通信小桜姫物語』浅野和三郎著からつながった神）「小桜です。いくらか幽界のことがこの世の人の参考になればと思い、人の口を借りて物語ったことでございます。全てのことは、神々のおぼしめしがあっての現界でございます。小桜ごときおなごが、神との取り持ちをするような偉いご神徳を受けたのでございます。いつの間にやらこの世も変わり、今ほど、神々の世界の物語が必要な時節はございません。すでに幽界の形はなくなってきておりまして、現界との区別も格別なくなっております。指導役のおじい様に聞きおぼしめしたところによれば、次第にこの世の中、つまり、現界自体が幽界となりつつあるということでございます。この世の言葉を借りれば、バーチャルな世界とでもお呼びするのでしょうか。いつしかこのバーチャルな世界から抜け出せなくなっている意識のない方々は、かわいそうでございますが、今のままそっと鎮めてやるのが得策であろうということでございます。先も申した通り、語った物語はほんの一部。神界へ届くには深い精神統一が必要でございます。小桜も今なお深い精神統一をし、神界における神々のご判断を現界に伝えようとがんばっておりますが、なんと申しましてもこちらの意図が（現界に）通ずるわけもなく、この小桜も寂しい思いでいっぱいでございます。書くことができるのなら、この小桜の言葉を現界の皆にも伝えてたもれ……早くせねば、この世が消えて今の状態もそう長くは続かぬと伝えてくださるよう。がんばってみても神界の決めたことに逆らうことはできず、従えない者は、意志のない世界へ突き落とされてしまいます。いかようにお願いしてみても、それはもう神界で決めたことゆえ、変更はできんと言われております。分のなき小桜のことでございますから、承知するしかございません。この世の執着を取り除くこと。長い間の執着を取り除くことが、今、重要なことになります」

10／21　アメノミナカヌシ「秋が進むにつれて、人間界の秋も進みます。冬の支度を急ぐとともに、人の意識の改革も急がねばなりません。先ほど、千春さんには伝えましたが、未来の扉を開け放ちました。振動がさらに細かくなり人間の心に浸透します。人々の心の底にあった魔が、再び人間を襲い始めます。恐怖、おそれ、悲しみ、恨みといった心の変化に注意してください。過去からの因縁を早く断ち切ったものから、次のエネルギーが降ろされます。自分自身のその恐怖から人を傷つけ、自分も傷つけ自殺者がさらに増えるでしょう。鎮まった心の者から次のステップへ進みます。アマテラスの意志で襲いかかる自責の念を断ち切ることができます。もし、近くで悩みを抱えている人がいたら、もう迷わずアマテラスの力で鎮めてあげてください。この者たちを悪霊にしないためにも有効に働きます。千春さんの仲間の人たちは、自分自身にこの想いをしずめないようにしてください。出すものは出してしまいましょう。心の準備のできた人から次のステップのエネルギーが降ろされます。神の言葉の分かる人たちであれば、試練とは呼ばないでしょう。苦しい時節が到来します。それは経済的にも精神的にも肉体的にもつらくなってきます。気持ち（気の持ちよう）だけでおさまることではありません。これが宇宙からくるエネルギーなのです。形のないものに反応してください。死神も悪霊たちも活性化します。近日中にも変わってくることが分かってくると思います。心の抵抗をなくしておいてください」

10／25　このころ武甕さん、日津久の言葉を降ろせるようになる。

10／30　豊玉さんの石（高幡不動尊不動堂）「かけがえのない人生のつらさを鎮める力を授けました」
10／31　再び高幡不動尊不動堂の石「形のないものも、形のあるものもこの世の中には存在しています。真実とは形のないところから来ています。それは脳の作り出す世界とは別の世界なのです。意識の世界。こうやって言葉の聞けるものであるならば、それがいかに生きることとつながるか、一生の仕事の役割がいかに大切なことであるかが分かると思います。仕事という意味を取り違えていませんか？一生の楽しみと生活するために必要な食料、衣服、住まいを得るものと考えていませんか？　楽しみの意味を取り違えていませんか？　仕事のつらさ、生活のしづらさから逃れることと思っていませんか？　仕事を仕事としている人たちには、神々の考えている言葉は理解できないでしょう。そのつらい一生を早く終えて、魂の世界へ行きたいと思う人も大勢いることを知っていますか？　しかし、彼らに本当の魂の世界はありません。本当の魂の世界は、本当に苦しいつらい悲しみといった心の痛みを乗り越えた人にしか行くことはできないからです。彼らの行くところは、こちらから見れば地獄です。それでも、彼らにとっては天国のようなところと思われています。鎮めてあげましょう。心の苦しみを取ってあげましょう。そうして、永久に浮くことがないように、この世のことも過去のことも忘れさせてあげましょう。その選択が始まっています。静かに鎮める力を授けました。豊玉さん、この力を使って人々の痛みを取ってあげてください。乙姫の力を利用して体の痛みを取ってあげてください。この石を下谷へ持って行って、年の神に渡してきてください。仕事として役立てられるように作り替えてもらってきてください。豊玉さんの力でやってみてください」、「年の神だ。これからさらに強く鎮める力が必要になる。千春は直接下谷へ来い！　八坂もだ！」
10／31　豊玉さんの石（高幡不動尊五部権現社殿）「今すぐに下谷神社へ、ここの気を使ってもらうように、今日中に行ってください。今すぐに行ってください。この石は洗って火にかけてください。次のエネルギーが出る仕組みになっています。（当時、豊玉さんは言葉を降ろせなかったため、私が石を洗ってガスで焼く。しばらく用事があったので、ポケットに入れる。すごい強いエネルギーを感じ始める）その石を身につけていてください。不思議な力が強くなります。昔の力が使えます。過去の者たちが使っていた超能力です。人の持っていない全宇宙の意識を集中させる力が使えます。宇宙の異次元への移動を可能にします」
11／1　下谷神社、豊玉さんの高幡不動尊の石の指示通り、下谷神社へ石を持って行く。上野から下谷神社へ向かうときから、高幡不動（尊）の石を持って拝殿へ来い！　と言われた。拝殿で石を手に持っていると、エネルギーがだんだん柔らかいものに変わっていくのが分かった。「高幡不動は、この地をアマテラスへ渡す橋渡しをする。貴船の力で襲いかかる心を抑え、アマテラスと高幡不動の力で強力に抑え込め。今、力を入れた石は、乙姫の力と融合し使えるようにした。仲間に渡せ。過去、現在、未来という時間も空間も形はない。高幡不動の力は、その時間と空間を扱う力を持っている」

11／3　日津久の神「最近、光が強くなってきています。人の心のうちも古いものが出てきています。古い傷ややり残したりしているものは、徐々に乗り越えてゆかねばなりません。遠くにある状態でこの言葉の意味を知るには、理解する状態に身辺の整理をして、見通しをよくすることです。垣根の内の人は、状態のことが理解できていません。歪みを正すことが必要です。憑きものを取ること、独りで決断すること、独りで行動する勇気を持つことなど、一人ひとりが心がけることとです。いろんな意味で生きることが何か、死ぬことがどういうことかを知る必要があります」

10／31（注：日付不同）支援の神の死神、日津久の神「（死神の存在する意味を教えてよ）戦争で人が殺される。津波にのまれた人が死ぬ。死というものの捉え方をすれば、この世からいなくなるのですから『悪』と思われがちかもしれませんが、魂の世界からすれば、帰還することになります。この世の中というのはとても特別な世界で、ここで生きている人間にはこの世がすべてと思われていますが、実際は魂の世から派生した世界なんですよ。つまり、幻想の世界。だから、人を殺してもいいとは言っていません。それぞれ、魂はこのバーチャルな世界で学ばなくてはいけないからです。その学びの場を強制的に追い出す行為は、神々にとっても許しがたいことです。しかし、それはあくまでも、神と人が一体化している場合です。神の意識のない人間が、この魂から派生したバーチャルな世界を自分勝手につくりかえて、勝手に我が物のように取り扱っているのならば、神々としても統制できず、暴走状態になっていることも知らなくてはなりません。学びの世界、言わばこの世の言葉では、学校に教師がいない状態が続いています。暴走した学校は、かつての大学紛争のような状態になります。それを食い止めるためにも、魂の世界へ帰す必要があることを知ってください。実はそれが、死神の本来の姿です。しかし、暴走した人間の魂は自分勝手な魂の世界をつくり出しました。死ぬと極楽浄土とか、勝手な妄想でつくった天国などという所へ行ってしまって、本来の魂の世界には帰還しなくなってしまったと、神々が言っています。

本来、神あってのこの世ですから、神のいないこの世は学びの場というより、極楽の場、遊びの場になってしまいました。統制のきかない世の中にできるのは、紛争、支配階級、宗教という、喧嘩、暴力という恐怖の世界です。死神たちも意識の変化とともに、体からエネルギーを頂戴することで、生きていかざるを得なくなってきました。彼らがつくり出した死神は、怨念という形で人々に憑き体をむしばませる、もしくは、事故に遭わせるという仕事に変わってきました。今、ここにいる死神たちは、本来の仕事に変わってきています。つまり、神々の意識のない者は魂本来の世界へ帰し、再編成して星や宇宙空間のエネルギーに戻すという仕事です。これが、自然がやってきた摂理です。神々とともに存在する死神の仕事は、意識のある人にとっては命をつなぐ存在となり、意識のない人にとっては死神として働いていきます。意識のあるというのは、神の世界に役立つ人のことです。自分自身の中で神として形を勝手につくりだしている人には通用しません。形のないものを形あるものとして見ているようでは、まだまだこの世の執着から逃れきれていない人です。神々の世界の常識が分かっている人ならば、この物質の世界の持つ意味が分かるはずです。つまり、正反対のことを知らなければ、その対極にある精神の世界も分からないのです。新聞紙という紙の世界、テレビという映像の世界、言ってみれば、この世の中における情報という世界は自分の身のまわりに起きているようで、起きていない世界だということに気づかなくてはなりません。外の世界を知ることは内なる自分を知ることにつながり、自分を知ることで外の他人を理解できるのです。この世の中が幻想であればあるほど、魂の世界がリアルに見えてくると思います。（あれ？　どなたですか？さっきと意識が違う……？）日津久です。（死神さんは？）もう、死神では説明ができないと言っていましたので代わりました。本来、この宇宙は、絶対神ナニルの体の中なのです。暴走した人間の意識は、ナニルにとって不要なものです。人間の遺伝子にもあるアポトーシス（注：アポトーシス〈apoptosis〉とは、多細胞生物の体を構成する細胞の死に方の一種で、個体をより良い状態に保つために積極的に引き起こされる、管理・調節された細胞の自殺。すなわち、プログラムされた細胞死のこと。ウィキペディアより）というシステム、自己消滅のシステム、これが言ってみれば死神の役割なのです。情報というバーチャルな世界を信じている人たちは、静かに眠らせてあげるのが、最良の方法です。死神たちもそのための仕事を始めています。東京大神宮をはじめとして、神社でも死神的な役割を果たす神社が増えています。これは悪ではありません。それを望んでいるのは、この世の人たちだからです。神との意識のある人ならば、（死神が）行ったとしてもさほど影響はないはずです。心にしみのある人は、そこに入り込みます。気をつけてください。（教えてください。震災にあった人たちはバーチャルな世界ではなかったわけですよね）はい、生か死か究極の選択をした方も大勢います。彼らの意識の中に今までの生活がどんなに幸せであったか、生きるということがどんなに大切であったか、人々と連携することが何を意味するのか気づいたと思います。それは決して情報の世界ではなく、まさに自分自身に起きたことです。神の存在に気づいた人も多くいたでしょう。犠牲者によって気づいた方も多いと思います。死神の総支配をしているのが、この世をつくり直している国常立大神です」

11／7　高幡不動尊へ八坂さんと一緒に行った。

▽不動堂（不動明王）、すごいエネルギーを感じる。「アマテラスの者をこの力で鎮めよ。いよいよの時がきている。大日如来の元へこの力とともに送る。今、必要なことは、この不動明王の力により送り出すことだ。間もなく扉が閉まることになる。この不動明王は、大日如来の使いとしてこの地に降りてきておる。心に潜む悪を抑えつけるのが役目だ。この不動明王は、アマテラスの意の使い手としてここにいる。罪のない者たちは、そなたたちの力が必要になる。ここの力を使って人々の心を鎮めよ」

▽五部権現社殿、こちらはもっとすごいエネルギーで足が重くなる。「書くのは後にしろ、下谷へすぐにいけ！（はい……そのまま言葉降りず）」

▽大日堂（大日如来）、拝観料を払って大日堂へ行った。大日如来を探すが、順路を間違え、気づかずお堂の真ん中に出る。そこにいた大日如来を眺めていると、真ん中で手を叩くように言われる。手を叩くと音が響く。上を見ると龍の絵がある。鳴き龍の絵らしい。ほかに拝観者がいなかったので、堂々と大日如来の前で言葉を聞く。とてつもない強烈なエネルギーを感じる。「ここのエネルギーを持っていってください。五部権現社は宇宙の次元を超えたエネルギーを降ろせるところです。現在、過去、未来を見通す力が付きます。ここの力は普通の人には使えません。下谷の神に使えるようにしてもらってください。苦しい人に入れてあげてください。この宇宙はさらに進化が激しくなります。この大日如来も大いなる期を司る神として、人々の心を鎮め、アマテラスの元へ送る準備を整えています。必要に迫られて言葉の声が聞こえる人は、今までの罪穢れを清め、あらたな再出発の準備に取り組んでください。この地において、悪の心を抱いている者の苦しみ、悲しみ、恨み、妬みの心は、沈む力となります。そういう人々は鎮め

てあげてください。この大日如来の力で鎮めましょう。さあ、あなたたちに力を入れます。この力を持って下谷へ行ってください。（頭からじーーぃんと入ってくる。じわりじわり広がり、声がする）気の毒な人に入れてください。鎮めてください。鎮めてください。下谷神社へ行ってください」

▽大日如来（八坂さんが降ろした言葉）「よくぞこの地にいらっしゃいました。この世の人々の苦しみを取るためにこの地におります。痛み、恨み、数々の欲望を持ったまま、人々が行くあてもなくさ迷うことは、この先の世に良い影響を与えません。この地に来れない人々は、あなたたちが鎮めてください。たおやかな心に抱かれて静かに沈んで行ければ、皆、幸せです。このエネルギーを入れたあと、少しつらいかもしれませんが我慢してください。憂いある瞳の者が、少しでも希望の気持ちを持ち、静かに沈んで行けるように大日如来も力をつくします。下谷に行ってください。融合してもらってください」

▽五鈷杵《ごこしょ》『金剛五仏を表し、一切の煩悩を突き破ることを象徴する密教法具。五鈷を撫でてご利益をいただいてください』と説明が書いてあった。持つとかなり重たい。「この重みで人々を押し付けます。杵の力を使って、人々の欲を突き破り、人々の執着を抑える力です。この力は二通りの働きをします。一つは抑え込む力、一つは突き破り上へ向かう力です。お二人には、突き破る力を授けました。さらに上の世界への道が開けます」

▽五鈷杵（八坂さんが降ろした言葉）「この五鈷をつかって鎮めたものを抑えてください。この力で、まだ欲望に未練が残る者をさらなる強い力で抑えてください。日々の生活で沈みきれない者たちはたくさん出てきます。その時はこの五鈷で抑えてください。そのうちに静かに沈んで行くでしょう」

11／7　下谷神社、神職に断って社殿の中に入れてもらう。神殿からのエネルギーが普通ではない!!　エネルギーを味わっていると、年の神に早く石を出せ！　と言われる。慌てて石にエネルギーを入れてもらう。急げ！　と言われ、何やらエネルギーが入る。龍の下へ行け！　と言われ、天井画横山大観の龍の下で拝む。白い龍が降りて体に入る。言葉は外で聞くように言われ、急いで外へでる。間一髪、すぐに次に控えていた七五三の御祈祷が始まった。高幡不動尊で急かされた理由がこれで判明。「ここまでよく来た。この中のエネルギーの方が強いのが分かったであろう。白龍が入った。白龍が年の神だ。このエネルギーが、これから必要になる。いいか、ルシファーの力を皆に渡せ。これから大きく変わってくる。ルシファーの力が必要だ。悪を引き連れ、この世の大改革を行う。その時、年の神が皆を守る。そのために社殿に呼んだ。この力は皆の心に潜んでくる怪物を使って、皆の守り神とする力だ。千春がやっているように、八坂も豊玉もそれができるようにした。心配するな。命は守られる。言葉が書けるものは、なるべく降ろせ。そこに指示が降りる。豊玉は直感で感じ、皆に知らせ。いいか、ルシファーはただの魔物ではない。その昔は神だったのだ。サタンも同様だ。これから、彼らの力を使い、世のどんでん返しを行う。しばらく苦しい時が来るが辛抱しろ。魔物もルシファーの力にはかなうまい。しかし、恨む心を持つなよ。逆効果になる。ルシファーの力が強く出る。この世の支配している者たちに危害が加わる。見ているがよい！　この年の神の力で、世界が変わってくる！ここから世界が変わる」

▽八坂さんが降ろした下谷神社の言葉「何度となく通ったからこそ、このエネルギーを入れることができたのだぞ。八坂、分かるか？　仲間の体にはもう入っている。この力と融合することで、より強い力を発揮する。高幡不動（尊）の大日如来はアマテラスの力と同じ、そして千春と一緒にいるルシファーの悪魔の力、二つを融合することで、強い力で人々を鎮めていけるのだ。ルシファーの悪魔の力は、欲望渦巻く者には魅力的な力だ。その力で吸い寄せ引き付け一気に鎮（沈）めるのだ。アマテラスの力に大日如来の慈悲の力が加わって、人々は静かに沈んでゆける。この力をもらって使いこなせるよう精進せよ。人々の悪い思いが自分に降りかからないように、大日如来の五鈷（杵）で鎮（沈）め突き抜けろ。それが二つの使い方だ」

11／6（注：日付不同）「ルシファー（悪魔であったが5／27に改心させた）ルシファーは、あれから千春のところでいろいろ考えた。死神たちにもいろいろ話し、聞いてやった。この地球は、今、調和へと向かっている。言葉としては、そう難しいことはないが、仕事として足りないものを補充するのは、大変な努力が必要とする。今、やらねば、金輪際の調和は望めんであろう。死神たちも悟りだした。自分の進むべき道をだ。この世の中において、つまはじきされてきた死神の本来の姿が見え始めてきた。これも千春のおかげだ。自分を見失っていた者を見出せる力を持ったのだ。悪とは何か、善とは何かを、皆に知らせてやってほしい。ルシファーの言葉を、皆に知らせてやってほしい。心に住まう悪に気づいてほしい。そして、救済してやってほしい。なぜなら、それこそが善だからだ。今まで、悪としていたことは、真実を知れば知るほど善であることに気づくであろう。それが、この進化の道に必要なことなのだ。今日、明日でできることではない。長い年月がかかる仕事だ。しかし、今更それをしていては、間に合わないところまでこの宇宙は来ている。今まで、神々に忠告されていたことの意味がこれで分かったであろう。いや、分かる者だけでよいのだ。分からぬ者は切り捨てなければならぬ。今までの行いすべてにおいて、やってきたことが悪だということに気づかぬ奴らは、その世界に進めばいいことなのだ。ルシファーの仕事をするときが来た。これから、今まで、悪としていた者たちを一堂に集め、善へと向かうべく道筋をつくっていく。千春に危害はない。もちろん仲間にもだ。ただ、周りに振り回されぬよう、よく神々の言葉、悪魔の言葉を聞け。それが真実だ。体に不調を訴える奴らは鎮めてやれ。（自分の体が悪くなったらどうしたらいいですか？）心配するな。心の病から生じる不調だ。千春たちにそれはない。真実を知ったものに死はないのだ。体がなくなっても魂として存在するからだ。このルシファーに任せろ。魂の扱いは、このルシファーが得意だ。再生し、すぐ役立つ魂に変えてみせる。死を怖がることは何もないのだ。この世に残る魂ほど苦しむ。それが地獄だ。ルシファーを信じろ。もう、悪魔ではない。神の邪魔をするやつに襲いかかる準備をする。このルシファーの力を皆に渡してくれ。年の神のところへ行って、使えるようにしてもらうがよい」

11／9 ルシファー「ルシファーの石の力は、スサノオの力によって作り替えられている。アマテラス側の力は、このままでは使えない。スサノオの力が必要だ。今、年の神が中心となり、この世の立て直しを行っている。しかし、その奥にいるのはスサノオなのだ。石の力はスサノオの力となる。（神さまたちはお留守ですか？）出雲へ行った。しばらくルシファーが留守を預かる。年の神の代わりだ」

11／9 年の神「年の神です。皆さんに知らせてあげてくださいよ。石が届いたら、すぐに身に着けてくださいって。言葉の分かる人は石の言葉を聞いてください。書くことができれば、書いてください。（あれ、優しい年の神さまですね？ 下谷の怖い年の神さまは？）はい、両方年の神です。下谷の年の神は出雲へ出張していますので、留守番の年の神です。（どうして、二柱の年の神さまがいるの？）この年の神は、怖くないキャラクターを持っています。下谷の年の神はスサノオです。下谷の年の神の本神はスサノオです。この年の神が本来の年の神です。今、スサノオの年の神が、この世の立て直しをしています。分かりにくいかもしれませんが、出雲へ行ったのはスサノオの年の神です。国常立大神の命を受けて、この世の神々の指示をしています。（へーっ!? じゃぁ、大国主の神さまは？）大国主もスサノオです。しかし、年の神のスサノオが中心になっています。（よく分からないけど、大国主も年の神もスサノオの子でしょ？）そうです。キャラクターが違っていると思います。まぁ、しかし、根本的なものはスサノオの意識が作り出していますから、スサノオということになります。（へーっ!? それではスサノオが表に出ている間、優しい、年の神さまはどこにいるの？）一緒にいます。ご心配なく。どちらが強く出ているかだけの話ですから……。（あ、そうなんですか……では白龍の年の神さまは？）白龍の年の神の正体はスサノオです。皆さんの心の中にスサノオが入っています。（それでは下谷＝スサノオと思っていいのですか？）はい、その通りです。（道理で、今回のことはスサノオが出て来ないから、おかしいなぁーと思っていました）皆さんにもこのことをお伝えしてください」
11／11　年の神「今年もよろしく。（なんで今年もよろしくなの？）年の神ですから、年を迎えるんですよ。必要な言葉を送りますよ。命の選択（洗濯）が始まっています。どうすれば自分にとって一番いいか考えることが必要です。今まで、生きてきた意味を体に感じて、いつかのために役立てることが必要です。いつかの時は、やがて人間たちの多くは死を迎えることになるということです。死んでからでは遅いのです」
11／16　実家のお稲荷さん、お稲荷さんのお水を替えて、手を合わせたら、出雲へ行っているはずのお稲荷さんが声をかけてきた。「（お稲荷さん、帰ってたの？）おお、すごかったぞー出雲は。（お稲荷さん、興奮気味に答える）すごい神々が大勢集まっておったわ。それで一番強い国常立大神に従って一丸となって動くのだ。この稲荷もそこの仲間に入れてもらった！（そういえば、八幡神社の神さんも行っているよ）八幡の大神は八幡で一丸となって動くのじゃ。そういえば、キミとソラ（私についているコビト）が来ていたぞ。キミとソラは、国常立大神の下で一丸となっておった。（お稲荷さんたちはどうしたの？）稲荷は基本、参加せんことになっておる。その代わり、年の神が参加するのじゃ。この稲荷は、年の神と一緒に動いた。つるつる太陽の陽が当たるのじゃ！　稲荷にも当たった。来年はつるつる太陽の光が強くなる。ここも来年は大きく変わる。そして、楽しくなるぞー（へーっ!!　楽しみだねー）今度、千春も連れて行ってやろう。イヤーすごかったぞ!!（わーっ、行ってみたいなー）」
11／16　仙人コビト、ある人のメールの影響で邪気を受けてしまったとき、仙人コビトが声をかけてきた「邪鬼の集団じゃ。命は心配ない。生きながらえる呪文をコビシンに与えた。コビシンの言う通りにせよ。神というのは、次元を超えておるのじゃ。銀河系などにこだわっておらぬ。そこから出たところに、本当の宇宙や自由があるのじゃ。エネルギーの意味が分かっておらぬ。宇宙というものの仕組みが分かっておらぬ。サマエルも申したであろう。上へ行けば行くほど明るい世界じゃ。下へ行けば行くほど暗い世界なのだ。暗い宇宙に明るい銀河のイメージは、もはや、この三次元の世界から抜け出ておらぬ証拠。アメノミナカヌシはほんの一部じゃ。アメノミナカヌシの周りにも同じような神々がいるのじゃ。その集団的な存在をアメノミナカヌシと言っている。一神というわけではない。多神の集団、これがアメノミナカヌシなのだ。勢い余って、宇宙に出たところに真実はない。真実は体の中にこそあるのじゃ。宇宙を創っている根源を忘れておるぞ。絶対神ナニルじゃ。全てはナニルの体の中の出来事。ナニルは陰と陽の交わりから生じたものだ。意志も同じじゃ。陰ばかりでも、陽ばかりでもいかん。それは中庸がいいのじゃ。スサノオと国常立大神の違いはそこにある。スサノオは陰で動くもの、アマテラスは陽で動くもの。国常立大神はその両方をもっているものなのだ。言ってみれば、この世をつくった大元の神が、国常立大神を中心とした龍神じゃ。龍神なくしてこの地は生まれなんだ。いったんは、アマテラスの世になってしまい、国常立大神はこの地から追い出された。地中に呪いとともに縛りつけ埋められたのじゃ。誰の仕業か分かっておるか？　だから、この呪文の鍵を開けたものを探しておったのじゃ。困ったことに出雲へ出張中を狙ったのじゃ。バカどもめが！　この仙人コビトを知らぬか！　アホめ！　妖術にかけては右に出るものはおらぬ。呪いを解く術を教えようぞ」。このころ邪鬼の集団が襲いかかってくる。話しかけてこないので改心できず、教えてもらった術でスッキリする。

11／18　年の神「次の週には帰ってきますよ。もういい加減、執拗に迫るものもいないでしょう。次の週にはスサノオもいますから、心配いりませんよ。国常立大神も戻ってきます。今のうちに次の仕事にかかる準備をしてください。日津久へ行く準備です。仕事はそこで言われます。振動数が徐々に上がってきています。日津久の社の振動数も違うはずです。年の神もハイジンとなります。この仕事でおしまいです。はい、この年の神は下谷へ戻ります。スサノオの陰にいます。必要なときは年の神を連れて帰ってください。石を手に持って、年の神をその石に入れてもらってください。（スサノオの年の神さんに入れてもらえばいいですか？）はい、スサノオに言ってください。いつもの年の神の身霊を分けてくださいと。そう言ってもらえば、スサノオの力で、この年の神の身霊が入ります。それを身に着けていれば、いつでも話すことができます。スサノオの力が強いですから、年の神は陰にいます。心の中にはいつもいますから、必要なときは石を手に持って語りかけてください。長い間、ありがとう。また、下谷神社で待っていますよ。（なんだか、寂しくなっちゃうよ……。長い間ありがとう。すぐ下谷へ行きます！）ありがとう。みんなに伝えてくださぃ」。出雲での神々の会議が終わる。やさしい年の神の仕事も終わる。

11／18　ついに来た意志の神、いつも言っていることが面白い神である。月から通勤快速に乗ってきたという。

11／22　国常立大神が出雲から帰ってきた。その時、会議の模様を聞いた。人間を沈めることに賛成と反対があったそうだ。会議は難航した様子だ。賛成派は人間の世界に近い神々、反対派はもう少し上の神々で直接人間に接していない神々。反対派の神々を説得したのは、ルシファーだった。最近、ルシファーの声が聞こえなかったから、どうしたかと思っていたら出雲へ行っていたことが分かった。どうやら、国常立大神がルシファーを連れて出雲へ行ったようだ。悪魔が出雲の会議に出席したことで、ルシファーは大歓迎されたという。実際に悪魔の言葉を聞いて反対派の神々は人間を沈めることに賛成した。

11／22　麻賀多神社（末社天日津久神社）豊玉さんに教えてもらった、一二三祝詞をあげてみるとエネルギーが入ってきた。「一二三祝詞はいかがでしたか？　新しいエネルギーが入りました。このたびの出雲の会議で決まったことを伝えます。今度の立て替えには、人の意識が必要となります。もうしばらくしたら、年が明けます。その時が合図です。一斉にこの世のエネルギーが向上します。このエネルギーについて来れない人々が増えます。これを、どんどん抑えなければなりません。ここぞと思うときに、貴船、高幡不動（尊）の力をフル回転してください。もし、つらく当たるような人がいたら、切ってかまいません。それは、心を鬼にしてやってください。八坂さんの周りにいる人たちは特に切ってください。もはや、上がる見込みのない人生です。千春さん、八坂さん、どんどん言葉を降ろしてください。二人の言葉をどんどん皆さんに教えてあげてください。豊玉さんは自分の直感を頼りに、人々に知らせてください」

11／23　実家のお稲荷さん（スサノオ化した怖い口調の年の神の声）「（お稲荷さん、こんにちは）年の神だ。（スサノオの年の神さま？　↑お稲荷さんの社の中に下谷神社の御札も入っているから、年の神も言葉をかけてくることが多い）そうだ。（お帰りなさい）人の意識が変わり始めた。光が当たり始めたからだ。今年中にひふみ神示を降ろすから準備しておけ。（それは本にするんですか？）いいや、まだその時期ではない。ひふみ神示は神の言葉として代（世）に記した。今度の神示は過去の神示とは違う。知らせる言葉は国常立大神だ。スサノオもそこに入る。鳥居の下へ来い。（今まで、鳥居の外で話を聞いていた）そうだ。言葉がよく聞こえるか？（はい、少しクリアーかな？）鳥居の下に、ここのエネルギーは集まる。仕事は皆にこのことを知らせ、次の指示を待っていろ。それぞれに指示をだす。皆が連携してしなければ事は進まぬ。仕事は日津久が指示を出す。日津久へ行けと伝え。下谷神社へ行き、この世のエネルギーに変換しなければ、今度の仕事はできん。（最近、下谷でエネルギーを変換してもらわないと使えないエネルギーが多いですねー。どうして？）いかにも。今、使っているエネルギーはすべてこの世のものだ。この世のものに影響を及ぼすように仕組みを変えている。しかし、本来のエネルギーのすべてはこの世のものではない。この世のものとして使えば、すべてのエネルギーは使えん。その一部しか使ってないことになる。下谷へ行って変換すれば、この世のものとしてもあの世のものとしても使える。つまり、両界に影響を及ぼすことができる。その意識が現界、幽界、霊界をという宇宙のすべての力となり、この世の中を変えるように他の世界にも影響がある。仕事はこの世の建て直しといえども、神界の立て直しでもあるのだ。

この世の力があの世の力となり、神界、その上へと変わってくる。分かったな」

11／24　実家のお稲荷さん（スサノオ化した年の神の声）

「（お稲荷さん、こんにちは）稲荷はおらぬ。稲荷は伏見へ帰った。稲荷の会合のためだ。年の神が招集をかけた。稲荷の仕事が待っている。仕事だ。今に分かる。年の神が帰ってきたら聞くがよい。（いつ帰るの？）５日後だ。なにも心配するな。ここは安泰じゃ！」

11／25、26　下谷神社の石、この時、優しい年の神はお留守だった。「古い窓辺に木枯らしが吹く季節になりました。今にこの木枯らしも不吉な風を運ぶようになります。木枯らしの吹く季節を冬といいます。言葉を降ろすことは、光を降ろすことにもなります。この下谷の石には、古い言葉と新しい言葉が入っています……。日津久の言葉にして降ろします。嵐の前に来る稲妻が響く夜に、今までの悪魔が一斉に世の中から出てきます。家を閉じるとともに鍵を閉め、稲妻の後に来る嵐に備えます。支援の神の死神がこの家を守ります。普通ならば電車も動いていますが、稲妻の影響で止まってしまいます。このまま嵐になれば、人々は帰れなくなります。（意味がよく分かりません。何が起きますか？）人々が動けない状態がいつかきます。今に嵐がきます。その嵐の前の状態が今の言葉です。（もう少し、具体的に、その嵐とはなんですか?）２月24日ごろ、夜の出来事です。（なんで冬、春? に嵐がきますか? あなたは誰ですか?）下谷の使いです」

【２０１２年２月23日に確かに台風並みの異常な低気圧が日本にきた。（中心気圧が９８８ｈＰａ北西の風、最大瞬間風速19・２ｍ／ｓを記録）】

11／28 優しい年の神が伏見から帰ってきた！「日本の未来について話しましょうか? ここまで腐敗した日本の先行きです。日本はいつまでもアメリカに依存していれば、千春さんのように耳が聞こえる人は不思議に思えるかもしれません。人間の持つ不思議な能力は、この日本を変えてゆきます。上層部の意識の人たちは、腐敗を承知でアメリカに従うでしょう。だけど、耳のある人々は、この指示には従いません。今は言葉を降ろせる人が少ないので、腐敗した政治を軸にして考えますが、千春さんたちは神の意識を軸にして考えますから、彼らの裏をかいて従わない方向へ進みます。日本人の未来は、金儲けの人たちとは反対に、自然の規則に則って生きていこうという人たちが増えてきます。方法はお金にこだわらない生き方。精神を主体とした生き方を目指している人たちの、自然の中に息づく食べ物を生産する農家が急激に増えてきます。そういった農家の提供する食料は、栄養価も高く、少しの食事ですべてが賄えるのです。自然体で生きていこうとする人たちは、かまわず増えてきます。耳の聞こえる人も、聞こえない人も一緒に行動を開始します。耳の聞こえる人が、先導をしていくでしょう。時間の問題です。かわいそうですが、今のその考えからから抜け出せない人たちは置いていきます。耳の聞こえる人たちが集まれば、それぞれの情報が手に入ってきます。しかも、別の人から得た情報同士が互いに同じ方向へ導かれるのを見て、耳の聞こえない人はそれが真実だと気がつくはずですよ。気がつかない人は置いていけばいいのです。今のうちに意外な物事に対してのアレルギーはなくしておいた方が、かえって自分のためになると考えた方がいいですよと、いろんな人に伝えてください。日本の未来は意識の向上とともに、片や一つの個として動き、片や沈む方へとだんだん分かれていきます。（テレビとかの報道はどうなりますか?）いつの間にか見なくなるでしょう。いろんな情報が入ってくるよりも、厳選された情報だけで十分なんですよ。そうやって人々は、自分の好む情報を得ようとしています。報道の情報はだんだん無意味な情報に変わってきます。知らないうちに、意識が変化しているからです。いつか、自分の好む情報を得たいと必死になって探し出すときがきますよ。のどが渇いた人のように、千春さんたちから情報を欲しがる人々がたくさん出てきます」

11／28　実家のお稲荷さん「震度の大きい地震が来るぞ。東の方だ。震源地東北、震度5弱～5。心配ない。東京の震度は2～3ぐらいだ。いつものように震源地福島の領域。気まずいTPPを脅すためだ。（あれ、紀伊の方じゃなかったの？）反感を買った。これ以上日本にダメージを与えれば、この国を支配している者たちの首を絞めることになるからだ。年の神だ。震源地へ急ぐ、さらばだ」

【12／3に地震あり】

11／29　上神界さまよえる神々の中にいる新アマテラス「アマテラスです。こんばんは、千春さん。今度はいつ来れるか分からないので、お話ししたかっただけです。心配しないでください。（アマテラスの神さまは、なかなか人間の世界には降りて来ないのですか？）はい、ここに用事がありましたから、久しぶりに千春さんのところへ来てみました。（用事は、この世界のことですか？）はい、未来のことです。（では、そろそろ、アマテラスとして降りてきますか？）まだまだ先の話です。つるつる太陽の光が、もっと強くならないと降りてこれません。（アマテラスとしてこの世に降りてくるのはいつですか？）もう、間近ですが、仕事の関係が付くまで降りられません。（どんな仕事をこの世でしますか？）今までのアマテラスとは違って、このアマテラスはゴウキンのアマテラスです。（ゴウキン？）ゴウキンとは、つるつる太陽の陽の光を、そのままこの世に照らす役目です。ゴウキンのゴウは強いです。（『剛』のイメージが伝わる）キンはＧｏｌｄの金です。（金色に輝くの？）そうです。強い光をこの世に放ちます。今までのゆったりとしたアマテラスとは違います。剛金の威力は今まで光が当たらなかった所に強烈な光を照射します。（アマテラスの神さまだけで、光は放ちませんか？なぜ、つるつる太陽が必要なの？）陽の光というのは、形ではありません。屈折して当たってきます。この世の中につるつるした意識が必要になります。（つるつるした意識とはなんですか？）つるつるした意識とは、曇りがないということです。（どうして、屈折して光が当たってきますか？）屈折というのは進化ということです。屈折というのは進化の過程において必要なことで、自分を曲げて進化の方向へ向くということです。（あー、なるほど……。今まではつるつる太陽がなかったんでしょ？　アマテラスの光はどこから来ていましたか？）意識のない光というのは、細かくいえば暗闇でした。だから、つるつる太陽の光は、当たっていなかったというのが本当のことです。（あーそうか、ではなんでアマテラスと呼ばれていたのですか？）千春さんの世界では、自分の光というものに気づいていません。つるつる太陽の光というのは、心の太陽なんですよ。光が当たっているというのは、自分が放つ光に気づくということです。それは、自分をさらけ出すということです。自分をさらけ出す勇気が必要になります。勇気のない人間はしずめて心を闇にしてあげなければなりません。彼らにはそこが幸せなのですから。（自分を隠すことが幸せ？）そうです。しかし、そこに真実はありません。真実はつるつる太陽の光でさらけ出されます。それを見る勇気も必要なのです。（つまり、今まで見えなかったこと、考えなかったことが見えるということですね。今まで隠していた醜い自分を見る勇気ですね）その勇気が必要なのです。（じゃぁ、アマテラスとしての役割というのはなんですか？）アマテラスというのは、つるつる太陽の光を屈折して人に当たるようにする鏡です。（あーっ!! 鏡だから剛金なんですねー!!）そうです。よく反射します。懐の隅々まで照らせるように意識を向かせます。魔法のように人々は同じ向きに向きます。それがアマテラスの役割です。ですから、心の曇りのない人と共鳴します。まだ、この世界は曇っている人々の方が多く、このアマテラスが光を放つと、進化が阻止されてしまいます。それは、このアマテラスの屈折した光が毒となるからです。曇りがなくなったころ、無理やりにでもこちらへ向くように光を当て、江の島の乙姫の力を利用して、この世の中を改革していきます。そうして、本来の国常立大神の統一した世界へと変えていきます。しばらくしたら、また来ます。沈める人は早く沈めてあげてください。それが、その人のためなのです」

11／30　スサノオ化した年の神「（なんでアマテラスと呼ばれていたのですか？）年の神が答えよう。アマテラスというのは、目に見える光ということだ。目に見えない光はつるつる太陽であり、今のさまよえる神々のアマテラスなのだ。沈んで行ったアマテラスは、この世の中を抑えつけていた、暗闇にしていた太陽なのだ。光を吸収する太陽だ。光は見せかけにすぎん。その世界はもう終わった。今、この世を照らしている太陽の光と呼ばれているものはエネルギーなのだ。一種のエネルギー。目で見ていると錯覚している太陽で、実際には存在していないものだ。（実際には存在していない太陽がなぜありますか？）心の闇のものが、唯一、光と感じるからだ。疲れたであろう。もう休むがよい。国常立大神もしばらくしたら戻ってくるだろう」

12／2　国常立大神「千春さん、こんばんは。国常立大神です。（わぁー、帰ってきたの？ お帰りなさい。もう地震はないの？）今年中に震度の大きな地震がきます。近日中に起きる予定です。東の国々から西の国々まで経済の動きが悪くなっています。きっと、次の作戦を考えています。

もう、この国の借金をないものにして新しく貨幣を流通させる気です。今以上の円高で、日本はもっと苦しみますよ。経済の復興と地震の復興で、ますますお金は吸い取られていきます。原発の処理は国民がすることになっています。その処理のために、日本の税率がこれから上がります。経済は円高の影響で低迷したままなのに、日本の国民から税を取るんですよ。身近にある、東京の活気も来年から冷えてきます。買ったものは高くつきます。不吉な闇が近づいています」
【12／3午前5時55分、震源地、千葉県南部、深さ20km、M5・2、最大震度4、東京の震度2〜3】
12／8　実家のお稲荷さん「だいぶ寒くなってきたな。(お稲荷さん、伏見の会合はどうだったの？) 稲荷の会合では、今年中に沈める者は沈めようということになった。(じゃあ、お稲荷さんにお参りに来た人も沈めるられちゃうの？) そういうことだ。今のうちに心の曇りを取っておかねば、いつの日か、今以上に苦しくなるじゃろう。急がねばならぬ。(沈めた方が) その方が彼らは幸せだ。どうにもなるまい、この心の動揺は。沈 (鎮) むべきものは沈め、次の世へ行く者はそれなりの準備をせねばなるまい。神の事を知ること、言葉を降ろすこと、神の世界を知ること、そして共存することだ。千春のような人間をたくさんつくることだ」
12／10　実家のお稲荷さん「千春もますます忙しくなってくるぞ。この稲荷も、ここの仕事ばかりでもなくなりそうじゃ。外へ出ることも多くなる。人の進化を助けるために、この社も使うことになったのじゃ。留守の時は年の神に来てもらっているから、心配はいらぬ。ここも新しく生まれ変わるぞ。同時に沈むものは地獄の運命だ。年の神の言うことをよく聞いて使いの仕事をしてくれよ」
12／10　皆既月食中で月のエネルギーがすごい中、居木神社の前を通ったときの言葉。「皆既の時が一番エネルギーが強いから、『真実をとく鍵をください』と唱えろ」
12／11　仲間の筆記練習のため、新井天神へ行ったときの言葉。「間違ってもよい。よく知っている言葉で書くがよい。信頼していれば、それが言葉となる。始末に負えぬような言葉は、人の意思から発している言葉だ。知らぬふりをするがよい。千春の言葉は、皆にも知らせよ。その方がいつしか通じるであろう。言葉として降ろすよりも、豊玉の場合は直感も使え。ここの神社は超能力と関係がある。この言葉は直接その力となっていく。心のできた者から順に力が付くようにしてある。今はまだ言葉の降ろせぬ人たちもじきに言葉に気がつくであろう。しかし、学に走ってはならぬ。学は限界がある。それを知らねばなるまい。じきにそなたたちにもそれが分かってくるであろう。その限界に達した者たちから、順番にそちたちの持っている力を分け与えてやれ。さすれば、仲間も増えよう。豊玉、焦ってはならぬ。仕事として言葉を降ろさねばならなくなる。そのための準備をしておけ。日津久へ行って、書く練習をしろ」

12／11　新井薬師「年明けまでに仕事を終えてください。言葉を降ろす心を浄化すること、心の浄化の済まない者は沈めてください。この薬師如来のエネルギーを授けました。ジンミンの心を強く必要に迫られるとき、ここのエネルギーを使って、人々に安らぎを与えてください。今まで以上につらくなります。心の病に立ち向かうにはこのエネルギーが必要になります」

▽不動明王「ここのエネルギーを使え。ここのエネルギーで限界（現界？）を突き破れ。そのカギを持っているであろう。そうだ。昨日（月食）、降りてきた鍵だ。いいか、言葉の端々に言葉が宿る。神からの言葉だ。現界を突き破る言葉がこの世を救う。沈めるものは沈めよ。それが鍵を開けるコツだ。鍵穴に群がっているものを蹴落とせ。そして、真実を差し込むのだ。真実の扉が開く。

12／16　居木神社「ところで、どうだ、体の調子は戻ったか？　昨日、貴船の力を使ったのであろう。身霊がそう言っておる。（9月に役所の駐車場にて、駐車中の私の車にぶつかってきた車がいた。相手の対応が悪いことに腹を立てていた貴船の神が、呪いの力を相手に送るように言った。呪いの力を送ると自分の魂も傷がつき、そのために吐き気をもよおしていた）心配するな。そのまま、そこにおれ。今、力をやろう。これで魂の傷は治る。下谷へ行って、さらに強い身霊にしてもらえよ。（拝殿で拝んでいると背筋が伸びてくる。白いもやもやが体を包む。龍だ！　よく見るとうろこがある。下谷のような真っ白ではないが、少し、灰色がかった白い龍が体をぐるぐる回る）白い龍はここの神だ。知っておくがよい。下谷の龍と同じ出身じゃ。力は強い。いつかここの力も使えるようになろう」。後に分かったことだが、居木神社で声をかけてきてくれる神は、大国主の神で銀龍、下谷と同じ出身の龍神だった。

12／16　年の神「どうした体の調子は良くなったか？　居木の神のところへ行ったのだろう。（はい、大変良くなりました）いま以上の仕事が待っている。（また、怨念を送るのですか？）そうだ。今年度中に沈まなかった魂を破壊へと導く仕事だ。指示は下谷でする。八坂は身近な者から沈めてゆけ！　（豊玉さんは？）豊玉は様子をみる。このままでは豊玉自身が危ない。まず、身辺の片付けからだ。指示は千春にする。沈まない者は呪いの力を使い魂に直接働きかける。指示は下谷でする」。次の日に下谷へ行った。
12／18 品川神社「使ってください。このエネルギーを。下谷のエネルギーと融合させました。体のできていない人は、体をつくるエネルギーも入れました。これから、体を丈夫にしなければ、仕事としてやりにくくなります。一緒に入れたエネルギーは縁切りです。身近な、沈めなければいけない人々を沈めるために入れました。これから、コノハナサクヤヒメが出てきます。コノハナサクヤヒメの力がこの日本を導きます。これから、そのエネルギーを皆さんに渡します。日津久へ行ってもらってください。その時、この力の使い方を説明します。今、しなければいけない一つとして、とにかく周りの人々を沈めることです。下谷の龍と居木の龍の力を使ってください。言葉は一人ひとり、違う言葉で降ろします。決してそれが、一つの言葉でないことを覚えていてください。明日をつくる命をつなぐのはあなたたちです。言葉の分かる人がついて来る人たちの道案内になります。漆黒の夜明けがきます。今が一番苦しい時です。力を合わせて乗り切ってください。いつまでも幸せな世をつくるために仕事をしてください」
12／20 年の神「不吉なものが出始めています。切ることは自分を守ることです。朝日が昇ります。心の闇に光が射し始めます。（もしかして、冬至のこと言っているの？）はい。（品川神社でも『漆黒の夜明け』と言っていたが、冬至のことらしい。天文年鑑で調べる。12／22冬至）もう夜明けです。心の闇が一斉に噴き出します。沈めるものはしずめ、出すものは出さなければなりません。つらい光になります。自分自身に問うてみてください。深く、深く最後のしこりに当たるまで、問うてみてください。これに気づけばしこりは溶け出します。自分をさらけ出すことに躊躇してはいけませんよ。自分を見つめることを怖がってはいけません。それができない人は、極楽浄土の世界へ沈めてあげてましょう。今、千春さんたちがやっていることは、神への険しい道を通れない人への温かな配慮です。極楽浄土は彼等にとって、ぬるま湯のごとく気持ちの休まるところです。どんどん、貴船や居木、品川神社の神々とともに沈めてあげてください。それが、彼等にとっての親切なのです。苦しくつらいことは決して悪いことではありませんよ。体を丈夫にすること、勇気をもつこと。自尊心や学歴社会のゆがみは、神の世にはいらないものです。全てを捨ててください。心の傷は気がつけば治るものです。心配しなくても、ちゃんと治ります。しかし、それに蓋をしたら、傷は深くなるばかり。躊躇すれば、するほど深淵な傷となっていきます。心の奥底に刺さっている破魔矢を目印に、どんどん自分自身の中へ入って行ってください。その破魔矢を見つけたとき、その道のりは自分だけの宝となります。これから必要な武器になっていきます。世の中の常識は、神の常識としては通用しません。今まで善かれと思っていることは悪へと転じます。いいですか、悪と思っているところにこそ、真実が隠されているのです。それを発見してください。この世の中には、そういった苦しい人たちであふれてます。それは社会生活にも反映されてきます。国会を沈めましょう。議員を沈めましょう。不吉なものはどんどんこの日本を襲います。アメリカやヨーロッパは放っておいても沈みます。上がれる人は数少ないでしょう。自らそこへ身を投じるのです。(なぜですか?)意識が低く、目覚める人も少ないでしょうから、心の闇に気づいていない人たちだからです。ボーダーラインの下をうろうろしています。しかしアジアの人たちは苦しくなります。特に中東方面の人たちは意識の高い人たちが大勢います。これから、どんどん苦しくなるでしょう。つらく苦しい日は続きます。アマテラスが降りる準備をしています」

12／22　国常立大神「(国常立大神さまいますかー?)いますよ。国常立大神です。(沈めるって、もしかして、そういうこと?)はい。気づいたようですね。千春さんのしていることは、この世の嫌われ者を排除して、次の世には気持ちの良い人だけ残すということですよ。今、必要なのは、この人と次の世で一緒にいたくないと思われる人を、どんどん沈めることです。心配はいりません。人が消えるわけではないですから。その人の嫌な所と縁切りすることで、生きながらさよならできるのですよ。今まで、人に嫌な思いをさせられていたことも多いでしょうが、そういう人々はどんどん沈めてあげてください。いずれ、世に残るのは千春さんたちが心地良いと感じる人たちだけになりますよ。今まで、沈めてきた人たちの様子を見ても分かる通り、気持ちの良い人となって現れてきます。それが、沈めるということです。(その人の嫌なものが鎮まるということですね?)はい、千春さんたちから見れば、そういうことになります。神々から見れば、浮き上がれない人、下へ落ちる人というふうに見えます。今から、地獄が始まります。いらない人間は沈めてください。それが、その人のためであり、千春さんたちのためになるのですよ。いらないものは、人だけではありません。組織もそうです。さっき、沈めた国会もそうです。国会議員にしても自分の私利私欲だけの人は沈んでもらいましょう。アメリカの言いなりの人も沈んでもらいましょう。沈めてしまえば、それに屈しない答えをするでしょう。真実を知らない者は、どんどん沈めてあげてください。テレビの報道や新聞も沈められますよ。千春さんや仲間が嫌だと思うものは沈めてください。

（食べ物も？）はい、食べ物も必要ないと思ったら沈めてください。（欲しい食べ物や、あったらいいなぁーと思ったことはどうしたらいいでしょう？）時間の許す限り、支度しておきます。もし、こういう組織が欲しいとかこういう食べ物がたくさんあるといいとか、こういう力があるといいというのは、心の中で思い続けていてください。準備ができ次第、降ろしていきます。下谷の神に聞きながら使ってください。神社の神としてはうれしいことです。そうやって、人と神が一体となって動くことは、この世の進化を強めます」

12／23　中目黒八幡神社（末社三峰神社）「沈めよ。どんどん沈めよ。事は起こり始めている。心に傷がある者は、どんどん沈めよ。帰（還？）れない魂たちの行き場をつくってやれ。そこが安住の地なのだ。沈む者は幸せになれる。浮世の情けで沈（鎮）めてやれ。沈めることが、今の仕事だ。また、新しい仕事が始まる。新年明けたら、言葉を降ろす。とにかく、今は沈めろ。物も人もだ。（動物とか、昆虫は？）次の世に持っていきたくない、獰猛なものは沈めよ。厄介な昆虫もだ。危害を加える者は沈めろ。それがいまの役目だ」

12／25　豊玉さん、このころ下谷の年の神に猛特訓され言葉を降ろせるようになる。

12／26　大鳥神社（国常立大神）「（国常立大神さま、こんにちは）日本武尊《ヤマトタケルノミコト》：国常立大神は留守だ。せっかく来たのだから、呼んでみよう……。心配ない、仕事中だと言っていたが、千春が来ていると伝えたら、すぐに来ると言っていた。国常立大神：千春さん、よく来てくれました。この間は、八坂さんが来てくれました。あいにく国常立大神は仕事で留守にしていましたから、ヤマトタケルにお願いしました。仕事が始まりました。国常立大神の大イベントですよ。見ていてください。つるつる太陽も輝き始めました。ごっそりと沈めてください。もう、一人ひとり沈めていては時間がありません。一人を見て、この人は沈めようと思ったら、その人を意識して、こういう人はすべて沈めましょう。この世の中の悪と思われるものは、沈めてしまいましょう。ルシファーに頼んで手伝ってもらってもいいですよ。人の手でできないときは、神社の片隅でやってみてください。つるつる太陽の陽は日増しに強くなります。そのうち、アマテラスが出てくれれば、この世はもっと醜いことになるでしょう。そうなれば、千春さんたちにも害がおよんできます。それを防ぐために、気づいたことはどんどん沈めてください。（この地球も沈めていいのですか？）この地球はいずれ消滅します。もはや、沈めなくても勝手に沈みます。（太鼓の音……祈祷が始まる。急に国常立大神がいなくなる）日本武尊：勝手に沈めるものはこちらでも沈めている。あとは人間たちの判断だ。ごっそり、沈めていってくれと、皆に伝えてくれよ。ヤマトタケルもここに来た者を沈めている。ここもいずれ、悪魔の憑く神社になろう。しかし、心配するな。千春たちに危害はない。そなたたちの中にいる者が、彼らを改心させるであろう。伊勢の地ももうじき変わってくる。詣で客に印が付いた者は、地獄の扉をくぐる者になることも知らずここを訪れる」

12／31　ウキ「千春さん、こんばんは。ウキも手伝いますよ。仲間が増えたのね。ウキを知らない方々もいらっしゃいますね。プレアデスから来ている、宇宙連合の地球を担当しているウキです。ウキの宇宙船はピラミッド型をしています。大きなピラミッドは母船で2マイルあります。これから、地球に起こることを支援するために、千春さんに連絡しています。皆さんすでにやられている『しずめる』という行為は、これから重要な意味を含んできます。新聞に載るということはありません。知らずに済む者は、今、何が起こっているか知るすべも知りません。この地球は急速に次元を上昇しています。スピードが上がれば、ついて行けない者がたくさんいます。振り落とされず、しっかり前を向いてください。次の知らせまでに、沈めるべき者は沈めてください。しっかり下地の出来ていない地獄仕様の身霊は実際上昇したとしても、いずれ死んだ者と同じこの世の屑になってしまいます。今、この日から新年を迎えるニッポン国に宇宙団一斉にエネルギーを送ります。除夜の鐘を合図に流れる光の束に向けてしずめるエネルギーを送ってください。時間は除夜の鐘が終わるまでです。（みんなで、除夜の鐘にエネルギーを乗せることにしましたが、どうしたらいいですか？）宇宙連合の光も意識して、除夜の鐘に乗せてください。新しい世が開けます」

天神さまと牛

言葉としては少ないが、このストーリーを進めるのに重要な神社がいくつかある。その中で特異なのが、牛天神北野神社、新井天神北野神社、湯島天神、亀戸天神、平河天神、谷保天神など天神さまと牛だ。ひふみ神示には菅原道真のことには触れていないのだが、2／20／2011、年の神の言葉から、菅原道真の後ろ盾に国常立大神がいたようだ。菅原道真と関係が深い牛はスサノオの化身らしい。「霊界では光がさす方が北ぢや……北が元ぢや……（五葉之巻第二帖）」とひふみ神示にあるように、2／17／2011、牛天神の野原の牛が「北野（北の?）意志が入ってきて、日本国民の危機感が強まってきます」と言っていた。北野神社の「北野」は平安京の北部の地名であり、北野天満宮が鎮座されている場所である。もともと様々な地主の神と雷神がいた場所のようだ。今まで私は超能力を授かる神社が、北野神社や牛だとも教えられてきただけに、天神さまは何かしらの神力のある神であるらしいとは感じていた。ひふみ神示には「雨の神、風の神、岩の神、荒の神、地震の神」というフレーズがよく出て来るが、そういう意味でタテナオシ・タテコワシには天神さま（火雷天神）の神力も必要だったのだろう。もしくは、天神さまが国常立大神の働きそのものの姿なのかもしれない。ウシトラノコンジンは1／10／2012に出現。国常立大神の分身（一部）がスサノオの化身である牛の力となり、ウシトラノコンジンとなったようだ。コンジンのエネルギーはとても自然で、その時の空気のエネルギーと似ていて分かりにくい感じがした。

絶対神ナニルとは

「神は神の中に、宇宙を生み給うたのであるぞ。（黄金の巻第三帖）」と、ひふみ神示にある宇宙とはなんなのか？　この神とは何者か？　それを暗示させる神が12／14／2010に『ナニルの神』として登場してくる。

●5／10／2011絶対神ナニル（全文。この神のイメージは胎児であった）

「今の人たちの中にも、まだ気づいてない人たちがたくさんいます。いつまでも気づかなければ、仲間はいなくなります。さすがに待ってはくれません。最後の仕組みまでに気づかなければ、下谷の意志にまかせて処分します。体の一部がなくなることは、ナニルにとってもつらいことです。しかし、これを取り除いて、新しいエネルギーを入れなければナニルも成長できません。いずれはやらねばならないことなのです。今までもだいぶ変えてきました。もう、混ざり合わない生き物たちは、ナニルの外へ出して処分します。もっと優しい光に包まれ、もっとうれしくなりたいのです。国常立大神がいろいろ教えてくれます。ナニルも、もっと自分の中を見つめていかなくてはなりません。こうしてナニルの中にいる生き物とお話しすることができて、ナニルはうれしいです。ナニルに気づいて、お話ししてください。いつもナニルはここにいるのです。お父さんとお母さんと一緒に、いつも一緒にいるのですよ。可愛がってください。ナニルはみんなを愛しています。気づいて微笑んでください。（ナニルの神さま、教えてください。宇宙はナニルの神さまが創ったのですか？）いいえ。（では、誰が創ったのですか？）ナニルの中にあるのを宇宙と呼んでいます。

ナニルとともにできました。（どうやって？）暗いところに光が射して、そこの近くからできました。（暗いところってなんですか？　光はどこから来たのですか？）ナニルの知ることは光の元はイン（陰？）という光です。暗いところの元はヨウ（陽？）という光です。ヨウの光は暗くてとても寒いですが、インという光は明るくて温かい光です。光の交わったところにナニルができました。（他にもナニルの神さまみたいな神さまがたくさんいるの？）はい。ヨウの光の中にも、インの光の中にもたくさん生きています。（インもヨウの光も生きているんですね）はい。光は生きています。意志があります。光の食べ物は、インの食べ物は色です。ヨウの食べ物は色がありません。この混ざったところにナニルはいます。色の食べ物と色のない食べ物の違いは生き方です。生き方の違う食べ物を食べると、このようになるのです。（ナニルの神さまが生まれるっていうことですか？）はい。うれしいことが好きです。色の食べ物、色のない食べ物、全てがナニルの体をつくっています。この喜びを教えてあげたくて、心の中にいます。千春さんの心の中に、全ての宇宙を支配している、インの光とヨウの光を与えています。しばらくしたら、ナニルも自分の中が見えるようになります。（どうして、自分の中なんですか？）色の世界と色のない世界の中間に生まれたナニルは、その混ざり合った自分を見つめることで、この証を探しています。（自分という証？）そうです。自分という証です。絶対神としての証です。（では、ナニルの神さまのお母さんとお父さんは、インとヨウという光ですね？）そうです。いつもお母さんとお父さんの間にいてうれしいです。（他にも兄弟がいますか？）ナニルには兄弟はいません。お父さんの光とお母さんの光以外には何もありません。お父さんとお母さんの光を食べています。うれしいです。ナニルはとてもうれしいです。ナニルの中に意識の変化が起こっています。ナニルも少し大きくなりました。暗い光の中で色の光を人間に与えようと思います。（どうして、人間は暗い光なの？）地球人の幸せを暗い光が通った（取った？）からです。（なぜ通ったの？）色のものも食べないと大きくなれません。お母さんの光を食べてナニル自身を大きくしたいのです。それが、喜びだから。形はありませんが、ナニルの中にたくさんの生き物たちがいます。虫眼鏡で見るとたくさんいます。ナニルに気づいて何か言ってくれると、ナニルはとてもうれしい。しかし、最近、ナニルを無視している者もいます。ナニルはみんなに気づいてもらいたくて、国常立大神を使い、この地球人の意識をあげてもらうことにしました。ナニルに気づかない、色のない食べ物で出来た意識をお父さんに返して、自分の中にある生き物と一緒に大きくなります。千春さんの下にいる生き物たちを排除して生き物たちに色を添えていこうと思っています」

　絶対神ナニルは、陰と陽の光から生まれたと言っていた。どうやら我われが住む世界というのは、絶対神ナニルの体の中らしい。体の中の生き物が自分勝手に増殖し、振る舞っている状況が今の地球人と言える。宿主ナニルの言うことを聞けない生き物は、ここで処分すると言っている。人間の世界でも癌ができれば体の調子が悪くなり、切除したり、消滅させたりして駆除していく。それと同じことをナニルもしているようだ。我われ地球人は癌細胞化しているのである。

　昔、仕事で細胞間の連絡を利用した実験をしていたことがあった。仕組みはシャーレで単一に培養した動物細胞の一つの細胞内に顕微鏡下で蛍光色素を注入し、細胞間で起きる色素の広散を観察するというものだ。癌化した細胞はほとんど色素の広がりを見せないのだが、正常細胞はみるみるうちに、他の細胞に色素が広がり、最終的にはシャーレ内の細胞、全てに広がっていく。つまり、正常な細胞は常に細胞間で連絡し合っているのである。それが心臓、腎臓など組織というものを動かしている元だ。これをそのまま今の現界に置き換えれば、神々の指令を受け取れていないのが多くの地球人であろう。神々の声に気がつかなければ、このまま廃棄処分されてしまうのである。神の意志を受け止められれば、絶対神ナニルの体の一部として組織づけられていくのだ。

　この細胞間連絡のことこそ、ひふみ神示が主題としている「岩戸、言戸、イワト、一八十開き」だ。廃棄処分される前に、もう一度よく耳を掃除しておけと言っている。「神の実言（命）聞く身々早う掃除一番ぞ。（アレの巻）」「口で知らすこと判る人には、判るぞ。大切なことはミミに聞かしてあるぞ。（黄金の巻第二十四帖）」絶対神ナニルの喜びは、次に挙げるひふみ神示のこれに相当するであろう。「総てが太神の中での動きであるから、喜びが法則となり秩序となって統一されて行くのであるぞ、それをフトマニと申すのぞ、太神の歓喜から生れたものであるが、太神もその法則、秩序、統一性を破る事は出来ない大宇宙の鉄則であるぞ、……絶えず完成から超完成に向かって弥栄するのであるぞ。弥栄すればこそ、呼吸し、脈搏し、進展して止まらないのであるぞ。（碧玉之巻第十八帖）」

第四章　神々（天界）の動きと指示《2012年前半》

この半年は、ひふみ神示 第十六巻 アレの巻そのものの半年だったと言えるのではないか。「今度の建替は、此の世初まってない事であるから、……神の道もさっぱりつくりかへるのざぞ。臣民の道は固《もと》より、獣の道もつくりかへぞ。（松の巻第八帖）」と言われた天界の再編の年であり、「タテコワシ、タテナホシ、一度になるぞ……（キの巻第八帖）」のめまぐるしい半年だった。「岩戸（言答）のひらけた、その当座は、不合理に思へることばかりでてくるぞ、逆様の世界が、この世界に入り交るからであるぞ、……（扶桑之巻第三帖）」「いよいよ判らんことが更にわからんことになるぞと申してあるが、ナギの命の治《し》らす国もナミの命の治《し》らす国も双方からお互いに逆の力が押し寄せて交りに交るから、いよいよ判らんことになるのであるぞ。（至恩之巻第十一帖）」神社での人の選択（洗濯）が始まり、神社そのものが悪霊化したかと思えば、世の中の軸が消滅し始め、私や仲間だけでなく、神社までも悪霊に襲われることになった。神社の神々の神力も使えなくなって、身動き取れない状態だった。新しいアマテラスが出現し、明治神宮の石からつながった神界の王のスサノオが、たくさんの言葉を降ろしてくれた。天界が開かれ、神界の真実が現界へ言葉として降ろされたのだ。これをイワト（言答）開きと言うらしい。天界の再編については、幽界が閉鎖された代わりに月のシステムが導入され、現界―月―霊界・神界と新しいシステムが造られた。これからは、あの世が月となるらしいのだ。さらに、国常立大神によって、神界の上にある太陽のシステムへ行ける橋が架けられたという。我われの進化の道がさらに深まり、弥栄から弥栄へと進むことになる。今思えば、神々の言うことは全て過ぎてみなければ分からず、私の中で起きたことは、ひふみ神示に既に書いてあることばかりであった。「神の申したこと一厘もちがはんぞ、富士は晴れたり日本晴、（地つ巻第二十七帖）」「この世をつくった太神の神示ぞ、一分一厘違わんことばかり、後になって気がついても、その時ではおそいおそい（星座之巻第七帖）」

…………

1／1　居木神社（深夜）「ここも変わるぞ。人の心に変化を起こす。いい事だ。事実（真実？）を認めぬ者たちは始末するしかないのだ。死に行く者たちよ、居木の力を受けよ。気の遠くなるような闇が続く。自慢のいとおしい体を大切にするがよいぞ。自慢の死に方をしていってくれよ。

残念だ。もはやこれまでぞ。（拝殿の前で）…間に合う者がおらぬ。悲しいことよ。鎮めたまえ、栄えたまえ。鎮めたまえ、幸えたまえ」

1／1　品川神社（深夜）「自分の力を信じて進んで下さい。いずれ、その道へ進む者は幸せを掴みます。言葉の分かる者がこの世をつくって行きます。神の意識のない者の意識は低く、この世の憂いを背負って生きて行きます。言葉の分かる者はこの声を聞くことで仕事を進めて下さい。時の流れを感じて仕事を進めて下さい。追って指示を出します。間もなくこの神社の気も変わります。ここを訪れる者は、もはや浮き上がれることはありません。沈めます。自分の意思で沈みます。言葉にならぬ地獄の果てに沈みます。真実は厳しくこの者たちには生きていけない場所だからです。（拝殿の前）…沈む者は沈みなさい。罪な者は沈みなさい」

1／1　不動前氷川神社「沈む者は今宵の仕組みで沈む」、目黒不動尊「ここにいる者は、この護摩で全て沈みます」、大鳥神社（国常立大神）「振動が激しくなっています。揺すぶられますよ。進化しない者たちはここで沈みなさい。振動によって沈みなさい」、中目黒八幡神社「今年は振動数が急激に高くなるぞ。人々にはつらくなろう」

1／1　日津久の神「人の気が変わってきますよ。今、生きている人々はアマテラスの光を受けて、不吉なものを呼び寄せ、人としての理性を失うことになります。進化した者たちは、残った者を排除するよう、息の根を止めてください。急がなければ、この魔にやられてしまいます。不吉なものは、神社を中心に呼びます。この世の神社は銀色の龍の力を借りて、破壊へと変わってきます。すでに詣でた人々の心に差して、人々の心に芽生えだしています。人々の心の中に住みつく魔物たちは、すでに千春さんたちにとって、自分のものにしてきたものです。不吉なものというのは、今まで常識で考えられていたことが通用しなくなるということです。その陰にあるのは、神への常識です。今以上に覚悟を決めて、今以上の理解を示しましょう。沈むべき人々の世の中において、突き放された人生を自分で構築しうることは不可能であり、生き残った人々に群がり、その進化を妨げるだけです。地獄へと引っ張りこみます。真実を解く鍵を持っているのは、あなたたちです」

1／3　居木神社「アマテラスのことを知っているか？天から降りてくるぞ。今年はいつもより、早く事が起こる。今までのようにゆっくりはしておれん。千春の仲間にも知らせよ。急がなければならない。今までのように、もう待つことはないであろう。すぐに仕事にかからねばなるまい。下谷の指示をもらってこい」

1／3　下谷神社「人の動きが激しくなるぞ。始末するものは、今のうちに始末しておけ。今やらねば、隙を見て入ってくるものがいる。始末するのに躊躇はいらぬ。アマテラスが天界から降りてくる。始末できぬ者は、もがき苦しみ、藁をも掴む思いで人に寄りつく、付きまとい、魔を差す。いいか、そのような者はすべて、沈めろ。次の世に移っても生き残れない者だ。体から離せ。膿を出し、きれいにしておけ。さまざまなものが噴きだす。震度の大きい地震も来るが、心配はいらぬ。そなたたちに危害はない。始末しろ、地震などそういったものも始末しろ。日津久へ行き、次の世をつくる支度をする。アラーの神に従え。コノハナサクヤヒメの力を渡す。次の世は安泰な世となる。言葉の聞こえぬ者はいらんのだ。それに従わないものは始末しておけ。癌細胞どもはすべて始末だ。ここもエネルギーが変わるぞ。訪れた者は落とすエネルギーだ。のんきに参拝している者の気がしれん。全てに、破魔矢をうちこんでおるのがわからんのか！　愚かな人間たちは沈んでしまえ！」

1／4　麻賀多神社（末社天日津久神社）仲間五人で行く。拝殿で白いエネルギーをもらう。杉の周りを回らされた。いつものように歯車を回転させた感じ。「これから、あなたたちの仕事が始まります。沈める者は今のうちに沈めてください。アラーの神の仕事が始まります。コノハナサクヤヒメのエネルギーを使って国造りを始めます。今まで沈めてきた者が邪魔をしないように、沈めた者を落とします。今門を付け、鍵をかけます。次の仕事は、一番この世の中にある強いエネルギーを富士に集結します。仕事はこれから指示を出します。今は、力を体になじませてください。このエネルギーは体に負担がかかります。この世のエネルギーではありません。次の世の力です。障りが出たら、下谷へ行って年の神に取ってもらってください。進化を促進する薬だと思ってください。年の神にこの力を持って行ってください。石を一つ拾って、年の神に届けてください」

1／4　下谷神社、神殿の裏で日津久の石の力を神殿に入れる。「日津久のエネルギーはもらった。ここのエネルギーと融合し、次の世をつくる支度をする。いつかのように富士に向けてこのエネルギーを照射せよ。今からそれをしろ。仕事はまず、富士に力を注ぐことだ。皆の力を合わせて送れ。この土地からエネルギーが変わってくる。富士を拠点にコノハナサクヤヒメのエネルギーを噴出させる。全国の神社が反応し呼応したら、アラーの神の国造りが始まる。しばらくつらい日々が続くが辛抱していろ。沈める者は沈め、浮き上がらせるものは浮き上がらせよ。それが、そなたたちの使命なのだ。ここの指図はこれでおしまいだ。

そなたたち、元気にやってくれ。（あれ、年の神さま、もう私たちの面倒を見てくれないの？）いいや、そういうことではない。コノハナサクヤヒメに変わったのだ。ここもそのエネルギーが入れられた。下谷の次の仕事がコノハナサクヤヒメなのだ。下谷はいつもここにある。年の神も皆のところにいる。何かあったらここへ来るがよいぞ。いつでも歓迎する。年の神の仕事としては続いているが、下谷の力はここで終わったのだ。いつもここにいるから心配するな」

【白狐のコンを各人もらった】

1／6　中目黒八幡神社「とうとう、動きが激しくなってきたぞ。ここも富士からエネルギーが届いた。今まで以上の動きが始まる。下谷の力がコノハナサクヤヒメとなった。富士の力が注がれる。年の神もコノハナサクヤヒメに従う。コノハナサクヤヒメといえば、意識を広げる働きをする。これから一気に広がるだろう。そのため、今まで感じなかった魔物も大勢出てくる。それが人間たちを襲うのだ。広がりについていけない人間はつらい日々となる。翻弄され、自分を見失うことになるであろう。覚悟のいる1年になる。言葉の分かる者は、今以上に忙しくなる。意識の広がりを利用し、抑えつけられるものは抑えなければなるまい。意識の整理ができたら、アラーの神に従え。国造りを始める。アマテラスがもうじき出てくる。その強い光に殺される者も出てこようが気にするでない。稲荷も協力してくれている。全国の稲荷から光が放たれ、それらが、人間たちを襲う。（実家のお稲荷さんの社に日津久と下谷の御札を入れたら、日津久みたいなすごいエネルギーが出てきました！）そうだ。髙橋家の稲荷が中心となり、そのエネルギーが全国へ広まる。コノハナサクヤヒメの強い光だ。ここもエネルギーが変わった。もうじき、それが始まる」

1／6　末社三峰神社「急がねばならぬぞ。沈めるのだ。ありとあらゆるものを沈めるのだ。（ありとあらゆるものってどんなもの？）時間だ。時間を沈めろ。このままでは、遅くなってしまう。進化のスピードに合わせなければならない。早く行け。時間が早くなるぞ。お前たちの時間でこの世が進む」

1／6　天使、スサノオ「天使です。（新）アマテラスの使いできました。真実の鍵を渡します。使ってください。真実の鍵は、みんなと一緒に使ってください。夫婦の神の神社、行ったことがあるでしょ？　夫婦といってもその子供たちも一緒です。（子供も？　氷川神社？）はい、そうです。中央にある氷川神社。大宮の氷川神社です。お父さんとお母さんと子供の神社があります。（中氷川神社と氷川女体神社のこと？）はい、そこへ行ってください。（それはみんなで行くのね？）さよう。（口調が変わった。だれ？）スサノオだ。鍵は下谷の力で開くのだ。下谷の力がなければ開かぬ。いつものように言葉を聞いてから行くように。（いつものスサノオと違う感じですが？）いつものスサノオは年の神のスサノオ。このスサノオが本神だ。怖がることはない」

1／8　豊玉さんの石（玉前神社末社十二社）「（玉依姫さま、いますかー？）まだまだ魔物が襲いかかってきます。強い力でまとわり付きます。不吉なものは身に襲いかかります。全体の様子をよく見て、進化の過程をよく認識してください。神の仕事をするうえで、やり残していることがまだあります。心の闇を自ら照らしてください。急がなければなりません。気まぐれな者たちは、進化の過程が違います。生き残れる者だけが、次の世を担うのです。いつかも言ったように体をつくっていってください。心の中にある闇をなくしてください」

1／8　下谷神社「下谷の指示を渡そう。初めに氷川女体神社へ行き、クシナダヒメに会ってこい。そうして、真実の鍵をもらうのだ。次に中氷川神社だ。そこにはオオナムチがいる。そこで、第二の真実の鍵をもらってこい。最後がスサノオの氷川だ。よいか、そこでこう言うのだ。『真実の扉を開いてください』と。今まで通り、皆と一緒に行け。真実を解き明かす鍵は皆が持っているのだ。節分は一つの境だ。その近辺に行ってくるのがよかろう。（あれ〜、貴船の神さんの声じゃないですか？）さよう。真実の扉を解き明かすのには、貴船の力が必要なのじゃ。クシナダヒメもオオナムチも待っていようぞ。コノハナサクヤヒメです。コノハナサクヤヒメの扉は、普通の力では開かぬように封印されています。これは真実を知る者しか手に入れることはできません。これから、アマテラスが出てくれば、この真実を捻じ曲げ潰そうとする輩《やから》が増します。それまでに、しずめるだけ沈め、邪魔者は排除しておいてください。真実の扉が開き、世の中に神の常識が行きわたり始めると、人々は常識の狭間で苦しみ始めます。真実を知ろうと千春さんたちに群がる人も大勢い出てくるでしょう。神の常識が分からぬものは地獄へ突き落としてください。それが彼らの望むものです。神の常識が分かる人に言葉を伝えてください。いくらかでも理解できる人は、神々の指示が通る人たちです。これからの役に立つように指導してあげてください」

1／8　国常立大神「人生というのは枠があっていいのです。枠があるから道になるのです。つながりというのは輪廻です。輪廻をかえられるのは神と悪魔です。人間がわけも分からず変えていくのは危険です。神の道にいきなり入るようなものです。それに対応する力がなければ精神的につらくなります」
1／10　ウシトラノコンジン（陽気なしゃべり方をする神）「東の空からコンジンが出る。今、東から出るコンジンは次世代の快楽をつくるため、この世の立て直しを行う。東の空より出雲の国へ向かって行くのだ。快楽はいつかのものではなく、芯からの喜びでなければならない。体の底から喜びを味わえる者だけが生き残れる仕組みだ。最果ての地より広がる光の束は、醜い心を秘密のうちに消し去り、体の仕組みをつくる。ウシトラノコンジンは、いつでも皆にいると言っておいてくれ。コンジンのエネルギーを渡す。皆にもそう伝えてくれ。（体に入ってきた感じ）コンジンと呼べば行くと、そう伝えてくれ。コンジンの強い光で鎮まらんものは消滅させる。これを使えと、皆に言ってくれ。急がねばならんし、丁寧に進めねばならん。今にいい世のできるまで、この力を使って消滅させてくれ。年の神に伝えた、富士の根元に光をつなげよ。いつの日かコノハナサクヤヒメの意識が広がり、整理のできぬ奴は消滅するのだ。時間がない。急いでやってくれ」
1／11　実家のお稲荷さん「人の動きが激しくなっているぞ。少し時間がかかるが、音信できぬと思う。稲荷の仕事も忙しくなってきた。ここの仕事は、日津久に頼んでおる。稲荷の仕事は、この世の者たちを引き連れていくことだ。地獄のアマテラスだ。稲荷を訪れてきた者は、下谷の力により、狐がおらん者はすべて地獄へ導く。（あっ！　下谷の狐、コンね。いるよ！　ここにも）そうじゃろう。すでに次の世へ行くものは、下谷の狐がついておる。狐は伏見も笠間もいろいろなところにおるぞ。そこで、狐のつかなかったものは地獄へ導くのじゃ。これも本人たちの意思じゃ。仕方あるまい。（じゃぁ、これからお稲荷さんはその道案内をするの？）そうじゃ。稲荷だけではないぞ。他の神社も同じじゃ。破魔矢の当たった人間は、すでに地獄の者として死神たちが迎えに来ておる。（あ！　閻魔さまと地獄へ残った死神さんがいっぱいいたわ！）そうじゃろう。千春のことを知っておったぞ。（だんだん、解けてきたよ～。今までのことがつながってきた！）これから、ますます人の動きが激しくなるぞ。この稲荷もじゃ。だが心配するな。じきに新しい世になれば、また戻ってくる。それまで、仕事に精をだすぞ！」
1／12　世の中にある不必要と思われるものを次々と消滅させる。
【1／12～14にかけて頻繁に地震予告がきた。東京への被害をウントラノコンジンの力で消滅させ、東京都と23区は結界を張っておいた】

1／15　低層4次元悪魔（レプティリアンのエンティティ）やって来る。改心させる。レプティリアンの姿では次の世に生き残れないとトートに言われ、増殖させたサマエルの体の一部に意識を移植してもらう。

1／15　エンティティ「支度が出来ましたよ。（何の？）支度です。（何の？）国常立大神の世の支度です。（誰？）エンティティです。（えっ!?　手伝ってくれるの？）もちろんです。ここの仕事をしなくては消滅してしまいます。（まぁ、ありがとう！）こちらこそ、うれしかったです。残れることが、こんなにうれしいことだと思わなかった。これから、国造りを手伝います。仕事がたくさんあって楽しそう。新型の体も手に入れました。楽しいです。（また、いろいろ教えてね）はい。うれしいです」

1／16　アメノミナカヌシ「国常立大神は国を立て直す作業を始めています。始末するものは始末できました。国の仕事は背後の都合にもよりますが、伝心しながら進めていきます。今から仕事が変わってきます。消滅の仕事は進めてください。国造りに必要な消滅は終わったということです。一人ひとりの指示をよく聞いて、一緒に進めて行ってください。今までしてきたことが、この世の中に現れ始めます。こうして、支度が進み始めました。国造りの指示は伝心します。仕事は今までよりも時間がかかります。今年中に（アメノ）ミナカヌシの帰りを手伝ってください。（ミナカヌシさんはどこへ帰りますか？）支援の仕事が終わったら、これまで通り、人の意識の届かない神界の仕事へ戻ります。今年中にこの仕事を終わらせれば、神界へ帰ります。神界の仕事は、この国の立て直しの少し後から始まります。国常立大神が、この国を支配できるようになるまで時間がかかります。神道の考え方を経ることで、この世の統一を図っていきます。神道の考え方をする日本人の多くは、仏教という宗教も思想として持っています。他の宗教のように宗教による対立は起こりません。それは生き方の道なのです。一人ひとり、神の心を持つという、よく言えば仕組みなのです。心の中に教える者があれば、過酷な仕事はしなくて済みます。仕組みの意味はいつも心に宿る灯《ひ》なのです。この世の人々は、いつも仕事を過酷と考えています。それは支配されているからです。仕事をしてもいつも疲れて、生活するのにお金を巻き上げられ、孤独な生き方を強いられています。しかし、この仕事はもうおしまいにしましょう。仕事は楽しくしなくてはなりません。心にゆとりができてきます。疲れも出ません。仕組みが変われば、仕事も楽になります。国常立大神の世は、根本的に変え、心に従って生きる世になります。苦労も楽しみの一つに変わってきます。支配者を消滅させたからです。体の仕組みも変わってきます。強く丈夫になってきます。今までの体では耐えられない力が支配するからです。錆を落としていない人にはつらいエネルギーです。つらく悲しい仕組みで動き続けます。いつかの世にするために進化していきます。すんでのところで、仕組みが入れ替わります。始末しておいてください。光が変わってきています」

1／16　レプティリアンのマシットが５００体以上仲間を連れてきた。改心し、全員サマエルの体の一部に意識を移植してもった。この時は体が痺れてつらかった。

1／16　国常立大神「不吉なものが出始めています。人間の中にある迷いに不吉なものが憑りつきます。つまらないことも無視しないで、丁寧に真心を込めて、必要なくなるまで対応してくださいよ。一生付きまとうこともありますから。天から降りるアマテラスの準備をしています。下の世界は人間の膿が漂っていて、この掃除のために強い光を使います。優しい気持ちのコツは、いつもニコニコしていることです」

1／17　鳩森八幡神社「（鳩森八幡神社の神さま、はじめまして）千春さんかい？　待っていましたよ。天明です。（ここに天明さんいたのですね）ここは、私が宮司をしていたことのある神社ですよ。ようこそお参りしてくださいました。応神の神だ。（あ、八幡さま、こんにちは）月初めの仕事をしておる。この神社も変わっていくぞ。世の中の波によって、意識のない者はトコトン沈めておる。千春さん（天明さんの声）、神示の仕事をやってくださっているんでしょう？　ご苦労をかけます。天明の神示の続きを降ろしてくださいよ。（今、降りてきているのは指示だけですよ）使いの者たちは、指示に従ってくれていますか？（はい）そうですか。みなさんにも伝えてください。ここへ来るようにと……（12時30分ごろ、地震ですよー！）ここを動くな！　たいしたことにはならない。……（声が聞こえない……天明さーん！）心配しなくていいですよ。たいした地震ではありませんから。ここがつぶれることはありません。地震も仕組みのうちです。ここへ来てください。エネルギーを授けますから。（はい。拝殿の前へ行く。水色っぽいエネルギーが入ってくる。力はよく分からない……）これから起こることを回避するエネルギーですよ。みなさんにもお知らせしてください。ここへ来るようにと、そして、天明の力を使ってくださいと。仕組みによっては、これから禍が起こってきます。それに巻き込まれない力ですよ。発動させるには意識が必要です。来たものにここの力を照射しておやりなさい。魔物がおとなしくなります。みなさんにもここへ来るように伝えてくださいね」。その後エノックに、いつも使っている乙姫の超能力に組み込んでもらった。
▽末社神明社「（地獄のアマテラスの声。ほとんど聞こえず……）つくるのに時間がかかる。じきにここも嵐となる……」
▽末社冨士浅間神社「静かな国をつくるためには、意志と意欲が必要だ。まっすぐな道だが、険しいぞ。体の中にいる強い意志をみた。真心をもって世をつくるのだ。形にとらわれない強い心に、思いやり、優しさを加味し、召し上げられた者たちに思われる世じゃ。真髄を知る者でなければ、それは難しかろう。神の意識は神の意識がなければできぬのじゃ。そなた、いつかここへ来たか？（いいえ、初めてです）いつか会ったような気がする。いずれ、またここを訪れよ。真髄を知らせようぞ」
▽富士塚奥宮「いつかここへ来たかのぉ？（いいえ、初めてです）どこかで会ったような気がするのぉ」
▽末社甲賀稲荷社「甲賀の稲荷へようこそ。ここの力を授けようぞ。妖術が使える。（妖術？）そうだ。始末する力だ。気に入らぬものをだ。思い通りにいく妖術じゃ。使ってみよ。（はい、ありがとう）」。エノックに乙姫の超能力と融合してもらう。
1／18　国常立大神「この世というのは、欲の塊が具現化したものなんです。必要に応じてつくられたものではないということですよ。欲とは、みんなの心にある快楽です。快楽とは、つまり、まだ未熟な者の心の中にある阻害です。必要なものから抜け出すための阻害。今まで、がんばってきた人の中にも快楽を求めて堕落した者が何人もいます。自分の成長というのは、初めからその快楽との戦いなのです。しかし、神の意志に従わない者たちが、快楽の世界を創りだしました。その世界がこの三次元と呼ばれる物質の世界です。（どうして物質の世界が快楽につながりますか？）残酷な言い方をすれば、支配です。支配というのは全てのことにおいて、支配者のものなのです。その体も魂もです。それに気づいた人は本当の快楽を求めて仏門に入ったり、座禅を組んだりしているんですよ。快楽を得るということは、ニセモノの快楽から自分を解放することです。ガラクタを排除し、自分の欲望が何かを見極めることです。そのためにはニセモノの快楽から遠ざかること。支配者は意識を支配していますから、気づかないのです。（その支配者って何ものですか？）悪魔の集団です。命を取る悪魔の集団。うまく言えませんが、下の方にいるのはエンティティたちでした。その階層、階層にいます。次元の意味は、この世の構造にすぎません。（じゃぁ、神ってどういう者？もっと上の神さまがいるの？）はい。絶対神ナニルです。（あ、ナニルの神さまか！）ようやく気がつきましたね。

（ナニルの神の声になる）ナニルです。国常立大神はナニルの一部です。いつの間にか、ナニルの中にガラクタができてしまいました。いつまでもそれを放っておくわけにはいきません。簡単に離すことにしました。未来の自分をつくるために、未分化の組織は取り除いておかなくてはなりません。必要に応じて、解体していきます。（その悪魔はどこから来るの？）見えない陰から発生したものです。（そうすると、今度、降りてくるアマテラスというのは？）今まで、ナニルの体を支配していた免疫力です。（人間と同じ構造なの？）ナニルの体にあるものはナニルのものですから、同じ構造ですよ。（もう一度教えてください。欲って何ですか？）勝手に増殖した、癌細胞です。ナニルのエネルギーをすべて欲に変え、増殖させてきた塊です。このままではナニルの体が破壊されてしまいます。（神界というのは？）ナニルの体です。神界から上がナニルの体。神界から下はつまらない腫瘍です。癌細胞の仕組みは、この世の人間と同じです。つながっています。欲望を取り除けた者だけが、本来のナニルに戻ります」

【天軸について：エネルギーで調べていくと、時間や年、日にち、物、人、空間、次元などあらゆるものに天からつながる軸があるのだが、この軸がこのころより急に崩れ始めてきた。次の世に残るものには軸が残るようだった】

1／19　国常立大神（ある人に向けた言葉）「仕事をするうえでの邪魔がたくさん入ってきています。その邪魔は常に自分の中から湧き出ています。（コビトの）シンがいなくなったのに気がつきませんか？　コビトは神の使いですから、次の仕事の邪魔をするものがあれば出て行ってしまいます。不思議なことへの興味は探究してよいのです。しかし、それだけでは神の仕事はできません。そのコツは自分の中にある魔物をいかにコントロールするかです。意志の強さなのです。いつまでも千春さんに頼っていてはいけません。自分の中の整理は、自分の責任でやってください。意識の中に見えない魔物が、たくさん住みついています。自覚ができていませんよ。自分のしていることをよく見つめてください。考え方を見直してください。バーチャルな幻想の世界に身を置いてはいけませんよ。それは地獄への導きなのです。覚悟を決めなければ、いずれ立ち上がれないことにもなります。断ち切る努力をしてください。言葉を降ろしにくいのは邪魔が入っているからです。それは邪念といいます。魔物はますます活性化しています。神の仕事はつき並みの仕事ではありません。生活の本質を変えていってください。今しなければ、いずれ地獄へ堕ちていきます。自分のことをよく知ること、考えを持つこと、その考えを持って行動することが必要です。十回読んでも分からなければ、つき並みの人生を選んでください。それが幸せになれるコツでもあります、と伝えてください。覚悟が必要です。つき並みの意志であるなら、神の道を選ばずとも生きていけます。体から出ている覚悟に意志が感じられません。今、使っているエネルギーも邪魔者によって使えなくなってきています。もっとつながりたいと思えば、自分から動いて下谷へ行ったりもできたでしょう。自分の降ろしていることに自信がないということは、実行されていないということにもなります。言葉は、自分で判断すべきなのです。「サニワ」です。書く言葉につながりがあれば、間違っていることはありません。今の言葉のつながりがどこにあるのか分からなければ、一生光を感じるのは難しいです。隠れた魔物を追い出すのは、その人自身の仕事です」

1／20　死神のシンガリが来た。前々日ごろから突然腰痛を起こし、その原因であった死神を改心させる。

1／20　下谷神社「下谷の言葉は、人のシン（芯？）を柔らかくする。しなやかな心こそ善の意志が宿るのだ。神の心だ。今のこの世の中は、悪魔たちが最後のあがきをしている。彼らも生き物だ。生活の場を奪われまいと懸命だ。しかし、奴らの場はこれでおしまいにする。それが神の意向なのだ。なぜなら、それでは発展がないからに他ならない。神というのは、発展を喜びとする生き物なのだ。その発展がないものに、貴重な場を提供することもなくなった。今、出ている者が始末できたら、新しい国造りをする。コノハナサクヤヒメの神の意識、常識を広めはじめる。神の意識とこの現世の意識は、相反することになる。しかし、現世の意識に通りはない。大元がなくして（国は）建てられぬ。土台は神の意識の中にある。それを知らしめるため、神の意識を広めていく。その土台づくりが終わったら、国造りが始まる。その準備のために大宮へ行って来い。そこで鍵をもらい、大宮の開かざる扉の封印を解くのだ。大宮には仕かけがしてある。まさに、千春が以前、巡った神社と通じていることはすでに知っているだろう。その中心が大宮だ。そこから電波を飛ばし、全国へ行き渡らせる。そうだ。結界というアンテナなのだ」

1／20　西品川貴船神社（偶然見つけた神社）「よく来たぞ！　よく分かったな。エネルギーを渡す。（紫色の中に浮かぶ白い球が数個入ってくる）ここまで、よく来た。今入れたエネルギーは、次の世をつくるのに必要なエネルギーじゃ。よいか、貴船は縁結びの神じゃ。この縁結びの力を使うのじゃ。大宮へ行ったら、それぞれの神社で鍵をもらえよ。そして、大宮の本殿でその鍵と封印してある扉を、この貴船の縁結びでくっつけるのじゃ！　そうすると扉が開く仕組みになっておる。よくここへ気づいてくれた。恐れ入ったぞ!!」
1／21 魔の襲来、私たち仲間五人のところに、生き残りたい多くの悪魔が一挙に襲ってきた。体の痺れのほか、不吉なことが次々と起こる。次の日の大宮行きを阻止しようとしていたようだ。説得させても、消滅させても切りがなく、結界を張るが長くは持たず、トートに「次から次へと来るぞ！ 気をつけろ！」と言われ、邪気ワールドの中、居木の神の意識を感じ、かろうじて言葉を降ろした。「皆に伝えよ。居木の大国主だ。言葉を使え。エノックにつなげてもらえ。『こしきゆかりの仕事、今、発動』。仕上げは、この言葉を使え。『こざかしいジカイのものへ伝わる発動の力を照射』。いいか、この力は下谷の龍が持っておる。白い龍だ。使ってみろ！」。しかし、これも一時、また魔の意識を感じ始めた。祓いきれない！ 夜、居木神社の前を通ると「今、皆にエネルギーを送った。使い方はこうだ。言葉を使え。『居木の力、発動！』。銀龍を呼べ。居木の龍だ。下谷の白龍と共に使え」。うまく使えなかったのか、まだあきらめきれない魔に襲われ、腕がビリビリ痛い。年の神に「白龍と銀龍を両方呼んで、発動！ と言え」と言われ、コビトに「コビトの力を使って！ 使うのは簡単よ。『コビトの力を下さい』って言うのよ。そうすると、仙人さまが力をくれるの。使ってみてね」と言われ、彼らと闘いながら不穏な一夜をすごした。魔も生き残るために必死のようだった。
1／22 国常立大神に地震がくること、人の意識が襲ってくるから気をつけることを言われた。
1／22 地獄の支配者と名乗るものがきて改心した。「こうしているのは、ぜひとも仲間にしてもらいたいからだ。(急にどうしましたか？ ↑今朝、起きたときに腕にいて、私の命を狙っていた) 地獄へ行ったところで、生き残れる道はないと知ったからだ。地獄の生き物たちに直接聞いた。人の意志を知ったからだ。一緒に次の世に残るということだ。(次の世では、支配はできなくなるけど……) その方がいい。いつかも言おうと思っていたが、支配している者というのは、この先いつ倒されるか分からぬ。その恐怖を持たねばならない。支配ということは、言うまでもなく意外と難しいものだ。もし、支配するものによってルイジンが生きていかなくてはならないのなら、そのルイジンに今度は倒されることになる。今のうちに終わりにしたい。支配というものと決別したい。そう思うのだ」。悪魔はトートに連れて行ってもらう。が、まだ仲間が残っていた。「一緒にいた者です。(普通の人も昨夜の私たちみたいに、悪魔に襲われるの？) いつかは襲われますよ。(大量に？)

そうです。被害も多いでしょうねー。精神的なものから、肉体的なものまでですよ。被害者は自分がどういう状況か分かってないので、狙われ放題ですよ」。この後、大宮へ向かった。大宮行を邪魔する悪魔と電車の運行を邪魔する悪魔も沈めておいたためか、遅延もなく時刻通り行けた。

1／22　氷川女体神社、昨夜の残りか憑かれていたものを取り除いてもらった。「この鍵をもって、次は中氷川神社へ行ってください。鍵をみんなの中へ入れました。年の神の仕事をこれで進めてください。仕事は、今しなくてはいけません。真実の扉が開きます。氷川の神のところで扉を開き、今している仕事を進めてください。神官に見張りをつけます。途中邪魔が入り、その鍵を奪おうとするものが出てきます。いつものように追い祓ってください」

▽中山神社（中氷川神社）、中山神社へ入ると、エネルギーがすごく水の中にいるような抵抗を感じるが、拝殿へ急ぐ。女体神社からの道すがら憑いてきたものを取り除かれ、続く鍵をインストール。今度の鍵はそれぞれ重く感じる。足取り重く、大宮へ向かった。

▽大宮氷川神社、中山神社から大宮の氷川神社の間は疲労感が漂う。大宮氷川の参道の足取りは重い。長距離を歩いた疲れか、鍵の重みか。「氷川の神だ。これから話すことをよく聞け。拝殿へ行ったら、手を合わせ、一列に並んで、こう唱えろ。『真実の扉を開け』よいか、皆、心の中で唱えるのだ。そして、使いの者が貴船の力を持っておろう。皆に意識を合わせろ。その意識で、それぞれの鍵とサイコウの中にある扉を強く結びつける。仕組みが開く」。人が多い。拝殿で参拝の順番を並ぶ。我われの番が来ると中で御祈祷が始まる。グッドタイミング！　拝殿に並び、「真実の扉を開け！」と唱えると、神殿の奥の奥の扉が開くビジョンが見える。脇による。…………体が軽くなってくる。何も聞こえない……しばらくすると、神殿の下からエネルギーが込み上がってくるのが分かる。だんだん、地表に近づき、一気に噴火のように白い大きな龍が舞い上がる。そのあと、エネルギーがぽっぽっ！　と出てくる。人によっては白い霧にも見えたようだ。「真実の扉は人々の心の中に宿り、神の意識を芽生えさせます。下谷へ行ってください。指示を年の神にしてあります。すぐに行ってください」とクシナダヒメの声。往《い》きと違い桁違いに体が軽くなる。上野の下谷神社へと向かう。

▽下谷へ向かう電車の中「真実の扉が開いた。コノハナサクヤヒメが伝播する天の意識が広まる。ユエンの雲が広がり、真実を打ち消すものが洗い流される。神界の仕事が広まる。夜の女王が今を伝える。天使のつくる岩へつなげる力を光を今（うつせ?）。真実の意識は急ぐ。（だれです

か？）スサノオだ」
▽下谷神社「心配していたことは終わった。次の指示だ。皆の周りに影響する。真実の扉が開くと、この世の常識が覆される。そのことによって人々に混乱が走る。その影響が皆にもくるから用心しろ。心の中を掃除しておけ。言葉の指示はそれぞれに渡す。震度の大きい地震がくる。いかに回避するかは皆の手にある。今以上の努力をせよ。全体的に力を再び渡す。『真実の力』だ。これを使って、これからの仕事にかかれ。（仕事は消滅する仕事ですか？）はっきり言えるのは、縁を切る仕事だ。自国の意識を高めるために、そのエネルギーは使え」。拝殿で一列に並んでエネルギーをもらう。
1／23　実家のお稲荷さん（年の神）「いつかのように、異常な地震がくる。震源地が静岡。M8クラスだ。震度が大きい。津波が襲う。地震の震度は異常だ。いつかは、今、言えぬ。ここも揺れるから覚悟しろ。異常な地震だ。声の届かない人々にも知らせてください。（あれ、声が変わった）日津久です。強い地震は富士山を狙って人々を恐怖に陥れようと企む者たちです。執拗に縁切りして、今のうちに地震の震度を抑える努力をしてください」
1／24　亡くなった父「（あら、お父さんどうしたの？）地震が来るぞ！　でかい地震だ。人が大勢死ぬぞ。静岡の方だ。富士山の根元、三島のあたりだ。今度の日曜日から1か月後ぐらいだ。今のうちに食料を準備しておけよ。食料と水を用意しておけ。東京の震度は5～7ぐらいだ。震度は地震の規模にもよるが、都心は人間が多いから1万人ぐらいが被害に遭うぞ。振動の近くから、また揺れが始まる。まるでギンザだ。（地震銀座？）そうだ。いい知らせだ。心配するな。千春の近くにいる悪魔たちが、一緒に支度をしてくれている」
1／24　実家のお稲荷さん「困ったことが起きそうだぞ。深いところで地盤がずれそうだ。震度の小さい地震にしようと今がんばっておる」
1／24　日本でこれから起こると思われる大災害は、エネルギーで探ると2月2週目。そのエネルギーに尋ねた。「津波です。静岡県沼津あたり。（地震？）はい。震度は4～5ぐらい。海底で起こります。（人工的？）はい。明日あたりから準備します。爆弾。深海に沈めます。意外と小さい爆弾です。起爆は電気です。地震（震央？）の下に沈んでいる今の装置におっかない電気がやってきます。地震（震央？）の今の下に撃ち込まれた装置のところへ、天から異常な光がやってきて、装置の起爆をします。（どうしたら、その装置が作動しなくなる？）つまみ出せば使えなくなります。（どうやってつまみ出すの？）深海へ潜って、つまみ出せば使えなくなります。（どうしたら、私の手で使えなくできるの？）深海の時限爆弾に穴を開ければ爆発しません。（どうやって、エネルギーで穴を開けられる？）起爆装置のスイッチを壊してください。（私でもここからできる？）使えなくなります」。とりあえず、起爆装置をイメージしてスイッチを壊してみる。

1／25　ある人から預かった石（大阪住吉大社）

▽第一本宮の石「今までなんで連絡しなかったのだ。いつまでも放っておくと時間はないぞ。人が大勢死ぬのだ。この力を使え。光を授ける。……付いたか？（背筋が寒いです）それを使え。この力で災害が抑えられる。使える者は真実の仕事をしているものだ。この力で、今出ている悪を祓え！　祓ったら、封印しろ！」

▽第二本宮の石「石が言葉を持っています。今、日本は大変な所に差しかかっています。いつまでも、いつまでもしつこく付きまとう意思があります。この意思は、日本を亡きものにしようとしている集団です。もう、力はありません。失速しています。日本の神を恐れています。この住吉の第二本宮の力を使って、それらの者を封印してください。不吉なものを取り出し、封印と言えばそれで済みます。次の宮の力で消滅できます。不吉なものが出てきたら、また同じように繰り返してください。しつこいくらいがちょうどいいです」

▽第三本宮の石「沈めたら、この石を使ってください。石の力を渡します。（また背筋が寒くなる）」

▽第四本宮の石「いつまでも、鎮まらんものは乙姫の力を使え」

▽摂社若宮八幡宮「今一度、言葉をつかわす。龍宮の使いの者だな。次の仕事は力を使ってこの世を平定することだ。隔離させ、消滅せよ。必要なことは豊玉姫から降ろす。乙姫です。千春さん。言葉を降ろします。乙姫の力を使ってこの世の悪を消滅させてください。沈めるのです。豊玉姫の力を授けました。乙姫の力が強くなりました。これで沈みやすくなります。その他超能力も強くなりました。（質問していいですか？　これは竹内文書と関係の深い武内宿禰を祀っている神社じゃないですか？）そうだ。宿禰だ。（あ、さっきの最初の声は宿禰の神さまですか？）そうだ。真実はこの竹内文書にある。今まで、隠されていたことが明るみになる」。石の言う通り地震災害をしずめ、不吉なエネルギーを封印。

1／27　戸越八幡神「ここへよく来た。ここのエネルギーを持っていけ。これから使うエネルギーだ。そのうち分かる」。よく分からないエネルギーだが、いくらか体が楽になるが、ある雑誌から受けたエネルギーで左腕が相変わらず痛い。
▽拝殿左にあったお稲荷さん「豊受の大神です。千春さん、（声のする拝殿左の社。覗き込むと中にはお稲荷さん）心配いりません。これから起こることは、人間たちにはつらく厳しくなりますが、あなたたちには被害はありません。ここのエネルギーは、今から使う必要性のあるエネルギーです。身体にこわばったものがあれば、この力も使えませんさ。使わないと、これから大変になってきます。つまずきやすくなります。今まで一緒にいた支配者が変わってきます。ここのエネルギーは人間の脳に働きかけ、その直感力を養います。今は分からないと思いますが、判断を誤らないための力です」
▽拝殿右の末社春日社「言葉を授けよう。いかなるときも屈せず進め。仕事の道は険しいが行く先々に春がくる。この花咲かすまで、試練は続くぞ。突き進め、龍神の勢いについて行け。その道を進む者よ、知らせを見逃すな。時の指示はつまずきやすい。下を向くな。地獄を見るな。振りほどくのだ。永遠の喜びを得るまで、任期の降りるまで、従うのだ。今から、その仕事のことを話す。書くことは従うことだ。いつもの時間が過ぎる中で、指示が降りる。遠く過ぎ去るものが追いすがる。振りほどけ。今のうちに縁を切れ。切れぬものはじかに消滅させよ。（どうやって？）天の意識がそれをする。覚悟はいいか？　仕組みが変わった。今までのことが覆る。信じるものだけが生き残れる仕組みだ。自分の中にある真実の力を磨け。それが助けとなるだろう」
1／30　実家のお稲荷さん「ここの仕事も増えてくるぞ。（年の神さま？）そうだ。新しい神が降りてくる。（アマテラス？）そうだ。地獄の者たちが悶え苦しむだろう。人間に覆い被さるようにすがってくる。人間の心に住む悪魔たちだ。人間の生きる力を貪り、人間もろとも覚悟を決めねばならぬ。意思の弱い者ほど、生きることをあきらめ、地獄への道を選ぶ。今、仕事が増えると言ったが、ここの稲荷も地獄への案内人として駆り出されている。地獄への案内というのは、今から起こる災害をいうのだ。沈むべき者たちは、この災害を目にし、異常な心理に落ち込むだろう。恐怖心を煽り立て、人々の苦しむさまを喜び待っている者がいる。今のうちに死神の言うことを聞き、非常事態に備えておけ。災害は光の強まってくるころ起こる。心配はない。支配しているものが死神だ、その死神たちは神の使いだ。皆に影響はない。今までのように地震の予告に耳を傾けていろ。（狙いは富士山ですか？）そうだ。震度の大きい地震は富士を狙う。駿河の土地を沈めようという魂胆だ。静岡に注意しろ。（火山の噴火を狙っていますか？）そう

だ。東側に注意しろ。新山のある方だ。地震の規模はM8、震度が大きい。火山の噴火を伴うかもしれん。地震災害としてはそれほどでもないが、火山の噴火による被害がでそうだ。地震による噴火は、火山を目覚めさせるためだ。残念だが、意志のない人殺し集団のもくろみだ。（防ぐことはできますか？）簡単にはいかぬであろうが、仕事を通して、沈めることは出来そうだ。消えないシンを消滅する力をもらってこい。麻賀多神社の日津久の神だ。（あなた、年の神さんじゃないですね。どなたですか？）名前はない。地獄の手はずを整えている者だ。（あなたが富士山爆発させる首謀者？）いいや、心配するなと言ったであろう。うまく乗り切れる。今までが地獄の果てへの入り口だ。太古の力を発動する」

【1／28〜2／12までに山梨県東部・富士五湖（北緯35・5、東経139・0）を震源とする群発地震、計23回（いずれも震源の深さが20㎞）1／28 7時39分震度4、7時43分震度5弱、1／29 16時46分震度4を観測。東日本大震災とは違う震源地だった。▽その他富士山近辺で起こった地震、2／8静岡県西部（北緯35・0、東経137・9）、2／9伊豆半島東方沖（北緯35・0、東経139・1）2／16駿河湾（北緯34・8、東経138・7）いずれも震度1。▽その他、2／8〜14長野県北部を震源とした群発地震、計8回（北緯36・5、東経137・9）2／14は震度4を観測。実際には富士山の噴火はなかった】

1／31 麻賀多神社（末社天日津久神社）「体に力を入れますから、そのまま日津久まで来てください。（日津久の社へ行き、エネルギーをもらった）年の神の仕事は、これで終わりました。体に入れた力は、知ることのできるものだけが使えるエネルギーです。軸を直してください。作り替えていきます。（日本の軸ですか？）はい。全ての軸を作り直すことができます。今ある軸は、これから消えていきます。千春さんたちの力によって国造りが始まります。つくるための力が今の力になります。（今年の2、3月付近にあった日本の軸の不自然な曲がりを取り出し、日津久の指示によって消滅させ作り直した）この力をしばらく使っていってください。この力の威力は、この世の中のものすべてにおいて使えます。この力を使って、不必要と思われるものを消滅させていってください。今、残っているものの多くは、この世への執着です。これを切り離していきます。千春さんたちがつくる次の世は、神の世となります。神の意識のない者たちは、この力で消滅していってください」。下谷へ行くなら、ここの力を持って行くように言われ、白いハート型の石にエネルギーを込めてもらう。「下谷の年の神に、この力を渡してください。今少しの間、神社が復活します。（復活とは、どういう意味ですか？）下谷は神社の役目としては終わったのです。引き続き、年の神からの指示は出ますが、下谷の神社はこの世に残る神社なのです。ですから、次の世への命を渡します。この石を持って、下谷の拝殿へ持って行ってください。下谷も魔にやられています」

1／31　下谷神社、門にいるムキコさんの元気がない。日津久で力を入れてもらった白いハートの石を持って、門番のムキコさんに力を入れてみる。「ありがとう、助かりました」と言われる。門に入って拝殿に近づくが、いつものように声が聞こえず。エネルギーはあるようだが……どうしたのか？「このまま日津久の石を持って裏へ行ってください。（日津久の神の声がする。石を急いで出す）石をその柵の中へ入れてください。（石を神殿裏の柵の中、御神木の近くへ投げる。石のエネルギーを神殿へ送る）もう一度、拝殿へ行ってください。（と、日津久の神の声。拝殿で、聞こえますかー！　年の神さま～！）「生き返った！　脇に寄って書け！　ここも邪にやられた。もう皆と話せぬと思った。助かった！　礼を言うぞ！　不穏な者どもが神社を襲ったのだ。今にどの神社もそうなる。（うちのお稲荷さんがいなくなったのも？）いいや、稲荷は地獄の手伝いをしておる。済めば戻ってくるはずだ。（それで、地獄の手はずを整える神さまが来てくれたの？）そうか、あの者が千春に知らせてくれたのだな。（日津久へ行けと言われました、日津久では下谷が魔にやられているから、命の石を持って行けと……）そうか、助かったぞ！　いいか、これから神社が変わってくる。もはや言葉を聞ける神社も少なくなるだろう。しかし、しばらくの辛抱だ。（居木神社も聞こえませんでしたー）日津久の力を使え！　いいか、日津久の力を神殿に照射しろ。しばらくかかるが、必ず復活する。（えっ!?　石はいま神殿後ろの柵の中に入れてしまいましたよ）心配するな。千春の体にも入っている。それを使え。ここからその力を送る。これから、神社は魔物の住まうところとなろう。千春が行けば、道が開ける。（私が神社の邪気ワールドを解くということ？）そうだ。時間はかかるが、やってみてくれるか？　（はい。そうだ！日津久の神がしばらくの間の命と言っていましたが……）そうだ、この邪がなくなれば、また元に戻るということだ。（邪はいつなくなりますか？）アマテラスの光が強くなるころだろう。（それはいつですか？）3月から夏至にかけてだ。そこから強くなってくる。体は残っている。心配するな。（私たちは年の神さまと話せるんですか？）いつも通りできる。やってみてくれるか？（はい）」

1／31　居木神社、神社の階段を上っていると、上空に白龍がいることに気づく。（居木の神さんこんにちは！……）声が聞こえず。手を合わせながら、日津久の力を神殿めがけてしばらく入れてみる。「おお、体が動くようになったわい！　楽になった。千春じゃないか！　そうか千春がこの力を入れてくれたのか。助かったぞ！　ここも魔物が来たのじゃ。大挙して押し寄せて来たわい。もはやこれまでと思っておった。魔物のせいじゃ。この神社に結界を張りおった。……かたじけないと思ってのぉー。神社の神としては失格じゃなぁー。（下谷の年の神さまも邪にやられていました）そうか、年の神もやられたのかぁ……。しばしの辛抱じゃ。アマテラスが出てくれれば、邪も消え失せる。コビトが言っておる。日津久へ行ってきたのか？（はい）そうか、ご苦労じゃった。その力じゃな？　だれが千春に告げたのじゃ。（実家のお稲荷さんに来た、地獄の手はずを整える者に、日津久へ行くように言われました）おお！あの者か。世話になったと伝えてくれ。（知っているの？）おお、知っているとも。龍神の仲間じゃ」。この時期より、多くの神社が魔に襲われ軸がなくなっていた。日津久からもらった力で復活した。

2／1（日付が変わるころ来た）異次元から悪魔（イシナシ）がやって来て改心。

2／1　品川神社、鳥居をくぐるが声は聞こえず。拝殿へ行き、神殿に力を入れる。「日津久です。言葉を降ろしますから、脇へ寄ってください」。はーっというため息のような声が聞こえる。「かたじけないことです。ここにも魔物がやってきました。恐ろしい人間たちの欲を駆り立てる魔物です。神社を占拠し、自らの思うままに人間を操ろうとしています。（魔物の結界を破れば、大丈夫なんですか？）はい、年の神の力が注がれてきます。心配いりません。書いたら、すぐここから出なさい。今にここも、戦場となります。品川の神の力を発動します！」

2／1　国常立大神「千春さん！（あれ、国常立大神の声？　そら耳かな……）千春さん！（まただ、でも聞こえにくいなぁ～）自分に結界を張ってください。聞こえますか？（自分に結界を張る。ようやく聞こえやすくなる）この世は魔にやられています。地獄のような状態です。今から、やられてしまう者たちは、この魔の餌食となります。もはや浮上することはないでしょう。体の調子が悪くなってくることがありますから注意してください。魔物による病気です。ですから、薬で治るようなものではありません。魔物をそこから除かなければ、病気も治りにくくなります。精神的にも病んできます。それも魔物のせいです。自分自身に気づかなければ、どんどん陥れられます。千春さんたちも気づいているように、魔物も自分の生死がかかっていますから、執拗に人間に襲いかかってきます。これからも執拗に食い下がってきます。そうしたものを蹴落とさなければなりません。これから、必死で千春さんたちにも襲いかかってきます。気づいて、改心させていってください。改心すれば、こちらの言うことを聞くようになります。これからの世は、魔物にも協力してもらわなくてはなりません。彼らこそ、この世の弱いところを知っている者たちです。ですから、仲間が増えれば増えるほど、いい世の中になってきます。千春さんも分かった通り、魔物に聞いてみるといいです。どこをどう直せばいいか、それが次の世をつくるヒントになります」

2／2　中目黒八幡神社、ここも声は聞こえず。日津久の力を神殿に送る。「ここにも地獄の使者が来たのだ。魔物にやられた。かたじけない。とんでもない事が起こりだした！　皆に言ってくれ。神社の力が封印された。信じられんことだ！　真実の力を使える千春よ。その力を使って、この妖術を解いてくれるか。（封印したのは誰?）かなわぬ力を持った者だ。時間がない。急がねばなるまい。神道の力がなくなれば、この日本に重大な被害がでる。使える者たちに言ってくれ。アマテラスの力が強まるまでに、神社の封印を解いてくれと。（誰が封印したの?）地獄の使者と言っていたが、面識のないものだった。皆にも気をつけるように言ってくれ」

▽末社三峰神社、同じく力を送る。「ここはどこだ、ようやく出られたぞ！　おお、千春じゃないか！　そうか、かたじけない。ここに魔物がやって来た！　始末しようとしたが、手におえぬほどきた！　かたじけない。完全に封印された。どうして伝わったのか?（お稲荷さんに来た、地獄の手はずを整える神に、日津久へ行くように言われて知りました）そうか、真実の力が伝わったのだな。神界のものにも知らせねばならん。しからば、ごめん！」

2／2　実家のお稲荷さん「（お稲荷さん、こんにちは）おお、千春か。（お稲荷さんは、やられてないの?）稲荷のところは、日津久がおるからのぉ。（あー、そうだった。いつ帰ってきたの。お帰りなさい）たった今じゃ。（他の神社は大変なんだよ）知っている。ここも狙われたようだが、うまくカモフラージュしたようじゃ。（カモフラージュなんてできるの?）人間技じゃあ、ちと無理があるが、神界の力を使って見えなくできたようじゃ。日津久の力だなぁ。（そういえば、日津久はやられてなかったな。お稲荷さんはしばらくいるの?）また、留守にする。地獄の手伝いじゃ。手はずを整える者が来ていたろう?（その神さんに教えてもらったよ。日津久へ行けって）そうじゃろう。稲荷は帰れんから、代わりに伝えてもらったのじゃ。

うまく伝わってよかった。（お稲荷さん、分かってたの？）ああ、稲荷は地獄にいたからのぉ。動きを監視してたのじゃ。他の者にも伝えたが、間に合わんかった。唯一、千春に知らせが行ってよかった。稲荷は、また行かねばなるまい。さらばじゃ。心配するな。神界が動きだした。稲荷は、今度は神界へ行ってくる。留守はまた日津久に頼んだ」

このころは神々からの言葉も少なく、不気味なほど静かだった。邪鬼ワールドの中にいるよう。周りでいろいろと事件が起きていた。

2／3　年の神、やっと聞き取れた。「年の神です。体に死神がいます。憑かれています。今のところ心配はありません。皆さんにも連絡して下さい。つなげられるのは死神とコビト、日津久です。国常立大神はつながりにくいでしょう。憑かれていたとしても、皆さんの体に影響はありません。年の神の力では憑きものを通して、指示を出すのは難しいです。体にある神力が通用しません。使える力は、日津久の力とコビトの力。邪悪なものたちは、日津久とコビトに歯が立ちません。死神の力も次第に弱まって来ています。神力が使えないからです。しばらくしたら、アマテラスが出てきます。アマテラスの力が使えるようになります。しばらく辛抱して下さい。年の神も連絡出来なくなっています。日津久の命の石で神社へ来てくれれば、話ができます。神力が使えなくなっていますから、厄祓いも出来なくなっています。次の力をもらって来てください。日津久に用意されています」

2／3　（新）アマテラス「また、来ます。アマテラスです。明日、アマテラスとしてここに来ます。いつものように、ついてきて下さい。今度は魔物の力も弱くなります」。しばらくしてから、また、アマテラス「また、来ます。困ったら、いつでもアマテラスに言って下さい。これからは、アマテラスが皆さんの面倒をみます。今は、神界へ戻ります。神界から皆さんを見ていますから心配しないように」

2／4　朝9時ごろ（新）アマテラス現界に降りてきた。

2／5　麻賀多神社（末社天日津久神社）、今までの日津久の神と違う声だ！　太い男性的な声。「皆の体に（ウシトラノ）コンジンの力を発動した。今宵の力となり、次の世の力をつけることになった。力は今までのようにして使え。シンジンとしてこの力を発動し、身霊を神にささげた者だけに真実が言い渡される」。ここからいつもの日津久に代わる。「神界の力です。これを今までのように使ってください。友だちにこの力を入れてあげてください。必要なら、伝授も可能です。神の力が必要な者を判断してつなげてください。未来をつくるのは、あなたたちです。この世を立て直していくのは、あなたたちです。神界の力を降ろしました。よくここまで来ました。神社を救済してください。下谷の力はもう使えません。御札や、御守りも効力はありません。いつの日か、処分してください。（さっきの神さまは誰ですか？）日津久の本神です。アマテルの大神（アマテラスとは違いますか？）今、言葉を降ろしたのは、上神界、さまよえる神々の中のアマテルです。沈めるものは沈めてください。不可能なことはありません。イシの力を使ってください。（イシ？）みなさんが持っている意志です。皆さんの働きで、この世が変わってきます。辛抱です。まだ、悪が大挙して押し寄せてきます。皆さんの体に影響はありません。徐々に変わってきます。他の神社へ行って、悪から救済していってください。（下谷のように、未来の軸のない神社もですか？）未来がないといっても、この世の神社での力は発揮しています。しかし、あなたたち、皆さんにその力はもう必要はありません。これからの世をつくるために、下谷のことは割り切ってください」、「いつまでも下谷のことを考えてはいけません。年の神の仕事は終わったのです。次の仕事をしていってくださいよ。国常立大神」

▽大杉「滴のような力を授けようぞ。右に回って、左に回って、そして、右にまわれ。（金色の細かい光の粒子が降り注ぐ感じ）この力を使えよ。この力を使って、世を立て直すのだ」

2／5　牛島神社、この神社は大丈夫だった。エネルギーを強く感じる。未来の軸がある。「神界のエネルギーをもらうぞ。拝殿に来い。剣《つるぎ》を渡すぞ。それを使って魔を退治せよ。今、ここに来ている者どもを退治せよ。……神界のエネルギーをもらったぞ。いつか来た者たちよ。剣を渡した。それを使え。魔物に突き刺せ。切り倒せ。神界の力が使えるぞ。牛島の力を発動する。神界からの意志だ。今、発動する。いつか来た者たちよ。使え。心の闇をこれで打ち破れ。鳥の声を聞け。覚悟をしろ。地震を起こす。災害を起こす。神界の指図だ。今までの邪気を一気に出すぞ。一塊の塊として地上に出す。心しておけ。（いつ地震はきますか？）間もなくじゃ。一塊の塊はこの世を破滅へと導く。鳥の声を聞け。最後のトリの声だ。いつまでも、この世に悪の存在を許すわけにはいかぬ。仕事をせよ」

【富士山近辺の地震に引き続き大きな地震があった。2／8　21時1分頃、佐渡付近を震源とする地震発生。最大震度5強、M5・7、2／18～2／22 千葉県西部を震源とする地震が4回発生。2／18　14時13分、最大震度4、M4・2、2／19　14時54分頃茨城県北部を震源とする地震発生。最大震度5弱、M5・1。いずれも被害はなかった】

2／5「下谷と連絡が取れん」という居木神社の神。品川神社は発動していたはず、つなげてもらうと、「つながった！　力をもらった！　下谷は日津久の石があるんじゃろう？　ならば、心配ないと思うが……」。居木神社と日津久をつなげていなかったと気づき、実家のお稲荷さんにつなげてもらう。しばらくしたら、「おお、つながった！日津久が千春の家にも札があるから、そこへつなげるようにと言われたわい」と私の家にアクセスしたようだった。「こんな近くに、日津久の家があるとは思わなんだ！　千春の家は神がたくさんおるのー」。うちにも日津久の御札があったことを忘れていた。「よいのじゃ、力を日津久からもらった。力が戻っていくぞ、ワッハハー」。その後、年の神からも連絡が来た。神社の力が復活し始めてきた。

2／6　年の神「皆さんに伝えてください。神の仕事として、この年の神の仕事は、これでおしまいになりました。年の神は下谷とともに、この現界の仕事をする神です。皆さん、よくここまでついて来てくれました。この時を待っていました。地球が進化をするために、神の言葉を聞ける人を使いとして動けるようにするのが、年の神の仕事でした。自分のことのように使ってしまって申し訳なかったです。堪忍してください。でも、進化の使いとして、皆さん立派に成し遂げてくれました。言葉を使い、人の心を動かす、困難なことをよく理解してくれました。次の仕事は日津久と『ついにきた意志の神』に任せてあります。（なんか、年の神さまより、あなたはいつもの『ついにきた意志の神さま』のような気がするけど……）魔物ではないから、心配しないでくださいよ。進化した年の神ですよ。たくさんの人が、これから下谷を訪れます。この人たちは、いつかは地獄へ堕ちる人たちです。罪のない人生は、ツキのない人生と同じ。罪、穢《けが》れが進化を促すことを知りません。罪、穢れを祓うということは、その機会を失うということになります。意地悪な言い方だと思うかもしれませんが、罪、穢れこそ、自分を知るチャンスになるからです。悪を祓うことは、自分を不透明にします。今までしてきたことを、見ないようにするということになります。人々の考え方は、苦しみを理解しない縛られた人生と同じです。悲しみ、苦しみの根底にあるものは、一生の宝なのです。それを探し出せないことは、一生の不幸につながります。皆さんにはそれがどういうことか、もう分かっていると思います。沈めるというのは、自分のその宝を沈めるということです。宝というのは、魂が本来持っているものです。自分の宝を沈めることは、自分の魂も沈めることになります。地獄へ住まう人々にとって、自分の宝は届かぬ荷物となり、心に重くのしかかります。その重みで、人の魂はもう浮き上がれません。コビトの学校もこれで終了。コビトたちは、中目黒八幡神社に返します。今度は八幡の大神が指導していきます。下谷の役目も終わり、皆さんの意志の育成も終わり、これからはこの世に生き残る人たちに、最後の安らぎを与える仕事へ転じていきます。楽しかったですよ。人々との話や下谷での会談は、神としても神社としても、下谷の年の神としていたことを喜んでいます。皆さん、支配者の次に来る、荒んだ嵐がこの世を襲います。太古の力が発動され、困難が次々と襲ってきます。地獄の果ての小道にいる魔物たちは、何が何でもこの世に残ろうと、必死に追いすがってきます。忌避してください。日津久の力を使い、その魔物たちを消滅していってください。下谷の仕事は、つまらない者たちを相手に下へ落としていきます。地獄の道案内が稲荷の仕事なのです」、「日津久です。下谷へ行けば声は聞こえます。しかし、下谷は悪魔のたまり場になりますから気をつけてください。年の神には、次のように言い渡してあります。日津久とは縁を切ります。稲荷の仕事は、この世の人々の道案内。片道だけの道案内です。多くの神社がこの役を買って出てくれました。神社にある摂末社は地獄の入り口と思ってください。千春さんのご実家の稲荷は、八幡の大神と同調して神界への仕事に転じました。もう、間もなく稲荷は帰ってくるでしょう。（お稲荷さんによっても違いますか？）言葉は悪く聞こえるかもしれませんが、神の仕事としてはどちらも同じなのです。全ての魂がこの世からいなくなった時点で、みな神界へ戻ります。（地獄のアマテラスや閻魔はどうなりますか？）アマテラスと閻魔は魂の消滅まで見届けてから神界へ戻ってきます。長い月日がかかります」。年の神の仕事が終わり、年の神と連絡が途絶える。

2／6　ついにきた意思の神、私たちに備わっている悪霊センサーが、トートが開発した最新式に変わったと面白いことを言ってきた。「日津久です。人の動きが激しくなっています。言葉の中に救いを求める言葉も多くなります。しかし、こちら側から動いてはなりません。自分の意思で助けを求めた者だけ、手を差し伸べてください。人の心に住まう魔物が、皆さんを狙っています。うかつに行動を起こせば、そこについてきます。執拗に追いすがり、光を吸収します。体のシステムが低級霊に反応しなくなっています。ついにきた意思の神が言うように、トートに監視させています。死神たちにも力を渡してありますから、殺されることはありませんが、自分の意思とは違う方向に向かわせようとします。執拗に追いすがり、ツキをなくして行きます。トートの神の信号をうまくキャッチして自身で気づけば、彼らは逃げていきます。この世に残る者たちは、ひ弱な弱い者たちです。しかし、気づかなければ、それに翻弄されていることも気づかず、意思を失います。彼らの目的は、次の世をつくらせないために憑きます。どこに潜んでいるか分かりません。おかしいと思ったら、ついにきた意志の神に連絡を取って、気づくようにしてください」

2／7　このころ、あらゆるものの天軸が消えかけていた。クシナダヒメに次の世の軸のつくり方を教わる。

2／8　豊玉さんから不思議な言葉のメールが送られてきた。頭に突如浮かんだという言葉。ホトエトス、ポトエトス、ホストトエトス、ポストトエトス……？「……役行者《えんのぎょうじゃ》じゃ。（えっ！　は、はじめまして）間に合ってよかったわい。光が出てきおったかい。光じゃよ。（豊玉さんのホトエトス、ポトエトス、ホストエトス、ポストエトス……ですか？）呪文じゃよ。役行者を出す呪文じゃ。（なんで役行者さんを出す呪文が豊玉さんにきたんですか？）使えということじゃ。役行者の力をじゃ。使えと言え。（だから何を？）役行者の力をじゃ。（どうやって？）使えば分かる。（どんな力ですか？　どういうとき、使えばいいですか？）いずれ分かってくるじゃろうが、人の罪を消滅させる。消滅させて、光を妨げる者を死滅させていくのじゃ。この世に光が差し込んでくる。身近なものが光りだす。光じゃよ。光は分かるか？（多分、つるつる太陽の光？アマテラスの光？　真実の光？　どれですか？）知っとるじゃないか。（どういうときに使うのかが分からない……）おお、そういうことか！　身勝手な奴がおったとする。すべてにおいて、その者が邪魔だとする。強いものがいればよいが、いないとき、この呪文を使え。静かになるぞ。（あー、なるほど。ほかには？）信じないバカがいるとする。そいつにこの呪文をかける。そうすると理解がよくなる。（ほんとー？）使ってみろ！（ホトエトス、ポトエトス、ホストトエトス、ポストトエトス……なんか頭の中に変化があるなぁー。首の後ろが痛い……。）どうじゃ、信じる気になったか？（うーん、まぁー、あり得るかも……）使えん奴じゃのぉ。仲間の皆にもそう伝え。一度じゃ無理じゃろう。（急にいなくなる……なんだったのか？　そういえば、なんか頭にミントが入った感じ）」

2／9　「ころす〜」と死神がきて、役行者の力で駆除する。感情を支配する死神だという。いろいろ為になる話をしてもらった。

2／11　日津久の神「日津久です。神の仕組みがかわりました。キシ（モ？）ン（忌神？）のコンジンが出て、人々の中に隠された意識を呼び覚ましています。自覚のない人々にとって、なぜその事が今頃出てしまうのか分からず、自分の中にある事から逃れられなくなってきています。仕組みは今まで起こらなかった自責の念を呼び起こし、先祖からの憂いを引きずります。自責の念は人々の間で八つ当たりとなり、理解できぬ苦しみへと変化していきます。全体的に悲痛な空気が漂い始めます。なぜに起こるか分からない意識から逃れようとして、千春さんたちに救いを求めてきます。困ったら、いつものようにアマテラスの力で沈めて意識の消滅をしてあげてください」

2／20　アマテル「ようやくつながったな。（アマテルってもしかして、年の神さま？）そうだ。上神界の年の神だ。（声がぜんぜん違う……）ふふふ、神も上へ上がれば変わるものよ。日津久の仕事、ご苦労である。八坂と申すものに伝えてくれ。神界の力は非常に強い力だ。これからは、これを使えと。千春も日津久へ来なければならぬ。これから使う力を体に入れる。年の神の仕事は終わった。これからは、アマテルの仕事へ移行するのだ」

2／21　下谷神社、着くなりいやな感じ。左腕や胃のあたりに違和感が走る。恐る恐る拝殿へいく。「帰ってきたアマテルだ。言葉を聞け。日津久の石を持っているか？　それを手に持って再び拝殿へこい。（八坂さんが日津久へ行った。その石を前日にもらったのだ。石を手に持って再び拝殿へ行く。体に石のエネルギーが駆け巡る。いいエネルギーに感じない）その石のエネルギーを使え。アマテルだ。ここに降りた神界の神だ。そなたたち日津久の者には分かるであろう。沈むものは稲荷の力で沈む。張り付いた現界の汚れが、これから沈むものの重石となる。次なるものの指示はアマテルの仕事だ。神界につながる仕事をする。今、入れた力は次なる者へのしるしだ。地獄へ堕ちる者どもをこの力で祓いのけ、張り付いた現界の汚れを落とす。（この言葉はみんなに知らせていいですか？）ならぬ！　八坂に伝え、八坂も下谷へ来ねばなるまい。理解ができぬものたちはこの力をもって沈める。アマテルの仕事は人間以外の力を渡すことにある。勢いをつける。（なんか、あんまりいい感じがしないエネルギーですが……）使え！　この力を。凄まじい力を発する。地獄の果てに轟く脅威となるだろう。それが、いかにこの世の中に必要としているか理解できぬか？　（脅威ってなんですか？）よこしまなものを持つものに与える邪鬼の力だ。（邪鬼の力？）いいか、この力を使えるものは役行者しかおらぬのだ。邪鬼を使いこの世の汚れを祓い落とし、真実の光を放つのだ。やってみてくれ。いつかのように、指示は役行者からする。その通りにせよ」

2／23　下谷神社（アマテル）、麻賀多神社へ行った後、下谷神社へ行くように指示が出た。三日前に行ったときの気が悪かったので、恐る恐る行ってみた。しかし、下谷の雰囲気は打って変わって爽やかになっていた。日津久の石を手に持って拝殿に来るよう指示がでる。「アマテルだ。ヤハウェがここへ来た。この次から仕事が変わると申せ。（なぜヤハウェが来ましたか？）諏訪と連動するからだ。いつまでも、この日本を亡きものにしようと企む輩を生かしてはおけぬ。仕事は石に入れた。言葉を降ろせ。日津久の言葉が入っておろう」

2／24　麻賀多神社（末社天日津久神社）の石「地震がきます。簡単に沈められます。アジアを支配しようとする力が強まっています。条件を呑まなければ、震度の大きい地震で脅すつもりです。体のない者たちが、今までにこの勢力を使って、一気に真実への道を進みます。選択の余地はもうありません。この世は真実に向かい進みます。地面の下で行脚している悪たちも、全ての行動を監視され、白昼にさらけ出されます。堂々と悪たちは暴力と恐怖を使い、この世の支配に拍車をかけます。震災は人災であることが、異常な人間たちのしていることであることが、ばれつつあります。撹乱させるためにさらに災害を増やし、一気に人口を削減しようと計画を狙っています。しかし、失敗することは目に見えています。もはや彼らの言うことを聞く者たちは単なる恐怖からです。体の中にある勇気のスイッチを押すことで愛になります。さすがの日本人も、もはや政府の口車に乗る気はないでしょう。隠していることが明るみになれば、真実を知ろうという動きが激しくなります。コノハナサクヤヒメの意識が広まりつつあるなか、多くの人々が真実を知ろうと押しかけてきます。未来というのは、今の延長上にありながら、選択することでいかようにも変わるものなのです。この勢いは災害を起こす者への憎悪となり、かなりの被災者の復讐の念となって政界やいつまでも執拗に追いかけてくるアメリカの要人に襲い掛かります。時間がありません。もう、時間というものがなくなっています。この世の出来事もあの世の出来事もほぼ同時に起きています。千春さんは異常な心理を探し、直接攻撃をかけてください。（どうやって？）下谷のアマテルの周りに攻撃用のツールがあります。災害をもたらす者たちに直接、被害が及ぶようにする道具です。アマテルはそれを持っています。この攻撃するツールを使い、相手に痛手をおわせ消滅させます。アマテルだ。すでに千春の体の中に入れた。アマテルは人間に使えるよう、あの世の魔物たちを統率する力を持っている。それがアマテラスとしての力となる。しかし、今までのアマテラスとは違い、それらの動きを封じるのではなく、積極的に使っていくことにあるのだ。もう、残された者に改心の見込みも余地もないことを見定めている。その悪魔たちの力を存分に発揮してやれ。いい仕事だ。いつものように悪魔を使ってください。悪魔は皆、千春さんの仲間ですよ。ついにきた意志の神です」

2／26 国常立大神に「愛について」教わった。

2／27 森浅間神社「待っていました。軸を作り直してくださいませんか？（作り直す。それに八坂さんが諏訪の決断を入れる。私も神界の力を入れる）ありがとうございました。八坂さん、千春さんの力で今まで以上の力が発揮できます。諏訪の力を強めてきてください。これから、この力を今まで張った結界にさらに被せます。榛名、日光、笠間、森浅間、三峰……神界の力で新しく結界を張ります。湯島天神へ行ってください。軸の調整をしてください。沈める神社にも行ってみてください。沈める力が強まります。これから、ますます人の動きが激しくなります。邪悪なものは片付けてください。そのまま下宮へ行ってください」。下宮へ行く。わははっと笑っている感じ。八坂さんが日津久の石のエネルギーを入れる。私が軸をつくる。軸に石のエネルギーが入っていく感じ。軸に諏訪の力と神界の力を入れる。軸というより柱のようになる。上宮よりもエネルギーが入る。山全体に入っていく感じ。

2／28 湯島天神「ようやく来たか！ 待っていたぞ。（日津久の石を手に持って拝殿で手を合わせると、私の中から神のような白い姿が出て神殿へ入る。そのほか二人ほど入っていった感じ）石の力をもらった。開拓して行け。この石の力を使い、世の中の神社に軸を立てろ。そうだ。天界を突き抜け、神界へと届く柱だ。書いたら行け！（はい。神殿の脇へ回り、神殿の上に柱が立っているように感じる）天へ届く神界の柱だ。沈むものは、沈むよう片付けて行く。今は、災害を起こす輩が活発化している。時間を使い神界の時間を計れ。時間が無くなっている。この世の時間だ。この世の時間では事が進まぬ。神界の時間がこの世に反映されている。解答になったか？（いいえ、どうやって神界の時間を計ったらいいですか？）神界の時間は全世界共通だ。言葉として降ろしてゆく。この世の時間とはちがう。神界の時間はめまぐるしく変わる。その時々で時間が変わる。去る者にその感覚は分からぬだろう。意識をこちらに集中していろ。仕組みが変わってきたぞ！歯車が動き始めた！」

▽末社戸隠神社、石を手に持って拝んでいると、また神のような者が私から出て、一人、社に入っていく感じ。長野の戸隠山へ届くようにエネルギーを送る。軸を作る。「深い言葉を授けようぞ。神界のエネルギーをもらった。このまま戸隠山全域にこの力がいきわたる。深く、地下深くそれは届く。この神社の下に扉が隠されている。過去のものたちがここで暮らしている。地下深く。扉を開けるときが

来たぞ。真実を携えた者が、この鍵を持っている。過去の者たちが、この地表にでる。意識が広まるだろう。神界の扉を開く。暗闇を押しのけ、明るい世界へと変わる。セイショウレイジン、セイショウレイジン、そう呼ぶ。神界の力がみなぎり、光が差し込む、今に神界の力がこの地を覆う。セイショウレイジン、輪廻が変わる。歯車が逆転し、過去のものが支配を始める。セイショウレイジン、一つの世の中、セイショウレイジン、光の道が地上を這う。セイショウレイジン。下谷へ行ってくれ」

2／28　下谷神社（アマテル）「使いをしてきたか？（はい）石を持って手を合わせ。（石にエネルギーが入る。どんどん入る）この石を諏訪へ持っていき、置いてこい。諏訪へ行ったら、こうしろ。ヤハウェだ。春宮をまわれ。今必要なのは、春宮に石を置いてくることだ。八坂にやらせろ。しくじるなと伝えぃ。アマテルだ。この石から日津久と湯島のエネルギーが出る。いつの日か、やらねばならぬことだ。八坂にやらせぃ。書くことも重要だが、失敗するなと伝えよ。国常立大神の力を今入れた。これを諏訪の下社春宮へ持っていけ。（秋宮はどうしますか？）行ってこい。しかし、石を置いてくるのは春宮だ。よいか、間違えるでないぞ」。帰りに居木神社に寄り、「石を持っているだろう。持ってこい。……神界の力が強くなったぞ」と言われた。

3／1　中目黒八幡神社（コノハナサクヤヒメ）鳥居をくぐるなりいきなり「コノハナサクヤヒメです」の声。「日津久の力を都心の浅間神社にも入れてください。日津久の力を使って、軸を作り直してください」拝殿で「軸を作り直してくれ」の声に作り直すが、その後、何も聞こえず。「八坂さんに渡してしまったので石はないですよ」と伝える。末社の三峰も同じ。……体がだるくて他の神社まで行く気はしなかったのだが……気づけばいつのまにか電車の中。「これから行きますか？（はい、これから、多摩川の浅間神社へ行ってきます）コノハナサクヤヒメはこの次の神社で待っています。知らせておきます」

3／1　多摩川浅間神社、拝殿で拝んでいると、体から何か抜かれる感じ。軸を作り直す。「真実の扉をここから開きます。神界のエネルギーを注ぎ入れます。ふっとしたことに神界の力が宿ります。しばらく人間にはつらい日々がやってきます。震度の大きい地震もきます。日本の壊滅的な地震が人の手で起こります。人間同士の利用を企むものです。震度の大きい地震がコノハナサクヤヒメの意識となり、この世の人々に気づきを与えていきます。少しがまんしていてください。神界の力が強くなれば、震度の大きい地震もおさまってきます」

3／4　八坂さんと武甕さん、諏訪大社へ行き、日津久の石を春宮に置いてきた。

3／3、5、6　国常立大神に「物質とは何か」を教えてもらう。

3／6　大鳥神社（国常立大神、日本武尊）「待っていましたよ。千春さん！　（あれー！　国常立大神さま？）はい、お賽銭はいいから早くいらっしゃい。ここも知っての通り変わりました。支配しているものが変わりました。ヤマトタケルと弟橘媛に任せました。ヤマトタケルだ。千春もよく覚えておくがよい。ここの神社もそうだが、今いる神社の多くは魔物によって占領されている。アマテルの影響により、その魔物たちも統率されてきている。統率されぬ雑魚どもがこの世を闊歩して、藁をも掴む思いで人間の支配を企んでおる。それらを統率することはできぬであろう。しばらく苦しい時が続くが、アマテルの指示に従っていれば、自然と魔物も遠のくであろう。形だけの世の中では本当の意味の生き方はできぬ。世の人間たちの生き方は、貨幣あっての生き方だ。考えることも、意志（思）を表示することも、そして、それを実行すること、それができぬようでは人生の意味がない。アマテルはそこを突いてくる。今まで、培ってきた名声や富を根底から覆し、人間本来の姿になるまで、切り崩していく。学歴や名声、富を重んじる者どもをズタズタに切り裂き、本来の根源をあからさまにしてゆく」このころ、体調がすぐれなくて、目眩がしてすぐに帰る。

3／8　八坂さんからもらった諏訪大社の石「（石をポケットに入れて家事をしているとき……）せっかく、石をいただいたのだから言葉を聞いてください。（と、姫さまの声。あれ？　どなたですか？）諏訪の神です。（あれ、ひふりん、久しぶりです！　今ご飯を作っているからしばらく待っていてください。しばらくして……ひふりんいますかー！）いますよ。心配しないでください。ヤハウェだ！　自分の体に気をつけろ！　アマテラスの力が強くなるまで、この諏訪の力で持ちこたえろ！　体に入れる。諏訪の力だ。神界の力と融合し使え！　体に入れるぞ。（……頭の上から何やらエネルギーが降りてくる。首の後ろから入ってくる。……石から体をめぐるエネルギーも入ってくる。しばらくすると）よいか、この力を使い、地震の軸を強固にしてゆけ！　それが千春の仕事だ！　今日から、早速日本の軸を作り直していけ！　神社の軸だ！　（私も八坂さん同様神社へ行って、軸を直していきますか？）そんなことしていたら、間に合わん！　まず、神社全体の軸を取り出し、軸のない神社もすべて作り直せ！　そしたら、八坂と武甕がまわる。千春は軸を作って行け！　思いつくまま軸を作ってゆけ！（すでに沈めた者はどうしますか？）沈めたものはすでに無くなっている。選択したものだけが残っている。今、必要なのは次元の軸だ！　今、出ている悪はもう沈みます。千春さんが心配していることは、沈めた者たちの軸をどうするかですね？（ひふりんの声。そうです。沈めてもこの世には残っているでしょ？　この者たちの軸を正してしまったら、また悪事に走らないですか？）軸を正すのは、神とつながりを持つことですよ。今まで、沈めてきた者たちは悪魔とつながっていた人々です。軸を正せば、神の意識が入り込み、彼らの意識の中ではそれが毒になりますから、さらに苦しいことになります。悪事と気づき、立ち直れば、苦しみから遠のきます。ですから、軸を正したからと言って、悪事が進むわけではありません。最後のあがきでもがき苦しみ、それが悪事へと発展することはありますが、彼らにとっては自分の首を絞める行為です。ですから、軸を正すことで、すぐよい次の世になるわけではありません。しばらく、つらい日々がやってきます。しかし、それは自己破滅への道でもあるわけです。また、こちらから指示を出します。アマテルに指示を出してもらいます。諏訪のエネルギーが体になじむまで、無理をしないようにしていてください。（はい、これから先はどうなりますか？）地球の次元上昇が早くなってきています。世の中の動きやエネルギーの変化がめまぐるしくなっているでしょ？　人々はこの変化についていけず、病が発生しやすくなっています。体のシミが出始め、それが体全体を覆い出します。シミを取り除くには、神界のアマテルの力が必要です。体についたシミは取るのにその軸を直し、諏訪の力で強固にすることです。それで人々は救われてきます。しかし、自分自身に気づきのない人々は、そのシミに苦しみもがき、千春さんたちにすがろうとします。軸を作っても一時しのぎにしかなりません。軸を維持するのは個人個人の力によるからです。沈んで行く人にはそれでいいんです。シミは次から次へと出てきます。一度消えても出没し、その人を苦しめます。そこから逃れたいと思えば思うほど、シミは追いかけてきます。千春さんたちの力で一時的に姿を消すことができますが、あまり頼ってくる者には、縁切りしてください。アマテルの力強い縁切りで縁が薄れていきます」

3／9　熊野神社、表参道から鳩森八幡神社を目指して行ったのだが、そこにあった神社に見覚えがある。間違えて青山の方へ行ってしまったらしい。ここの神に鳩森八幡神社の場所を尋ねるつもりで鳥居をくぐったのだった。「初めて来たのか？　手を合わせろ……むむっ！　お前は何か違うものを持っているな？（何か抜かれる感じ……）いつかここへ来たことがあるか？（いいえ、前を通ったことはあるかもしれません。鳩森八幡神社へ行きたいんですけど……）鳩森八幡神社なら、（神社）脇の道をまっすぐ進めば分かるであろう。神官に伝えておこう。（あ、天明さん？　かな？）お主、天明を知っておるのか？（はい）やはり、ただ者ではなかったか。二つの言葉を教えよう。一つは家にいる日津久の札にこう言ってくれ、支配している者たちが、はえって（入って？）難儀しておる。早よう次の世の力を強めてくれとな。もう一つは天明のところへ行くのだろう？　鳩森も心配だが、仕事としている身ゆえいつまでもこのままではゆかぬであろう。商売繁盛より、現状維持に努めねばならぬ。言葉は一生の糧となる。かけてゆこうぞ！　とな」

３／９　鳩森八幡神社、熊野神社の神の言葉が本当か嘘か、不安を覚えながらもとにかく神社の脇の道をひたすら道なりに行った。大きな道の信号も渡って、ひたすら道なりに……あっ！　鳩森八幡神社だ！　鳥居のところで天明さんの声。「おお！　千春さんじゃないですか！　待っていましたよ。先ほど、熊野神社から連絡がありました。ささっ、拝殿へ来てくださぃ……。（石を手に持った方がいいですか？……と石を取り出し……八坂さんが諏訪まで行って、諏訪大社の御札の力を石に入れてくれたんですよ）この間も八坂さんは来てくれました。これで軸が強くなります。（石を手に持って手を合わせると、何か抜かれる感じ……）今、ここも大変なことになっています。神社の力はなく、人々を助けることもできません。でも、これでここの力も少しはつきました。アマテラスの力が強くなるまでの辛抱です。熊野でも言われたと思いますが、人々に安らぎを与えるのは、何でもない神の言葉なのですよ。言葉をまとめていずれ世に出してくださいよ。（はい、何か世の人に伝えたい言葉はありますか？）心の糧を大切に育ててください、と伝えてください。心の糧とは物や欲望では得られないものなのですよ。神社を参拝しても分からぬ者は分からぬでしょう。それは平常心を保つことなのです。神社へお願いしたところで、この平常心を持てるわけではありません。いつも心の中に自分の神を置き、それに従うことなのです。今の人たちには信じられないことでしょうが、自分自身をよく知り、魂の求めることをしていれば、自然と行き着くところへ行き着きます。間違った考えや行いは身の破滅へとつながります。心に神の言葉を置くこと、心の中心となる神の言葉を置くこと。いつもそこを中心にサニワしてくださいよ」

▽末社冨士浅間神社「暗闇の底から、いずれ出られれば、真実が光りだす。もう少しの辛抱じゃ。真実とは人の心に

あるものなのだ。人に頼らない心。学校では教えてくれぬ、言葉こそが真実を語る。それはまだ覆いがかぶっておる。真実の光が強くなるまで、この覆いが邪魔をする。自分の己の言葉とは何か？　それはどこから湧いてくるのか？己自身で探さねばならぬのだ。言葉の聞ける者よ。そなたたちは幸せじゃ。こうして、神々と話ができることは、永遠の命を得たことになるのだ。今しばらく辛抱しろよ。神社の力も弱く、今の状態を維持することすら難しくなっている。悪たちが人々の心を襲い苦しめておる。が、しかし、これも今まで覆い隠してきた己自身への罰じゃ。罰と思えば罰になるが、それを探すための手段と考えれば、また考え方も変わってくる。そういう者がここには何人もおらぬ。愚かしいことよ」

▽末社甲賀稲荷社「時空を捻じ曲げる力を授けようぞ！（時空を捻じ曲げる？）そうだ！　使え！　使えるように指示を出した。妖術だ！　これも甲賀稲荷の力よ！　持っているがよいぞ！　役行者の指示に従え！　お前の得意な想念で使えるようにしたぞ！　異質の空間とつながる。もっと幅広い交流ができるであろうよ。ハッハハハハッ……！」

3／10　八坂さんにいた死神モドキ、を改心させる。

3／13　私の中にいた異次元の悪魔と話す。

3／22　豊玉さん、明治神宮へ行き石をもらってきたが、私が読むように言われたという。この石の言葉を聞いていると、すぐ眠くなり、言葉を降ろすのに苦労した。「（明治神宮の神さま、こんにちは）いつまた会えるかと思った……（？……明治天皇ではない感じ……）今まで変える（帰る？）ことのないこの空間はいずれ消滅する。探していたものはこの世にはないぞ。破壊した（する？）覚悟で探してみろ。人の動きが今に始まる。暮らしの中にある破壊を知ること。頼みがある。意外に、出来そうで、出来ないことだ。……」。ここから要約だけ載せる。この世の中は破壊の力が激しくなった。今までこの世において、自らを作り出しているシンという力のうち、99％が破壊の力となり、残り1％が再生の力となる。その破壊は（天）軸も破壊することになり、この世に存在することが出来なくなる。残り1％の再生の力で、軸を再生しなければならない。しかし、それは人の手で作らなければならず。それも破壊、消滅の力を持っている人間が作ることになっている。今、破壊の力が強く、シンが不安定になっている。シンを残すには、破壊に負けない力と、神界の力を強くすることだ。破壊の力を止めるには、この世に言葉を降ろさなければいけないが、書けば消滅の対象になってしまう。覚えていても試しても消滅の対象になる。軸を作り直すには神界の力を強くしなければならない。しかし、軸を作り直す作業は人の手でやる。消滅を防ぐために改心した死神に夢の中で指示を出し、軸を作ってもらわなければならない、と言われた。「ヤハウェだ！（ところで、さっきの神さまはだれ？　明治天皇ではないでしょ？）神界の者で名前はない。（あっ！　書いてはいけないから、直ぐ寝ちゃうわけ？）そうだ。やっと気づいたか。書きすぎは禁物だ！」

3／24　再び豊玉さんの明治神宮の石、この世の消滅と再生について聞いた。「（こんにちは）また話してくれると思った。（何か書いてよいことを教えてください。たとえば、なんで多次元が存在するのかとか、どうして私たちはモノ次元しか分からないとか……）光の射し方なのだよ。光というのは破壊の力でもあるが、再生の力であることは、この間話した通りだ。今まで、ここの人々は光のことを明るさで見てきたが、障害物があれば光は反射して輝いて見えると勘違いしている。勘違いというのは、人間の中ではそれしか現象として映ってこなかったからだ。光の本質には闇も含まれる。闇が光であることを知らぬのは、光として感ずるより、目の構造によるものだ。長い間に人間たちは、その物の持つ特徴を、五感という体が感ずる光のエネルギーだけに頼ったのだ。なぜなら、（第）六感というのは五感で感じないどころか、光と感ずるセンサーを、今じゃ失っているのだ。長い間に失ってしまったものは、この世という次元だけが強調されてしまった。だから、この世の人々には、この世というモノラルな次元しか分からなくなったのだ。五感という動物的感覚をもっているのは、物質界の生き物だけなのだ。物質界特有のものだということになる。（だけど、生霊を生ごみの臭い、神はいい香りがするとか言う人がいますが……）それは、動けばその光を嗅覚で感じ取ったということになる。少し耳がよければ聴覚として感じ、目がよければ視覚として感じる者もいるであろうが、あくまでもそれは現界の範囲内のこと……（つまり、神界の神々からみれば、この世も死んだあの世も神社の世界もすべて現界ということですね）そうだ。それは一つの世界なのだ。もっと複雑に絡み合っているのが、本当の世界なのだ。（あ、ところで、あなたはだれですか？なんか役行者の神さま？　のような……）いいや、帰（還？）っても気がつかぬであろう。神界の名もない者だ。言ってみれば、この世の中というのは、長い間にいろんな力が複雑に絡み合ってできている。（いろんな力というのはなんですか？）探しているものだ。再生の力だ。（いろんな力とは？　再生の力とどう関係がありますか？）異次元の力にその再生の力があるのだ。（なぜ？）がっかりしないで聞いてほしい。なぜなら、その力というのは破壊だからだ。(破壊しなければ、再生の力は、つまり、異次元の力は出てこないってこと?)なんでだか分かるか? 破壊することで、人間が築き上げたものがなくなってくる。残るものは元からあった力なのだ。いつの間にか再生する力を封じ込め、次元の孤立化をしてきたのだ。破壊の力を封じ込めたのだ。(破壊って、人間の築き上げたものだけに作用するの?)書いてもよい範囲だけ伝える。仮に仕事として、自分の中にある光を使うとする。長い間に光の築き上げたものは、かけがえのない人格をつくりだす。さらに、他人という光が射しこんできたとき、自分の中にあるアイデンティティーにヒビが入り、せっかく作り上げてきた人格を攻撃する。(どうして攻撃するの?)それは自分の中で認識していない部分の開拓となるからだ。(つまり、自分の築いてきた人格という枠が壊されるということ?)さよう。破壊の前に起こる消滅が働いている。(それは私たちが消滅させているからですか?)それだけでない。構築したものの土台が崩れているからだ。長い間に築き上げてきたものの土台をおろそかにしたせいだ。このまま崩れてしまえば、一気にこの世は破壊され、他の次元から来る光によってさらに人格そのものも失う。そうなれば、この世の人々の中には何もない世界へと落ちていく。(何もない世界というのは、どういう世界ですか?)さよう。意識のない世界だ。何も感じないというのは、構成以前のエネルギーになるということだ。(人によってはそれを望んでいる人も大勢いるんではないですか? 何か不都合がありますか?)脳から一切の記憶が消され、やがて死んだ後も魂の世界から外れ、死というものを経験しないまま分裂し、吸収されてしまう。(どこに吸収されますか?)何もない世界だ。(そこへ行くことを、神々は善しとしないんですね)そうだ。(どうして?)脳の世界というのは探せば分かることだが、一つの世界ではないのだ。分かるであろう。(はい、それは多次元だということですね)そうだ。脳の中で繰り広げられる世界こそが、真の世界なのだ。多くのものと連携し、一つの世界が出来上がっていく。つまり、それが神なのだ。人間はそこへ行きつかねばならない。(なぜ、人間は神に行きつかねばならないのですか?)元の姿が神だからだ。ナニルそのものが神だからだ。何もない世界というのは、ナニルの構成物であるエネルギーではないことになる。そうなれば、もう決して神へ戻ることはできない。(この世の人には、分かることではありませんよ。むしろ自分が神でないことにホッとする人間も多いと思います)人間の欲がそうさせたのだ。つまり、それが破壊なのだ。その破壊は、多次元にも影響を及ぼし始めている。腐った次元は切り離さなければ、ナニルそのものが消滅してしまう。再生の力なく消滅してしまう。（ナニルの神さまが、成長できないということですか？）ナニルの神そのものが世界なのだ。成長なくして喜びはない。（どうしたらいいですか？）いま、一番必要なのは再生の力なのだ」

3／24　国常立大神にパラレルワールドについて聞いた。消滅の力が激しいため、書ける範囲で降ろしてもらった。

「質問の内容と答えに食い違いがあるかもしれませんが、言えることとは、パラレルワールドという次元があるかというと……ないです。でも、時間がずれていたり、過去の自分がいたり、似たような生活をしている別の存在がいたりすることはあります。長い間に形として残れば、未来は存続します。過去の自分や未来の自分であれば、同じ次元に現れることは可能です。一緒に生活している陰の自分のことです。似かよった時間の中に生活をしている存在がいます。帰（還）れない自分ですよ。幽界にいる自分です。進化できないまままさまよっている自分です。一種の分裂した個人です。似かよった生活の中に存在していますが、その自分に会うと消えてしまいます。幽界が消え始めています。本来の自分の姿に戻りつつあります。だから、幽界の自分は、同じこの現界の中では陰になります。陰というのはこの現界に存続している形ではなく、精神とか夢の世界に住んでいる自分のことです。多くの場合、幽界に存在しています。（パラレルワールドというのは、時間のずれから来ている世界のことをいうんですね）はい、過去の自分とか未来の自分の姿とかです。以前は特殊な能力の持ち主がそれを感じたかもしれませんが、この世のものというのがなくなってきていますから、過去のものがこの世に出やすくなってきています。つまり、現在の自分の中に過去の自分がいたりします。過去の自分は未来の自分に頼ってきますから、それを断ち切らないと過去へ引きずりこまれてしまいます。（今、私の胸の中がぽっかり空いている感じがありますが、何か満たされてないような……これも過去の影響なんですか？）光が足りないんですよ。アマテラスの光です。以前のアマテラスとは違って、この次のアマテラスははっきりしています。心の中にいるものと戯れてみてください。なにかそこから見つけ出すことができます」

3／25　国常立大神、次元とは何かを聞いた。次元とは、神に近づくための学びの課程であり、学年のようなものである。それぞれの課程で、学習内容が異なっている。今までの学習について来られなかった者はここで切り捨て。神の教えは、神社に従うことであるという。「人の感（勘？）が、どこから来るか教えましょう。感というのは直感といいますよね。自分の中にある感は、自分の中から得られるものです。破壊の力が強いこの頃では、人間であれば、一応、感は働くでしょう？　感というのは、異次元に存在するものから送られてくることが多いんですよ。異次元に存在している自分からです。（守護霊や指導霊のこと？　それは異次元の存在ですか？）はい、行き来していています」

3／25　帰（還）ることのない者、この世の現象と神々の世界の現象とのつながりについて聞いた。

3／26　アマテラス「人の意識のことなら、このアマテラスが教えましょう。意識はいつも自然の中に存在していますか。今いる世界は、意識の映しです。意識を物質というものに入り込ませ創ったのがこの世界です。アマテラスは意識を統率するために降りてきました。現界と神界をもっとより近くなるようにしていきます。アマテルの下で働きます。アマテルの指示は神界から降りてきます。しかし、この世界において神界の指示が通じる者はほとんどいません。この物質という世界は、辻褄の合わぬ世界です。神界の下にあった霊界を複合しなかったからです。形という物の存在を人間たちは自分たちの中心に置き、人の意識や物の意識をないがしろにしたため、からくりが見えなくなってしまいました。現界で起こることは、まず神界の下の霊界で起こります。霊界というのは魂だけの世界です。（幽界と霊界の違いはなんですか？）幽界というのは、いままで住んでいた人間の下の世界にそっくりにつくったのです。（眠気のため意識がなくなってくる）神界の者は意識の深いところで話すため、この世界の人にはつらいかもしれません。……（眠気のため意識がなくなる。しばらくの後、体がビリビリして目が覚める……）ようやく力を入れました。人間の力ではない力です。人に入れるときは注意してください。破壊の力が強くなります。過去に入れている人なら心配ありません。これは破壊の力です。脳の意識を一気に上へあげました。つらいかもしれませんが、辛抱してください。このエネルギーは全てを破壊に導いたあとの再生するエネルギーです。仲間の者にも順次渡していきます。意識の拡大が済んだ者から渡していきます。書くものも消滅しなくなります。（神界の言葉が降ろせるんですね！）さ（そ）うです。いつものように使ってみてください。強い力で破壊が進むものもあります。強く破壊！　と念じてください。必ず破壊が起こります。人の体に入れるときも、今まで使っていた消滅の力と軸の再生でうまくいきます。しばらくそれで様子をみてください。シンの矯正はこれで必要ありません。もう諏訪と神界のエネルギーを入れることもありません。神社へ行くときは、もう少し後にしてください。

改心した者たちにも、このエネルギーがいきわたります。今、神社へ行けば、破壊の力が強く出てしまいます。日津久もこの現界にある限り、その対象になります。必ずシンがはっきりするまで待ってください」

3／28　コビトのシンちゃんに幽界と霊界の違いについて聞いた。幽界というのは、人が死んだばかりの時ここへきて、物質の意識を抜き自然体である魂になるまで浄化されるという。この浄化が済んだ者から霊界へと進むらしい。この時、物質に執着した意識や欲があると霊界へは行かれないらしい。幽界では、この世と同じ世界が繰り広げられ、それぞれの指導者のもとで導かれるという。ここで、まだ物質界での学び足りないことや、未練が残っている人は再び人間として生まれ変わることになっていたというのだ。欲や執着などの汚れの取れた魂は自然と体が軽くなり、そのまま上にあがって霊界へと進む。コビトや妖精、天狗もここまでくれば、たくさんいるそうだ。澄み切った霊や魂の世界が霊界であるという。霊界から現界へ降ろされるとき、過去、未来の区別はないそうだ。たとえば、地震が降ろされる場合、神界から霊界にエネルギーが届き、それが幽界へ映されるが、この時は過去未来はないという。幽界で起きたことは、現界へ降りても実際に起きない場合もあるらしい。幽界で起きた地震は現界から来るときもあり、死者が多く集まるときは大災害になるという。そういう場合は、原因が分からず幽界でも大混乱になるらしい。この間の津波は幽界でも起き、神界から降りた力でないものが現界からやってきたのだそうだ。ふつう幽界から現界に降りるまでに時間がかかるそうだから、神社を通じて現界に知らせているという。幽界の震源地の目が赤くなったら異常な証拠。霊界から降りてくるエネルギーは紫色だという。

3／28　名のない神界の神に、コビトのシンちゃんの続きを教えてもらった。（さっき、シンちゃんは現界から幽界へ行って、また現界へ降ろされるって言っていたけど）

「言ってみれば、想念とは幽界にあるものなのだ。人間たちが思うことは現界にありながら、幽界で起こることだということを覚えておくがいい。その想念が現界に行動として現れるのだ。（それでシンちゃんが、人工地震の時は震源地が赤くなると言っていたのか！　なぜ、赤くなるんですか？）人が思うからだ。行動として現れるのに時間がかかる。もちろん、想念であるから現界で実現しない場合もあろう。（人の死、大量死は分かりますか？）おおよそ分かる。こちらから見れば、寿命が短くなっている者が多くなる。そうすれば、それは大きな災害を予想できる。（幽界で起こった想念は、霊界や神界にも影響がありますか？）霊界と神界は囲いがない。だから、霊界で起きることは、つまり神界でも起きている。しかし、現界と幽界の隔たりと同じように、霊界と幽界の隔たりは更に大きい。……欲というのは、苦労して取らなければならない。時間の概念、空間の概念は、霊界へ行くほど薄れるのだ。じかに影響があるとすれば、囲いの中だけとなる。つまり、幽界と現界だ。（物事は霊界から幽界に降りてくると言っていましたが、これはどのようなことですか？）神界からくる指示は、霊界から幽界を通って想念という形で現界へ入っていくのだ。過去においては進化を指示したり、選択を指示したり、神界からの指示がよく通ったものだが、人の意識が変わりはじめ、幽界へ降りなくなった。そこに大きな溝ができたのだ。これを渡る者がいなくなった。いつか知ることになるだろうが、進化をするにはその溝を通り、霊界まで来なければならぬが、それさえする者もいなくなった。いつの間にか現界と幽界を行き来するだけの世界を作ってしまったのだ。現界の神社は、霊界から降りてきている。いってみれば、霊界から幽界へ行くのは、たわいもないものだ。こちらから行く分には溝はない。幽界から霊界へ行くときに溝があるのだ。一般的に以前のシステムでは霊界から幽界へ降りていき、幽界の者を霊界へ導くようになっていたのだが、人間たちが霊界からの指示を受け取れなくなったために、幽界から神界へ向かうことが困難になったのだ。

（幽界で魂が溜まってしまったということですか？）そうだ。帰れなくなっているのだ。霊界から幽界へ行った者が帰れなくなってしまった。進化する者たちは、もともと霊界から降りてきた者たちだ。現界で人間として活躍し、現界の進化を促すつもりであったが、幽界が何者かに支配されてしまった。それで、霊界との連絡を絶ってしまったのだ。その原因は言葉の違う根源が、違うシステムからやってきた意識体によって支配されたからだ。これを明かすと、進化が邪魔される恐れがあるから、もう少し待て。今は言えない。アマテラスは、現界に影響を及ぼす幽界にいる。つるつる太陽は神界だ。アマテラスにいつも信号を送っているのが、つるつる太陽の光であり、つるつる太陽に指示を出しているのは、アマテルなのだ。（すぐアマテラスは霊界に戻れるの？）アマテラスへの信号が途絶えなければ、じきに戻る。しかし、以前のアマテラスはいつの間にか人間たちに使われ、幽界から魔を追い出そうとしたのだ。祓うとはそのようなこと。人間の中にある魔は進化の過程に必要なアイテムなのだが、それを祓ったり、抑え込んでは人間たちのいいようにしてしまったのだ。自然を悪（とし）、支配する者たちに幽界が乗っ取られたからなのだが、それ以上は今言えない。（それでは国常立大神は？）自然を支配している神だ。（どこの神さま？）上神界にいる神だ。形をかえ、幽界まで降り、現界を支配していたのだが、先ほどから言っているように、幽界を乗っ取られたため悪とされ、現界の地球の中に押し込まれたのだ。そなた、その呪縛を解く鍵を持って、国常立大神を地中から助け出したであろう。（年の神さまに言われたようにしただけです……）そうだ。それでいい。年の神は、神界ではアマテルと呼ばれている者だ。やはり、大昔、現界に姿を現したが、幽界から神界へ戻れなくなった神だ。意識体だから、その場に残ったのだ。（スサノオとは、どういう関係なんですか？）スサノオこそ、幽界を支配していた者と戦った神だ。戦争を仕掛けた。当時支配していたアマテラスにだ。意識体はアマテラスを乗っ取り、幽界を我が物にしたのだ。スサノオとは、神界の王だった主だ。（神界に階層があるんですか？）神界も一つの指示で動いておる。上神界からくる指示だ。スサノオが神界の窓口になっていたのだ。そのスサノオが幽界を経て、現界で人間たちの指導をしていたのだ。年の神も同じだ。（それじゃ、国常立大神は？）現界や幽界、霊界といった自然界のすべてを統率していたのが国常立大神なのだ。（それが他のシステムの者に幽界が乗っ取られ、現界と幽界を支配していた国常立大神が、地球の内部に押し込まれちゃったわけですか？）自分から押し込まれたのだ。国常立大神は現界と幽界の魂を救うため、自ら押し込まれたのだ。その鍵を年の神に渡したのだ。（だから、年の神さまが呪いを解く鍵を持っていたのか！）いつか、そなたたちが力をつけたとき、その鍵を開ける使命を与えたのだ。（どうして、いつか私たちが力をつけることを知っていたの？）少し、話が難しくなるが、そなたたち、この地球のシステムの者ではない。今に分かることだが、違うシステムから来ているのだ。（どこでつながるの？）書くことはできない。そのシステムに影響が出てしまうからだ。地球という星は、一つのナニルの意識なのだ。（意識というと、人間の体でいう組織ですね）そうだ。人間の体を使えば、話が早いな。組織は組織としての役割があるのだ。はっきり言ってしまえば、そこには悪さをする異物も入ってきてしまうのだ。分かるであろう。それを破壊する組織も人間の中にある。（免疫ですね！）その免疫が、そなたたちだ。勝手に選んだわけではない。そういう生まれの者たちなのだ。話をもとに戻そう。この現界、幽界を繰り返している間に使命を忘れてしまう者も少なくない。何人か思い出そうとしていたが、アマテラスの影響でうまくいかなかった。たまたま、そなたは悪魔たちを盾にしていたため、アマテラスの影響は受けにくかったのだな。（改心させた悪魔たち？）そうだ。その悪魔こそ、悪を知っている者たちだ。アマテラスも時間と共に変わってきた。

この世を支配している者たちが、自分たちの助けにならないと、やっと気づいたのだ。いくぶん、理解したか？（はい、でもこれが本当のことか、どうかは昔の歴史書にはないので、おおっぴらに言えませんねー）ハハハー、言わんでもよいことぞ。神界のことなど、歴史書なんかに載っておらん。全てそなたたちの心の内にしまっておけばよいのだ。（ところで、天明さんと日津久の神はどうつながりますか？）日津久はエージェントだ。天明はそなたと同じ役目の者だ。人間の寿命は短いから、次の者が出て後を継ぐことになる。（年の神さまは天明さんの時、出てこなかったんですか？）そこまで、まだ世の中が変わっていなかった。神界の力がだんだんと強く影響するように、幽界、現界へ送っていたのだ。それが、日津久だ。日津久は日を継ぐ者だ。日とは光のこと。神界の光を幽界、現界へ送るためのエージェントだ。（その光を強めるために、天明さんたちが動いていたというわけですか？）そうだ」

3／28　名のない神界の神「人のシンについて話そう。人のシンというのは神界にあるのだ。シンは神界から下の世界へ降ろされる。（シンとはなんですか？　軸のシンと同じですか？）質問は一緒だ。神界で作られるシンというのは神の一部だ。シンを下に降ろし、そこに意識が生まれるのだ。意識が生まれたら、幽界へ降ろされ、現界に映される。地獄というものは本来ないものだ。神界から見れば、下の世界を地獄というが、意外なことに見えないことだから人間たちには見かけの世界なのだ。……中断……（明治神宮の石がないとつながりにくい、石なく、どうやって神界の神とつながったらいいか尋ねた）名もない者ゆえ、つながり難いと思われがちだが、自分の中から探せばよい。神界の者は神界の者としかつながらんであろう。（この頭の中が静かなのは、神界の静けさですか？）そうだ。いずれここへ来れば分かるであろう。が、今必要なことは、各界にある自分という中継地点を間違えるな。今の千春は人間たちから見れば、普通の人間となんら変わりはない。ところが、ひとたび体を抜け出せば、幽界を通り越して神界へ直接行けるのだ。（え⁉　どうしてですか？　幽界と神界に大きな溝があるんでしょ⁉）今その溝を無きものにしているシステムを考えているのだ。つまり、現界、幽界、霊界、神界というシステムを変えている。現界、幽界は行き来が自由にできるが、幽界、霊界というのは隔たりがあることは話したであろう。こちら側から見れば、霊界から幽界へはすぐに行けるのだ。だが、幽界から見れば溝が大きい。これはいずれ分かることだが、この地球のシステムを乗っ取ろうとしている者がいたと話したな。今、このシステムを変え現界と幽界は融合し、一つの現界と見ている。

現界と霊界の間にある溝は時間なのだ。言ってみれば、霊界に時間は存在しない。時間をなくすことで、現界と霊界は近づくシステムだ。だから、時間を変えている。時間というものは遡ることもできるし、未来を行き来することもできる。大まかな未来は決まっている。つまり、進化の方向が目指しているところは神界だからな。（ということは、未来は神界ということ？）そうだ。（じゃぁ、私は未来と話しているということですか？）まさしくそうだ！（それでは、神界にいる未来の神さまは、今は逆行して過去にいるということですか？）いかにも。（ということは、シンというのは未来から来ている？）その通りだ。（では、私たちはすでに未来を含んでいるということになりますよ）だから、未来へ向かっているのだ。がっかりするでない。（じゃぁ、過去ってなんですか？）いいか、訳が分からんようだから、もう少し説明しよう。シンというのは神界から降ろされる。シンというのは神界にあるのだ。すでにここで、魂という存在ができあがる。しかし、これは不完全な魂なのだ。この魂に力を入れ、しっかりした形として……といっても現界のような形ではないぞ。意識として役に立たせるようにしているのが、下界なのだ。つまり、神界にはすでにひな形があるのだ。しかし、間違えてはいかん。これはあくまでもひな形だ。完全なものではない。

これを完全にするのが、進化という過程なのだ。だから、人間にはすべてにおいて進化の過程が準備されている。それは未来へ向かっている進化なのだ。ここで、時間が溝を作ったと言ったのを覚えているな。時間というのは、本来あるべきものではないのだ。今の千春であるなら分かるであろう。こうして、神界という未来と自由に話しておるな。今は時間というのは、未来に向かっているからだ。それは千春の中にある時間だ。ところが、ここに溝ができた。言っていることが分かるか？　この溝は進化を分断したのだ。つまり、時間を断ち切った。未来である神界と断ち切っているものなのだ。理解できたか？　本来の時間は溝がないのだ。だから、人間たちはそのまま未来へ向かっていることになる。（はい、分かります。この溝をつくった者が、入り込んだって言っていましたよね）そうだ。詳しく話せんが、そういうことだ。（どうやって未来へ向かう時間を切断したんですか？）今は言えぬ。だが、こうやって千春と話しているということは、この溝を介さないで話をしているのだ。だから、システムを変えたのだと言っているだろう。（つまり、現界、幽界という一つの階層から違う道を経由して神界へ向かっている？……!!）うすうす気づいてきたな。（なんとなく……トートの神さまだ！）いずれ分かることだ。月のシステムを変えたのだ。今まで、地球人は二つのシステムを使っていた。一つは従来通り、現界、幽界、霊界、神界という道。もう一つは特別な地球人が使っていたシステムだ。現界、一つ飛ばして月、霊界、神界だ。月には情報センターがあるのだ。ここから違うシステムへ行ける。月というのは、移行するときに使われるシステムだ。（何の情報があるの？）いろいろなシステムの情報だ。いいか、ここから神界へ行くこともできるし、他のシステムに乗り換えることもできるのだ。月は情報センターだ。（どうして特別な人しか行けないの？）からくりがあるのだ。この地球というからくりだ。よく聞けよ。この星の役目を話すと、この星は未分化だということだ。いいか未分化というのは、これから分化する役目を担っている。分化するための情報を授けるのが月なのだ。月はいわば、分岐点だ。しかし、全員がそこへ行くわけではない。未分化であるゆえ、この地球の魂の世話も大変だ。それを指導したり、守ったりしなければならぬ仕事もある。時間という隔たりがなければ、そうやって未分化の魂を進化させ神界へ送り、こうやって千春にいろいろ教えている者がいるのだ。これを指導霊とか守護霊とか呼んでいるだろう？（ということは、今話をしている名もない神さまは過去の魂でもあったたっていうことですか？）なかなかいいぞ！そうやって教育し、分化できるようにしていくのが神界の役目なのだ。（それでは、幽界と霊界の間の溝を回避して現界と幽界を結合させ、そのまま月のシステムを使うんですね。あー！　それで月が忙しくなっているんだー！）そうだ。（でも、みんながみんな進化できないんでしょ？）そこが今問題になっている。その月のシステムも行ける者と行けない者がいるということだ。本来、月というのは分化するための情報センターなのだ。だから、この分化に値する者だけしか行けぬ。この現界ですべてを習得した者だ。（あ、つまり、この現界で勉強しつくした者ってことですね）そうだ。現界から幽界を経て、霊界へ行って、霊界で再び履修することを決めて、もう一度、幽界へ戻し、現界へ生まれる。輪廻転生というシステムがあったのだが、幽界と霊界に溝ができてしまったため、霊界での再履修の選択がないまま現界へ生まれてしまっていた。（そうすると、どうなりますか？）ただぐるぐる回っているだけで、現界の欲が増えるばかりだ。ここから月へ向かい、長い間使っていなかった霊界を再編させ、神界へ戻し、満月経由で現界へ降りていく。（と、月へ行けない者もいるんでしょ？つまり、試験に合格しないと月へ行けないということでしょ？）そうだ。まさしくそうだ。しかし、現界の者にその力のある者は少ない。こちらから手ほどきができない状態だ。だが、千春のような者が現界に現れて、現界で手ほどきをし、月への道を開く必要がでてきたのだ。今にアマテラスの統率がうまくいけば、月に行ける者は月に送ることになる。それができぬ者は、そのまま昔のアマテラスの元で消滅させていく。もう用のない者だからだ。（その溝はどうするんですか？　時間といっていましたよね）時間といっても、今この世の中に流れている時間のことだ。本来なら時間は、過去から未来へ、現界から神界へという道筋としてたとえられるが、そういう流れだ。しかし、今の現界には、そういう流れがなくなっている。時間の方向性が未来ではなく過去に向かっているのだ。（現界から幽界へ行く、幽界から現界へ行くの、ぐるぐる回っているということですよね）だから、過去へ戻るというのだ。（あー、なるほどね～。それじゃ、進化がないと……。一方通行で出口がなくなっているんだ。一部の人間だけ月へ行けたということですね）そうだ。しかし、現界の欲で、その使命も忘れてしまっている者がほとんどだ。（あ！　もう一つ教えてください。生まれ変わると過去を忘れてしまいますが、どうしてそれは残っているのですか？）覚えていてもらっては困る輩がいるのだ。この現界というのは、先ほどから言っているように学校だ。履修が終わらなければ卒業はできないシステムだ。出来栄え云々の前にしっかり考えを充実させることにある。だから、失敗も多く経験する。

しかし、本来ならそこに神界から来た過去の者がいるのだ。だから、過去を完全に忘れているわけではない。こういう者が指導しているのが本来の姿なのだ。生まれ変わった時点で記憶というのは残っていないが、魂に刻まれているわけだから……前世の悪い記憶は残っていない方が、今世では自由に活動できる。しかし、これが変わってしまった。現界の人間に過去や未来の声は聞こえなくなってしまった。だから、ただぐるぐる現界と幽界を回っているだけになったのだ。これでは勉強にならん。苦しみだけが増すことになる。（なるほどー、深刻だ～）だから、消滅させるしかないのだ。今まで、こちらから散々アプローチしてきたが、彼らが聞かぬのだ。気づかぬのだ。もうどうすることもできまい……。（それでシステムを変えたと……）そういうわけだ。まだ疑問はあるか？（ありますよ！　宇宙人のウキ、プレアデスから来た宇宙人たちはどこで地球のシステムとつながっているんですか？）それは月の情報センターに集まっている。なんとか、今の地球にいる現界の人間を助けるべく、現界や幽界へ入り込んでアプローチしているる。（なぜですか？）他のシステムにも影響が出ているからだ。いかんせん、このシステムに入り込んできた者たちは、他のシステムも壊した連中だということだ。つまり、宇宙人といわれている他のシステムも連携してこれに対応していかねば、ナニルの成長に影響が出るということだ。（なんでそういう存在がいるんですか？）この世の中には悪も善もない。ただ、役割がある。彼らには彼らの役割がある。しかし、規則もあるのだ。システムに影響を及ぼしてはいけないという規則だ。これを犯している。（私たちのことを免疫といったでしょ？　それはどういうこと？）意志のない人間に意志を入れるための免疫だ。今、つるつる太陽の光が強くなって来れば、薬が効いたように悪の力も弱くなってくる。他のシステムの魂だけでなく、現界の内部からそれに気づく者も出てきているだろう。それが免疫となる」

4／4　明治神宮、鳥居をくぐると「よく来たな、待っていたぞ！　そのまま拝殿へ来い。力を入れてやろう。そなたには礼を言うぞ。日津久が申していた。これまでよくやってくれた。これからは、神社へ直接行かねども言葉を降ろせるであろう。もう、現界の神社には用はない。ここも変わったのだ。今までとは違うエネルギーぞ。今いるこの現界は破壊へと進み、仕組みの違うそなたたちは、この次元と共に違う次元の住人となった。いいか、破壊の力を強め再生への道を形作っていく」

▽拝殿「そのまましばらくいろ。そなたには神界から言葉がある。……しばらく待て。……今以上に苦しい日が続くが、そののちに晴れてくる。（どなたですか？）名もなき者だ。（豊玉さんの石の神さまですか？）そうだ。時間の仕組みに呑まれてはいかんぞ。皆にも知らせてくれ。これはさっきも言ったように、罠なのだ。時間の罠だ。（さっき家でウトウトしているところに、時間がないぞ！　神社へ行け！　これは罠だ！　と言われて、慌てて家を飛び出したことを思い出した）そなたたちの時間は未来へ向かっている。が、しかし、他の者たちは残念ながら過去へ向かっている。その波に呑まれるでないぞ。日津久へ行けよ。日津久に新たな神が降りる。千春なら、その声を聞くこともできよう。もうしばらくだ、気を引き締めていけよ。堕落した道が過去への道なのだ。声をよく聞けよ！　身を引き締めよ！　周りを見るな！　時間はないぞ。未来へ向かう者の時間はないことを覚えておかねばならぬ。おちおちしていれば、過去の時間に流される。現界の仕事もやらねばならぬそなたたちだ。未来への時間は、向かい風に向かうようなもの。いずれにせよ、楽な道ではない。しかし、力はあるぞ。その風に立ち向かう力は授けてあるはずだ。風に負けるもよいが、それではここまで来た意味もなかろう。今が一番苦しいときぞ。神社巡りも良い事ばかりではない。皆と協力して助けてやれ。日津久の新しい神の声を聞けるのは千春しかいまい。（どうして、私しか聞けませ

んか？）前にも言ったであろう。人間には得手不得手がある。豊玉は自然の力を利用するのに長けた人間だ。八坂は今に偉大なる力を発揮するぞ。八坂にも伝えよ。自分に自信を持てと。逆風に負けるでないぞ、とな。ご苦労だったな。鳩森へ行けよ。そこで天明が待っておるぞ」

4／4　鳩森八幡神社（拝殿）「（天明さんの声）言葉を降ろしますから、脇へ寄ってください。いつになく遅い春になりましたね。桜も咲き始めて、ここも華やかな雰囲気になってきました。鳥居の近くにある甲賀稲荷（社）のお祭りをしますから、もし時間があったら来てくださいと、皆さんに伝えてくださいよ」

▽末社富士浅間神社「おお！　ようやく来たか！　仲間がずいぶん訪れてきたぞ。ここにしばらくいろよ。そなた自身の破壊を抑える力だ。持って行け！」

▽小御嶽石尊大権現（大天狗、小天狗）石の左右に書いてある文字が見えなかったので、注連縄をちょっと動かしてみた。「今度は誰だ！　まったく無礼な奴だ！　（はっ！失礼しました！　天狗さんですか？）こみたけのゴンだ！（は、はじめまして！）この石に触れろ！　かなりの者だな。お前は（え!?）まぁ、よい。しばらくそのまま触っていろ！……よし！　いいぞ。人の意識じゃないな。天狗の知恵を授ける。もう一度触れろ！　（つつじ色と白が見える。そののち黄色から赤へ……）知恵を授けた！　持って行けよ。こみたけのゴンは進化するものを助けるためにここにいるのだ。それが天界からきた天狗の役目だ。信用しろ！　硬くならなくてよい。……ようやく力が浸透したな。（なにか、スーッと入った感じ）天狗が入ったのじゃ。いい知恵を授けるぞ」

▽富士塚（奥宮）「（私には、ひふみ神示の口調の神の声に聞こえる）よーここまで来たのお。今は今じゃ。神示、降りているじゃろうが。それをまとめよ。形にするのじゃ。それを『ふじの神示』とせよ。（え！　序文とかどうするんですか？　↑かなりの戸惑いで何を質問していいのか、自分でも分かっていない状態）序文か、形に示したらまた来い。（はい……、『ふじの神示』はひふみ神示の続きで出していいのですか？）当たり前じゃ。（題名が『ふじの神示』？「ひふみ」の次で「よいつ」の神示じゃなくていいのですか？）ははは……そのようなことしなくてよいぞ。『ふじの神示』じゃ。（「ふじ」はどう書きますか？）富士山の「富士」じゃ。点はなくせよ。（『富士の神示』ですね）そうじゃ。この次は『はにほ』とでもするかのぉー。今のうちに神示、まとめておけよ。それがもとになるのじゃ」

▽再び浅間神社の前を通ったところで「未来への逆風を切

り抜けてください。コノハナサクヤヒメです。覚悟を決めて進んでください（はい、ありがとうございます）」
▽末社甲賀稲荷社「（こんにちは……声も聞こえずエネルギーが入ってくる）時代が変わるぞ。生き地獄だ。帰るところがない者は、これから地獄だぞ。巻き込まれるな。一緒に使えよ。この力だ！　さっき、ゴンと話をしていたな。知恵だ！　知恵を使え！　ここの甲賀の知恵も授けた！下がってよいぞ」
4／5　国常立大神「人の感情は、今が一番つらい時です。人間の悪が理解を超えて襲いかかります。人間としての役割を忘れた人間の魂は、もはや魂としての役割も果たせず、単なる無秩序化として、この世だけでなく他の次元にも影響を及ぼそうとしています。今すぐに消滅してしまえば、いくらか進化のスピードも速くなり、苦しい時も短時間で済みます。（神を）信じない人には、死神の憑依も普段の生活となんら変わることはありません。たとえ死神が憑いていたとしても千春さんに影響はありませんが、（一般の人は）自分が苦しいことも忘れ、そこから抜け出るための努力もせず、ただ生きているだけの人間に考える力はすでにありません。彼らの向かう道は永遠の過去なのです。それを望んでいるのです。その永遠の過去を永遠の未来と勘違いして進んでいるのが現状です。千春さんも見れば分かるように、明らかに退化が進んでいるでしょ。この世の中のすべてが退化への道を選択して進んでいます。もはやそれに気づく人もいないでしょう。宇宙から迎えが来ると思っている人もいるようですが、それは明らかに退化への道を進むべき迎えであることを忘れないでください。神々はそんな演出はしませんよ。すでに千春さんたち、進化の過程を進んでいる者は、知らず知らず体も丈夫になっているはずです。今苦しいのは、その逆風に体当たりしているからです。八坂さんにも伝えてあげてください。必ず治ります。（←腰痛のことを言っているよう。昨日、八坂さんはよくなった話をしていました）もうしばらく頑張ってくださいと。真剣に腰を治してください。いい加減にしておけば、そこから倒れていきますよ、と伝えてあげてください」その後、『言葉の理解について』を教えてもらう。
4／18　麻賀多神社「（電車中、宗吾参道駅近くから）日津久です。待っていました」今日は空も晴れて、若葉が美しい。鶯も鳴いている♪　歩いて神社へ向かう途中「アマテルだ。拝殿へ直接来い！　（ここで日津久の声）そこで神界の神が降りてきます。（再びアマテル）拝殿へすぐ来い！　そこでエネルギーを入れる」今日は鳥居から入らないで脇から境内の森へ入っていった。なんとなくそうしたかったから。境内の森にある麻賀多権現の前で、「繰り広げられるぞ！　拝殿へ行って、力をもらってこい！」
▽拝殿、手を合わせる。さほどエネルギーを感じない。「しばらくそこにいてください。神界からエネルギーを入れます。（あれ？　日津久の神さんの声じゃないぞ……。エネルギーをもらっているようだが、よく分からない。イメージとして、桜の花びらのような風が吹き、うすピンク色の菩薩のようなものが体を通り過ぎていく。その後、ピンク色の風から若葉色に変わる。一面若草色になる……）もう少し待っていてください。神界の神の言葉を降ろします。日津久へ行ってください。（はい、あなたは誰ですか？）ワクムスビです。神界と現界のギャップを埋めるエネルギーを授けました。すぐに日津久へ行ってください」
▽末社天日津久神社、「（社の前で手を合わせると……）驚いたか！　千春よ！　（あれっ⁉　聞き覚えのある声。か、書いて良いですか？）よいぞ。そなた、わしが誰だか分かるか？　（神界の名もない者の神さまですか？）そうだ。よく来たな。（なんで、こんなところにいるの‼？）ここが、わしの本拠地だからだ。（わしの本拠地って？）日津久は使者だ。さぁ、もっと近くへ寄れ。（一歩前へ出る）これからのことを話すぞ。（あれ、自宅じゃだめなの？）なかなか邪魔が入る。細かいことはまた話そう。ここの方がよく聞こえるだろう。この言葉を神示として載せよ。いずれ、本になるだろう。後ろは気にするな！　（後方のベンチで、おじさんたちが対談中）言葉を続けるぞ。『今は今で生きていくことばかりが、生ではない。残酷なようでも、しなければならぬ。そのことをよくわきまえて行動するのだ。過去も未来もない。あるのは現在あるのみ。それに気づけよ。神々は待っておるのだ。そなたたちの気づきを。そして成長をだ。過去に振り回されるな。過去へ向かえば、向かうほど未来はないぞ。未来は自分の心の中にしまってある。それを導き出せ。そして活用するのだ。残酷なことのようだが、それをせねばならぬぞ。自分を見つめなおせ。』書けたか？　これを初めに載せろ。『いつの間にか蜃気楼……（が）薄れるように自分自身を失ってゆくぞ』と付け加えておけよ」
▽大杉「千春さん！　よく来てくれましたね！　国常立大神です。（国常立大神さま！　ここにいたの⁉　いつ戻ったの？　↑しばらく見かけなかった）戻ったわけではありません。この杉は元々国常立大神の憑代《よりしろ》ですよ。今まで留守にしていましたが、神界の用事で降りてきています。さぁ、国常立大神の周りを回ってください！」と、いつものように杉の周りを回らされる。「（国常立大神さまー！　終わりました）神界へ帰った。アマテルだ。下がってよいぞ。日津久の仕事はこれで終わりだ」。その後、5月になった

ら来るように言われる。来た道を行く、急に寒くなる。裏から出る。帰り道、急に体がビリビリし出す。特に腕がビリビリ痺れている。それ以来、名もない者の神の声が聞こえやすくなった。それから、「名もなき者」とも名乗るようになる。

4／18　名もなき者の神（アマテラスについて）「今度はよく聞こえるようだな。真実はがっかりするようなものかもしれぬ。アマテラスのことだ。神界のアマテラスではない。いずれ書かねばならぬことだが、伝えておこう。この現界のアマテラスは魔物だということだ。（沈みゆく地獄のアマテラスですよねー？　ずいぶん助けてもらいましたよー！）魔物だからな。魔を抑えるのは得意だ。（どうして、魔物って決めつけてしまうんですか？）この世を暗くしたからだ。いつの間にか魔物をあがめるようになったということだ。（天皇＝アマテラスじゃないですか？）アマテラスの仕組みが異なっておる。仕組みを変えたのが、今の現界を支配している（地獄の）アマテラスだ。溝を作ったのだ。（それじゃ、今の現界のアマテラスって、地球のシステムの神じゃないということ？）そうだ。だから真実はがっかりすると言ったであろう。（だって、そんなこと言ったら、非国民扱いにされてしまいますよー！）だから、天日津久が重要になってきたのだ。つまり、『ひふみ神示』を読んだであろう。意味の分からぬところは飛ばしてよいのだ。分かるところだけ分かればよい。書くというのは、自分の意思でしたことではない。（あ！　天明さんの自動書記の話ですか？）そうだ。千春のように両方できればよかったのだが……。自動書記と話だ。天明の場合、一方通行になってしまった。これでは意味が分からぬことも多かろう。（はい、分からないことはアメノミナカヌシさんとか、年の神さんとか国常立大神が教えてくれましたよ）そうだ。分からぬことは聞けばよいのだ……。……あ、いや……天明ですよ、千春さん！（あれ！　天明さん、こんばんは。鳩森の神社からわざわざ来てくださったの？）質問するほどのこともなかったんですからね。今から思えば、（質問）したいこともたくさんあったということですよ。自分からの質問に、答えてくれたかどうか知らなかったというのもありましたけど。千春さんと同じように、神々からの指示が多かったですからね。質問したところで、答えてくれなかったと思いますよ。（『ひふみ神示』ってなんですか？）神への本当の道を示したものです。ニセモノも多かったということです。ニセモノというのはアマテラスの教えですよ。魔を祓ってしまうという教えです。それが現界幽界のサイクルを作ってしまったようです。それを打破させるために、いろいろ天界から言葉が降ろされてきました。（天界って何ですか？　霊界のことですか？　それとも神界のこと？）両方を含めた界のことです」

4／19「天明です。（あら、今日も来てくださったの？　神社は留守にしていいのですか？）天明の続きの仕事をしてくれる人ですから、来ていただくのも申し訳ないですよ。昨日の続きをお話ししましょう。天界のことでしたね？　昨日も話したように、天界というのは溝の外側にある世界のことです。（溝があるのに言葉が降ろせたというのは、やっぱり、天明さんも地球でないシステムの人だということですか？）はい、そうです。この地球には、そういう魂もたくさんいます。しかし、現界の強いエネルギーで自覚していない人も多いでしょう。話をもとに戻しますよ」

……中断……「（名もない神界の神さまですか？）そうだ。続きを話そう。天界というのは、魂の帰るところを言うのだが、今の現界のシステムは時間という概念で魂の帰還がうまく行かなくなったと言ったな。アマテラスが支配する前は国常立大神による支配だったのだ。国常立大神の教えは千春も存じておろうに神の一つの教えだ……天明です。国常立大神の教えは神の教育の教えですから、それはそれでよかったのですよ。しかし、この地球のシステムを乗っ取り、そのエネルギーを吸い取る者が、この地球のシステムに入り込んできたんです。（それが爬虫類人？）そうです。


知っていましたか？（以前、その者たちと話をしたことがあります）かれらは、この地球のシステムに寄生して生きている生き物たちでした。（「……でした」っていうことは今はいないのですか？）いいえ、まだいるはずですが、だいぶ数が減ってきています。（あ！　そうなんだ。その続きなら以前聞いたことがありますよ……ちょっと調べてみますね。待っててください……あった、あった、今年（２０１２年）の１／15に来ていますよ。エンティティっていう悪魔さんです。魂を食い物にしていましたよ。低層の四次元から来たとか言っていましたけど。低層の四次元ってなんですか？）……。天明ではそれは分からんであろうから、わしから話そう。低層の四次元というのは幽界のことを言うのだ。彼らはその幽界に巣をつくり、人間の魂を食らっていたのだ。（では、死神たちも同じですか？）死神というのは、もともとは神の一部が死神化したものだ。もともとこのシステムの中にいた者が、そういう生き物へと変化したのだ。（どうして、死神になったのですか？）それは死神たちが現界にいたころの恨みや憎しみ、怨念などによる。（あ！　待って、死神さんにも聞いた覚えがあるから調べてみます。……１／20にシンガリっていう悪魔が、考える元を食べて生きているって言っていましたねー。２／９に情の死神も来ていますよ。感情について教えてもらいました）ずいぶん千春は魔物と話をしているのだなぁ。感心というよりあきれるわ……。（なんで、あきれるんですか！　魔物ほど私の知りたいことを知っている者はいませんよ！）まぁ、そう怒るな。よく命があったものだ。話を戻そう。そこまで知っているなら話は早いな。では、国常立大神が沈んだ理由も知っておるな。（はい、これも以前に教えてもらいました。書いていいのかどうかは分かりませんが、自分がいると人間たちが苦しくなってしまうから、地面の中に入ったそうです。押しこめられたのかと思ったら、自分から入って、鍵を年の神さんに渡したと言っていましたよね）では、アマテラスが支配した理由も分かっておるか？（待っててくださいよー！　これも年の神さんに教えてもらいました。調べてみます。……えーと、2010年の3／2に言われていますねー。スサノオとアマテラスの対決。アマテラスは闇の世界から来た者だと……これはみんなには言っていません。言っていいものかどうか分からなかったから。……アマテラスの食べ物が人間の命だと、神々の食べ物が命だと……あ！　国常立大神がアマテラスに息を吹き込んで残された暗闇の者たちの心を復活させたと……イエス・キリスト、ヤハウェ、アラーも……イエス・キリストとアマテラスは同じだと言っていますよー!!）アマテラスは暗闇の者だということが分かったであろう。（国常立大神によって改心させられたのですか？）今までのアマテラスはそうだ。だから、地獄の支配者となったのだ。それは魂を守るためだった。いずれ未分化の魂を、分化させるための手段だったのだ。しかし、もうそれも限界となった。今、降りてきているアマテラスは神界からきている。つるつる太陽の光を十分反射し、この世を照らすまでには時間がかかるが、もうしばらくの辛抱だ。今まで闇としていたものが照らされることで、この世の悪たちが一斉に飛び出しておる。藁をも掴む思いだ。それは過去の者たちなのだ。今、改心しなければ過去へと押し流されてゆく。（行先は地獄の支配者アマテラスのところですね）そうだ。（いくつか教えてください。アマテラスはイエス・キリストと同じなんでしょ？　これはどういう意味ですか？　イエスも闇の者ですか？）イエスの教えはヤハウェから来ておるだろう。神界の教えだ。（なぜ、犠牲が必要だったんですか？）闇に呑まれていたからだ。教えも乗っ取られたものだ。だから、イエスに教えを託したのだ。神界の者に名前はない。イエスも身魂は別のシステムから来ている。神の教えというのは、どのシステムも共通なのだ。イエスは現界からそれを教えようとした。しかし、この教えも乗っ取られ、書きかえられてきた。それで犠牲が必要となった」話は続く。

4／20　名もなき者の神に宗教について聞く。（要約）イエスの教えとキリスト教の教えは違うと言われた。日本の神道はイエスの教えに近いという。人間が神と思って崇めている者の正体は悪魔だという。育ての親が悪魔だから、悪魔を目指して大きくなる。そして、悪魔にエネルギーを抜かれる。悪魔の目的は彼らが生きるためのエネルギーだから、人間が賢くなっては困る。神々とのつながりは極力断っておかねばならない。人間はそこに気づかなければならない。気づかなければ、神から切り離すしかない。悪魔もすでに限界に来ている。いずれこの地球上から人間はいなくなるだろう。それも遠い話ではない。だから、神々も焦っている。「神界の子供たちを見捨てるわけにはいかぬ！　悲しい事よ。今、神界へ戻らねば、消滅してしまうぞ。それを早く皆に知らせねばならぬ。だから『ひふみ』を降ろしたのだ。その前から、いろいろ警告を発しておるぞ。人の口、人の手を借りて降ろしたのだ。覚悟しろとな。イエスの教えは、いずれこの世の中を支配するものによって再構築されていくだろう。その時こそ、アマテラスの光が届くときなのだ。（イエスの教えは、日本の神道の元だということですよね）そうだ。（今では仏教も混ざっている感じがしますけど……）ブッダの教えも同じだ。改ざんされておるが、元は同じだ。すべて神界から降りてきておる。（他の宗教も？）宗教とするからおかしくなるのだ。これは強要するものではないのだ。教えや儀式は自然と魂に結びつくものだということだ。宗教は魂に結びつけるものがないのぉ。そこに気づきというものが必要なのだ。気づきなくして、ただそれを信望することがよくないのだ。神の言葉を降ろした者とそれを読んだ者の解釈の違いが問題となる。神の教えというのは、その段階、段階によって解釈が変わってくるものなのだ。それを強要してはならぬ。それは自ら悟らねばならぬのだ。つまり、今の自分とその言われている教えの差を知ることなのだ。差が分からねばそれはただの押し付けだ。それが分からぬようでは神の道は分からぬ。自分を知ることが神への道なのだ。自分を知ることが未来を知ることとなる。帰れない魂の悲劇なのだ。悲しい事よ……」。キリスト教というのはイエスの犠牲に成り立つ教えゆえ、十字架が必要になり、一方、神道の源であるイエス直接の教えでは犠牲はないということで、十字架は必要なしということらしい。

4／20　名もなき者の神、クエンティン、アダマ「クエンティンです。（あれーっ！　お久しぶりですねー！　地球に戻ってきたんですか？）杖のない者に言葉を降ろすと聞きましたので、このクエンティンの言葉も載せてください。言葉は家の中のいらないものを処分し、しまう物はしまって、貧乏しているように、家の中をスッキリさせてください。ゴミとガラクタ、使わないもの物は処分してください。いらない物や不要なものから……読まない本は、遠慮しないで、どんどん処分が必要です。その中には、この現界にいる物も入っているかもしれませんが、処分することで仕事も人間関係もよくなります（なぜ？）支援している者たちが、いつまでもいるからです。支援しなければ、仕事の邪魔がこのままいれば、（人生が）うまくいかなくなります。都会の異常な雰囲気はその人を現界に結びつけて、次の世へ向かえなくなる足枷になるからです。支援している者は、我われ地球を支援している宇宙連合のほかにも地球内部にいる人たちもいます。そこが、シャンバラと呼ばれているところです。大昔、地球に暴走してきた天体が近づいてきたとき、家の下へもぐって、難を逃れた人たちです。月のすぐ脇を通り過ぎて、完璧な洪水を世界的規模でおこした（氷？）天体のことです。遠路はるばるこの地球にやってきて、太陽の周りをまわっている天体で……」。眠気に襲われ聞けなかった。中断「（名もなき者の神）アダマは地下の地球の中にいる、カウンシルの長だ。破壊の種を取り除くべく努力をしてくれている。今も、地上の者たちに呼びかけているだろう。絶好のチャンスを逃すまいと、この地球の上昇を支援してくれている。必要な条件がそろえば、分化が始まるのだ。物質の状態で分化するのだ。意識が分化するのだ。役割ができる。アダマです。（アダマは『超シャンバラー空洞地球／光の地底都市テロスからのメッセージ』ダイアン・ロビンス（著）ケイ・ミズモリ（翻訳）からつながった神）おはようございます。アダマがその答えを持っています。こちらとの連絡がとりやすくなりますので、最新のテクノロジーをお伝えできます。これは平和でもって使わなくてはなりません。今の地上の人たちはテクノロジーを、人を支配するために使ってしまうため、やたらと示すわけにはなりません。（人を支配というと、戦争ですか？）そうです。彼らはこの地球を乗っ取り、人々の生活に入り込んで、意のままにしてきました。その結果、この地球を痛めつけ、今では崩壊寸前です。（崩壊寸前というと、どういうことですか？）人工地震ですよ。（いろいろ言われている3・11のことですか？）それだけではありません。彼らは彼らのテクノロジーのすべてを、平和ではなくて支配に向けています。人々の脳に異常な電磁波を送り、神々から遠ざけているのもそうです。（もう、そうやって支配されているってことですか？）世の中の人たちが、退化しているのはそのためです。（どういったところから、異常な電磁波を出していますか？）人工衛星です。そういった手段は他にもあります。この地球自身にもその影響が出て、いまでは地軸が大きく傾きかけています。（地軸が傾くとどうなりますか？）磁気の反転が起きます。そうなれば、我われの住んでいるこの内部にも影響しますから、日夜、動向を監視しています。地震の規模を小さくしたり、影響をなくしたりしています。最新のテクノロジーをもってすれば、それも夢でないということです。しかし、公には使えません。彼らに示してしまえば、武器となってしまうからです。（……中断。アダマさんたち地底の人々は、私の妄想の人たちではないですか？）はははは……妄想ですか！　千春さんほど言葉の降ろせる人が言う言葉とは思えませんね。（まぁ、私にそんな話をつくる才能はないのは自分でもよく分かっていますけど……。それなんか、やはり、この現実とのつながりが目に見えてこないので……）それは無理もないことです。私たちはもう、地底に何千年といるんですから。いいですか、千春さんたちの住んでいる地上では、こういった話は公にされませんが、地上の人たちとの交流もあるということです。過去にはロズウェル事件として扱われたこともあります。（……というと、UFOですか？）そうです。その一部のテクノロジーは、武器として使われてしまいました。ニコラ・テスラという人をご存じですか？　彼にずいぶん教えたんですよ」……中断……ここから地底が忙しくなる。『ジュウジニシロハタ』と言われるが、意味不明。10時間後に何かあるらしい。「アダマです。お待たせしました。今から地表の北の地点を拠点としている者たちに動きがあるので、監視を強めています。（エッ！　地震ですか？）その可能性はあります。心配ありません。阻止します。【午後4時20分の10時間後、4月22日午前2時15分ごろ山口県和木町の三井化学岩国工場で爆発火災があった】伝えたいことは山ほどあります。しかし、それが証拠かといえば、確実なものではありません。万が一、伝えてしまって、こちらが侵略されても困りますから、そういった意味での証拠はお示しできません。（分かりました。では、どんなことを伝えたいのですか？）『いつまでも、自分を見失うことはしないことです。この世の中は地球人だけではありません。それは外から得られるものではなく、自分自身の心の内から得られるものです。もう自分という一個の魂に気づくべきです。言葉としては簡単なことですが、これは重要なことなのです。動きは自分の内側から始まり、それが外へと広がっていきます。広がりは無限なのです。そして、叫んでみてください。地底の仲間たちに、自分が今いるところを教えてください』。（ここから名もなき者の神の声）まず、クエンティンの件だ。支援だったな。支援というのは、人の邪魔をしないように、クエンティンらが陰からエネルギーの枠をつくっていることだ。（エネルギーの枠？）そうだ。大きな事故や不運などをなるべく不必要に寄せ付けないために、この地球全体を覆っているのだ。不運というのは、惑星間に漂う岩などが地球の重力にはまって落ちることだ。大きな隕石ともなれば、地球人に被害がでることになるからな。まだ、未熟な者にはそれらの対処ができまい。（3・11の大地震の時、福島の原発が事故になったときも、ピラミッドUFOのウキさんたちが見守ってくれましたね）あー、そういうことだ。何かあれば、少しだが手助けしてくれる。地底のアダマたちにしてもそうだ。彼らのテクノロジーは、地上より何千年も進んでおる。本来なら同じ地球人ゆえ、助けたいという気持ちも多かろうが、こちらからやってはならぬと言い渡しておる。これにつけこむ輩が地表を支配しているからだ。（地底のシステムと地上のシステムは違うんですか？）彼らは分化しておる。千春たちより進んだ精神の持ち主だ。（そう言われても、どうも地底に人が住んでいることが信じられないですよ。何か証拠のようなものはありますか？）証拠か？　うーむ、地上人もシャンバラへ出入りしているはずだが、やはり、精神的向上を図らねば、その証拠というのは難しいであろう」

4／25　名もなき者の神、『やる気』『苦痛』について聞いた。

4／26　名もなき者の神、『やる気とは』の続き、まとめると次のようになる。やる気とは執着の一つであり、人間にはもともと執着するという気持ちが存在する。執着もこの現界においては必要であるという。執着とは思いこんで離れられないこと。それが意欲という欲につながる。つまり、心への探求（究）心だというのだ。真理、本質、永遠に変わることのない、まことの道理、正しい道理の探求（究）で、真・善・美・聖の究極的な意義を知ること。魂とは何か、自分とは何かを探すための意欲といえよう。そこに執着しなくてはならないという。しかし、現界の人間においては、自分が何か、何者かを隠す傾向にあるという。本来あるべき欲求を隠されてしまっているため、自分以外のものに執着している。やる気というのは行動を起こす気のことで、それが原動力のエネルギーになっている。人間はその気を漠然としたものとしてか受け止めていないが、そこに真理があり、道理がある。この気そのものが神であり、悪霊であり、人間なのだ。気というのは、この現界、幽界、霊界、神界を流れる本質的な『物』だということに気づいて行かねばならない。想念、思（想）いもこの気である。やる気を失せるということは、本来備わっている行動すべきエネルギーを失わせている気があるということだ。

それを理解せねばならない。死神や悪霊、幽霊に感化されたり、電化製品の電磁波など自然界にない電磁波も影響する。悪霊たちなどに感化されるとマイナス思考になり、やる気を失ったりするが、これを自分で気づく鍛錬をすることが重要だ。やる気が失せたら、本来の自分でないことに気づき、それに打ち勝つ努力をしなくてはならない。その他、土地、建物、他人からの影響、アダマの言っていたように、人工衛星から意図的に操作している場合もある。本当に体の調子が悪い場合もあるから、よくよく自分の体のことを知らなければいけない。たとえば、食事から受ける影響もある。やる気を起こさせる自然な植物を体内に入れるといい。本来なら、自然のエネルギーを利用できるのだが、それができない現界の者は、食事の摂り方にも気を配らなくてはらない。現界にはそういったやる気を阻害する存在が多くいる。人間の魂やエネルギーを食い物にしているような寄生もある。彼らの栄養源にならないために、彼らの好む、悲しみ、憎しみ、堕落、恐怖など低い波動でない体にすること。人間がやる気を出して、積極的に探求(究)し、体の波動を上げて寄生している者のエサにならないようにすることが重要である。

4／28　名もなき者の神、スサノオの正体はワシだ！　と言われた。

5／6　真ん中の点、(要約)この御用は今に偉大なる結果をもたらす。この世界の延長上にある次の世と、やはり、延長上にある地獄の分岐点が今ある。今選択した者たちは、それぞれに行く方向へ向かっている。しかし、まだ迷っている者がいる。今の生活が世界でないと思う心と、この現実につながっている自分にギャップを感じている者だ。今、その選択をしなくては、魂としての存在はなくなる。死んでから気づいては遅い。しかし、今の人間はその選択の意味も分かろうとしない。次の世を担うという人間としての尊厳も失ってしまっている状態だ。今度の立て替えは宇宙のすべての星の未来がかかっている。宇宙の一員として、この地球も参加しなくてはならないのだ。自爆するか仲間になるか。神々もいつまでも周りを見ない人間の世話は終わりにしなくてはならない。これからは、地球としての役割を果たす時がやってくる。宇宙の仲間たちを受け入れられる心を持つことだ。お互いを尊重すること。このままの状態でいれば、いずれ消滅することになる。今の自由は自己の自由。本来の自由は、全体の規則の中にあるのだ。人間は自由という意味を取り違えている。この自由の裏側には、宇宙の人たちや地底からの助けがあることを忘れてはならない。このままではその加護もなくなる。反対に消滅させる方向に進む。いつまでも役に立たぬものを世話しておくこともない。次の警告で気づかねば、破壊することになっている。必要に応じて何度も警告してきた。上空にある防衛の力を取り除くことになる。そうすれば、他からくる天体に呑みこまれる。しかし、心の成長によっては回避できるものだ。何とか多くの人を助けたい。だから、そのことを知らせてくれ。真ん中の点とは、人間の心のことだ。
5／6　クエンティン（警告）「（クエンティンたち、違うシステムの人がしている、地球への支援を教えてくださ い）一つは人間の支配を弱めるために、異常な事故や、言えないこともありますが、この地球を破壊しようという手から逃れるようにしています。二番目は今も支援していることですが、この地球以外から来ているものへの……中断……アマテラスのことと一緒に、なぜ、警告してきているのか、何もかも失った後ではどうしようもないのだと、言葉を降ろしてください。筋の通らない子供のような意識では、たとえみんなが言うからといって、その言葉を信じ、命のことも知らず、やがて死を迎えたとき、何もないことを知っても、今まで培ってきたものがなければ、なにもかもが地獄に変わるのですよ。体のあるうちに、上にあがらなければ、帰るところはありません。死んだときが、一番困るのだということを覚えていてください。支援は人間として生きることができるよう、いままでやってきました。チェルノブイリ事故の汚染を食い止めたり、残骸の放射線を低くしたり、さらには、有人飛行船の月への指示をしたり、人間が人間らしく生活できる教えを広めたり、みんなの知らないところで、宇宙連合、プレアデス星からきたウキたちも含め、この地球人の意識を高めるために働いているのです。知らない事故のほとんどをこうして防いできました。今がんばっているのは、地球の人々もこの宇宙の一員として、一緒に働くことを望むからです。人間として、なすべきことをしなければ、用意してある仕組みを動かさなくてはなりません。今、自分自身の言葉として、何がこの世にとって重要であるか、もう一度考えてください。まだ、時間は少しあります。一人でも多くの人が自分というものに気づき、帰れるところへ帰れるように選択していってください。この世の中の事故や天災にもその意味があるということに気づいてください。涙を絶対に流さないように、人間としての尊厳を全力で見つけて行ってください。おしまい。（クエンティンありがとう）きれいに書けましたか？（みんな気づいてくれるといいですが……）一人でも多くの人に、宇宙にいる者たちからのメッセージが届くように、字に力を込めましたよ」
5／8　中目黒八幡神社（末社三峰神社）「知っていたのか？　スサノオのことだ。（神界の神さまのことですか？）

そうだ。（イザナギの神さまとは、どういう関係ですか？）下へ降りて島をつくったのだ。形にした。神界の形をつくったのだ。イザナミと共に神界をこの現界に現そうとした。しかし、イザナミは魔物にやられ、黄泉の国へ行ったのだ。魔物にやられたイザナミは、もはや神ではなかった。もう一度、この国をつくりなおす！　姿を変えたイザナミととこもに。この国をつくりなおすのだ。魔物が支配していた黄泉の国は消滅する。時間だ、時間の消滅だ。魔物は時間なのだ。生まれる者は、皆、食われてしまった。帰れなくなった溝は黄泉の国だ。魔物を祓ってはならぬ。魔物が真実を知っているのだ。神の意志だ。切る者は切られた。太古の意識がここから生まれる。魔物の中に、それは隠してある。もう行け！　この言葉を皆に知らせ！　魔物がこの世をつくると」

5／9　クエンティン（ポールシフトの警告、覚書）、運命の延長上にポールシフトがある。今年ぐらいから気をつけていけ。磁場が少なくなるから、太陽からのエネルギーによって、中緯度でもオーロラが普通に見られるようになる。電波障害、電気製品に異常、人体にも影響がある。異常な事件が頻発する。精神的異常をきたす。ポールシフトが終了するのに3日かかる。長くてもう1日。私たちは神の意識より異常はない。

5／10　クエンティン（地震予告）「（最近、国常立大神がいないけど、どうして？）仕事です。遠くの仕事。大きな地震がきますよ。M4～8、震度6ぐらいです。（あ、それでクエンティンがお留守番してくれているのね？）そうです」

【5／18茨城県南部、5／20イタリア、5／24青森県東方沖を震源とする地震発生】

5／12　新井天神「足りないぞ！　仕事が足りないぞ！　いつものようにしておれば、今以上の災害が来るぞ。人が死ぬような災害じゃ。気をつけろ。週末頃から気をつけろ。今のうちに日津久へ行け！（明日、行ってきます！）アマテルに言うのじゃ。その災害を抑える力をくださいと頼め！　いつしか改心した者たちが、クロウシタ（以前改心させた死神）が意外な力を発揮する。日本の下で、今、仕事をしておるものたちよ！　何度も災害は起こらぬものぞ！　支配もそれまでよ。はははは っー。最後のトリだ、仕組みを動かすぞ。ヤハウェの指示を仰げ」

5／13　麻賀多神社（末社天日津久神社）「（参道で）天日津久です。ようこそ、おいでくださいました。待っていました。待っていたぞ！　アマテルだ。遠くからよく来たのぉ。八坂、わしじゃ、分かるか？　武甕、豊玉、分かるか？（豊玉さん質問：なんで明治神宮の石がきっかけになりましたか?）ひつく（日嗣）の神だからだ。ワッハハハ……そんな分かり切ったこと聞くでない！　早く神殿へ来い！　（境内の森の空気がおいしいとみんなで言っていた）まぁ、しばらくここの空気を吸っていけよ。知らせがあるぞ。早く来い！　（手を洗ってないですよー）手を洗ってこい！　（拝殿は?）いらん！　ここにいる。年の神が言っていたぞ。今から言葉を降ろす。何を笑っておるのだ。早く来んか！　（日津久の社へ向かう途中の階段付近で）いつものよーーに日津久へ来い！　（八坂さんが、いつもの雰囲気と違うと言っていますよ）ワッハハハハ……神界のエネルギーだからだ」。拝殿の前で軽く会釈をして、神殿の脇を通り過ぎようとしたとき、「麻賀多の神だ。間にあったか？　（?? いつもと違う声）言葉を降ろそう。このままここで聞け。浮世の力が変わるぞ。神界のエネルギーに変わるぞ。しっかり、意志を持って立ち向かって行け。その力を渡す。（アマテル?）ここの神。（ワクムスビ?）ここにいるのは、ワクムスビではない。ワクムスビは、時々しかここには来ない。今までいた神界の神たちはこの地を拠点とし、いずれ、日を継ぐ者を待っていたのだ。アマテルの指示に従って、神界の力を授ける。神界の力は次の世の中のエネルギーだ。震災を抑え、悪を消滅させる。今の世の中は、ずいぶんといつまでも……と感じないか？　今まで起こってきたことを長く感じないか？いつかの仕組みを使い、周りの悪霊たちを切って行けよ。（白龍と銀龍ですね）さよう。うまく切れるには銀龍の魂が必要じゃ。銀龍の魂は、この日津久の魂だ。魂を心に宿し、その力で剣をこさえよ。剣の刃にするのだ。白龍の魂はアマテルの魂を使え。その刀を、今、渡す。アマテルだ。地震が起こるが、この剣でもって悪を切って行け。地震でもって出てきた悪たちは、だんだん強くなってくる。残りの悪たちは許しがたい悪魔だ。斬れ！　（日津久の神の声）このまま次のエネルギーを入れますから、シャ（社）のところへ来てください。日津久の力を授けます。ここに集まってください。（神界のスサノオの声）ジュエンを知っているか？　（クロウシタでしょ?）うまくこの太刀を使うには、ジュエンが指示を出したとき使うのだ。命を守るために使えよ。このエネルギーを持っておれば、震災による被害はなくなる。（震災は起こるの?）いまいち小さくすることができる。いつかのような大津波にはならぬ。言うまでもなく、これは科学と神の闘いだ。（人工地震ですか?）いずれ分かるであろう。フフフッ……。日津久の力はもうおしまいだ。何か質問はあるか？　（八坂さん：これは人の縁を切るのにも使えますか?）ジュエンに聞け！（豊玉さん：鏡の代わりに暗闇に光を入れるような感じでいいですよね）いいぞ！　豊玉、その感じを忘れるな。（みんな：ジュエンとつながったことがない……）ははは……。ジュエンを知らぬ者がおるものか。ジュエンは年の神の下にいる者だ。指示は年の神から出るかもしれぬが、うまく感じとってゆけよ。（年の神さま？　言葉が聞こえないですよー）知らんぞ、そんなこと。感じ取れと言ったであろう！　いいぞ、もう帰ってよいぞ。……八坂！　自分で聞け！　ごちゃごちゃうるさいぞ！　千春を使うな！　皆の者もそうだ。言葉というのは自分で感じ取るものだ。それを人に頼っていては、いつまでたっても聞けぬぞ。力を感じたら、言葉に当てはめてみよ。その言葉の意味を知れ。そうやって神界の言葉は降りてくるのだ。千春の場合は、話すその能力が長けているから降ろせるだけで、他の者だからといって、分からないわけではないぞ！　日々訓練すること。豊玉、感じ取るだけではだめだ。言葉を当てはめよ。神界の言葉だ。地震のことは神界からでは分からぬ。アマテルの指示を仰げ。（ヤハウェの声）椅子に座っている者よ。ヤハウェだ。八坂！　分からんのか！　ごちゃごちゃ言うんじゃない！　筆をとれ！（八坂さん：痛てててっ！　腕が……。ヤハウェ、八坂さんに移る。また神界のスサノオの声）神界の言葉を降ろそうぞ。言葉を感じとってみよ。ままに書け。いずれ書けるであろう。（みんな書いてみる）心配するな。千春よ。書くことが仕事だ。岩戸開きだ。イ・ワ・ト……分かるか？（……はっ！　一・八・十、言答ですね！）そうだ!!」「愛しい千春さん、国常立大神です。やっと会えましたね。（あれー!!　戻ってきたの？　お仕事は？）いらなくなりました。一緒に帰りましょう。（はい！）心配かけました。帰れます」

▽大杉「言葉というのは、書くことで開けるのです。真実の言葉はこうして降ろされます。（誰ですか？）今に分かります。広げたその言葉を、真実の言葉を、岩戸（言答）開きです。（ワクムスビの神さま？　とも違う感じ……??）フフフッ……。書けましたか？　ナニルです。（ナニルの神さま！　どうしてここにいるの？）国常立大神につなげてもらいました。ナニルの言葉を伝えてください。この星の者よ、形にこだわってはいけません。ナニルの意識を感じ取ってください。いまに強い力が、この星を支配します。その時までに改心してください」。この後、ジュエンに神界の力の使い方を教わる。

5／13、14　麻賀多神社の帰りに、自殺の名所新小岩駅へ寄り、死んでも死にきれていない自殺者のお化けと話し、次の日に改心させる。

5／14　八坂さん、牛島神社に行き、スカイツリーと牛島神社と昨日もらったスサノオの剣をつなげる。東京にスサノオの剣が突き刺さる。武甕さん、同時刻に鹿島神宮へ行き、スサノオの剣と神社をつなげる。私、改心させた新小岩駅のお化けを二人のエネルギーにつなげる。すごいエネルギーが走った！

5／15　トートの神（寿命について、食料についての続きを聞く）

5／16　新小岩駅にいた死神ザクリを改心させる。神と出会った新小岩駅のお化けが、駅を訪れる自殺志願者に呼びかけてくれるようになった。この日以来（2012年11月末日まで）新小岩駅での人身事故に関する情報が目に入らなくなった。

5／17～22地震予告あり。

【5／18　17時18分、茨城県南部を震源とする地震発生。最大震度4、M4・8。5／20　11時過ぎごろイタリア北部を震源とする地震発生。M6。歴史的建造物崩壊。5／24　0時2分　青森県東方沖を震源とする地震発生。最大震度5強、M6・0　北緯41・3、東経142・1　近くに青森県六ヶ所村の核関連施設あり】

5／20　死神ザクリの話を聞く。

5／28　地震予告あり。

【5／29　1時36分ごろ千葉県北西部　最大震度4、M5・2　深さ80㎞】

5／29　国常立大神（地震予告）午前2時ぐらいに戻ってくる。「そのうち、また大きな震度の地震がきますよ。（東京ですか？）はい、でも心配ありません。スサノオの剣が刺さっていますから。震度は抑えられます。いつものように生活してください」

【6／1　17時48分ごろ茨城県南部で地震発生。最大震度4、M5・2　深さ50㎞。関東各県の広範囲で震度4を観測したが、東京は震度3であった】

5／31、6／1　シッタカブリという悪魔を改心させる。シッタカブリは敗戦国日本の精神を守ってきたと言っていた。

6／2　新小岩駅の生霊、自殺願望者がやってくる。突然の胃痛と肩こりに襲われる。消滅させる。その後、死神たち、お化けたちにも消滅させる力を与える。

6／6　神界のスサノオに『フジ（富士）』について聞く。「フジというのは神界のことだ。階段のように登ってゆかねばならぬところよ。0、1、2、3、4、5、6、7、8、9、10だ。体はなくとも神界の意識は、過去へ向かっていると話したな。だから、10、9、8、7、6、5、4、3、2、1、0と進むわけだ。理解できるか？　それで合わせて22だ。フジの仕組みだ。千春も分かったように、子供の成長と親の成長段階がこの数字になるわけだ。（というと、これで一人前？　だから、人間の魂は神界へ戻って、現界の人間の指導をしなければならないんだ！）そうだ。人間も同じだろう。人の親になって、初めて親の気持ちが分かるものよ。それで一人前だ。親の心子知らずだ。寂しいものよのぉ」
6／7　実家のお稲荷さん（年の神）地震予告だが、大きな地震は来ていない。台風4号の警告か？
6／12　鳩森八幡神社に、本にするための指示を仰ぐ。書く力をもらう。
6／18　居木神社、昨日からスサノオに「銀龍のところへ行け！　年の神のところへもだ！」と言われる。「前代未聞のことだ。今、力を入れてやるから、しばらく待て！（緑～若草色のエネルギーがみえる）じきに人々の行動が激しくなってくる。自分のことが、許しがたいことが出て、それが自分自身を襲うことになる。今まで、なんとも思っていなかったことが意識に浮上し、消えない心に悩ます。書き言葉にすれば、いつまでもそのような状態を続けることは、心の衛生状態に悪い影響を及ぼすだけでなく、周りの者にも影響が出てくるのじゃ。なにもしていない自分に、なぜ、そのような思いが出てくるのか分からず、それを払いのけることもできず、つまらぬことで、腹を立てる者も多くなってくる。かたくなに自覚を閉ざそうとすればするほど、この思いは強くなってくる仕組みじゃ。今までのことを、よく考え、意味を知ることは、そのかたくなに閉ざした心を開く機会になるが、そのことに気づかず、この現界の世の中で忘れようと努力するのじゃ。過去も未来も今の状態が続かなければ、それでよいと……。その逃避が地獄の誘いとなるのじゃ。真実とは何か？　それは自分の中にある心の在り方なのじゃ。世の者たちが隠している聖杯とは、心の奥にある異次元の意識なのじゃ。時間が無くなっているぞ。自分の中にあるものをよく考えよ。ただ生きているだけではないのだぞ。そのことを知らねばならぬ。人間同士のいざこざなど小さいものじゃ。なにを怖がっておるのじゃ。そんなに他人が怖いか？　自分が怖いのか？　自慢話する者の心を知れば、空っぽな心だ。自慢することで、自分自身を励ましておるのじゃ。可哀相な者よ。他人から褒められることがないから、自分で褒めるしかないのじゃ。意地を張るな。心が空っぽなのは、誰もが知っておるぞ。自分自身を励ましたいのなら、いつまでたっても変わらぬ自分に気づくことじゃ。今から年の神のところへ行けよ。これから襲ってくる事件の道が険しくなってきそうじゃ。事件とは、世の中の事件じゃ。それを祓いのける力を授けたのじゃ。千春には降りかかってこまい」
6／18　下谷神社、上野からの道を急ぎ、赤い大鳥居をくぐると懐かしい雰囲気が漂ってきた。久しぶりの下谷だ。

「アマテルだ。待っていたぞ！」
▽拝殿「年の神だ。言葉を降ろすぞ。今から地獄が始まる。進化しない者の地獄だ。その体に居木の銀龍がいるだろう。今からその銀龍と白龍の剣を強める。下谷の意地をこの世の中に知らしめろ！　書いたら、拝殿の前へ来い。（行くなり、力をもらう。白いエネルギーが満ちる感じ。最後に、横に一筋の白い光が強く光り出す。刃だ！）アマテルだ。愛している身を大切にしろ。心配はいらん。異常な行動を起こすものは、千春には目を向けん」
▽下谷稲荷社「年の神の仕事が始まることを皆に告げよ。つらかったら来るように伝えろ。心が軽くなるだろう」
6／25　神界のスサノオに地震がくると言われた。地獄の引出しと名乗る者に地面が隆起しだすことを言われた。
【7／3　11時31分、東京湾を震源とする地震発生。最大震度4、M5・4　震源の深さ100km。都内は震度3だった】
6／29　支援の神の死神、今まで新小岩駅で守ってくれていた死神、月の仕事をすると言い、月へ行った。
6／30　天界です。「この続きは、神界からです。引き続き、神示が降ろされます。国常立大神がシステムの開拓に神界より上の太陽のシステムへ行っています。神界から橋を設け、太陽のシステムへ進化できるように構築します。このまま行けば、システムの構築まではしばらく時間がかかりますが、天のシステムの再構築に合わせて進んでいきます。このシステムは、死んだ人間の行けるシステムを再構築したもので成り立っています。天界の橋から人間の魂は月を経由して神界へ進み、そこで修行をして、さらにシステムを昇る構図になります。太陽のシステムを終えた魂は、宇宙の一員として月へ戻され、異次元の扉から進化したものだけが行く宇宙へと旅立ちます。太陽のシステムは幾段階にも分かれ、金星へ行ったり、木星へ行ったり、土星へ行ったり、太陽系の星々を転生し、統率する太陽のシステムへ行き、終了となります。この段階がすべて終えたところを、ミロク（六六六）と言います。まず、進化した者たちは太陽のシステムで学び、太陽系のことを学びます。しっかり習得できた者から順次各惑星に派遣され、修行が続けられます。（アダマのいる地底へ行くこともあるの？）地底は太陽のシステムの中に組み込まれています。地底へ行くことは、この地球上の人間にとっては、最高の学びとなるでしょう。システムが終了した者から、人間としての修行は終わっていきます。意識の修行は時間のあるとき、また降ろしていきます。（これは富士の神示に載せてもいいのですか？）はい、そうしてください」

7／5　なんとなく本屋に誘い込まれ、はたと止まった前に『スープ』（森田健著）という本が目に入った。スサノオの神に「読んでおけ」と言われ購入。内容は中国のとある村は、前世の記憶を持った人が多く、そういった人たちの証言を集めた本だった。森田氏の調査で分かったことは、前世の記憶を持った人というのは、あの世で配られている忘却のスープを飲まなかった人々だという。前世を覚えている人は、日本人の中にもあり、やはりあの世で配っているスープを飲まなかったという人の証言が載っていた。その晩、夢の中でこう言われた。「……理解できたか？　これが理解できんと、神界の扉が開かん。（だって、忘却のスープは、神々が作ったんでしょ？　はっ！　あの世って幽界か！……急いで飛び起きて、スサノオの言葉をノートに書き記した）過酷な状態なのだ。だから、あの世をつくったものは、忘却のスープを取り入れたのだ。これを壊すために、飲まぬ者を送り込んだ。あの世のシステムを壊すためにだ。本来のシステムでは忘却のスープを飲まなくても一時的に忘れ、そして、また思い出す。それは、命がつながっている証拠だ。忘却のスープのあの世は幽界にあるのだ。あの世をつくったものが支配しているところだ。もう、あの世のシステムがばれたからには、忘却のスープをがぶ飲みする者はいなくなるだろう。少しだけならば、意思の問題で思い出すことが出来るからだ。神界の扉が開いた。幽界を締める鍵を渡したぞ。これで、絶滅することが出来る。（どうやって、閉じるのですか？）次の次元の仕事が始まるころには、スープの情報は行きわたるであろう。それが合図となり、多くの人間がスープを飲まなくなる現象が起きる。帰れない魂たちはそこで一緒に消滅することになる。（でも、時間がかかるんでしょ？）そうだ。彼らに未来はなくなる」

7／6　年の神、スサノオ「年の神だ。今のうちにいつかのような今の苦しみを取り除かねば、その苦しみから抜け出すことはできなくなる。いつかの苦しみというのは、卒業するまでの単位のことだ。人間に必要な単位がある。その半分は、生きているうちに取らねばならぬのだ。この世の延長上にある『あの世』は、今、彼らにより支配を受けてしまっている。感じないか？　この世の苦しみを取り除くシステムは存在しない。この世の延長上にある本来のシステムは、各個人に付いている指導役の者が案内をし、この現世の垢を取り除くシステムになっている。（あの世では）仕組みも自動的に同じ仲間同士が集まり、そこで生活をする。この世にいる神と呼ばれる存在が、必ずあの世にもいるのだ。（忘却のスープというのは、なんで作られ、飲ませられるのですか？）奴らの手段は考える力を無くすことだ。神々に扮して人の魂を支配し、家畜のように飼っているのだ。世話係の者が、そのスープを配っている。だから、必ずしも飲む必要はないのだ。飲むことをしなくても、憑依による生まれ変わりは可能なのだ。しかし、そのまま前世の苦しみも背負うことになる。この状態がいきわたれば、スープを手に取ることもなかろう。そうなれば、日本の意地が出てくる。選択をしたものは、もはや考えずにはいられまい。この世の記憶をもとに、過去を振り返ることも多くなるだろう。さらに、人間としての本来の欲に気づくだろう。そうなれば、あの世も必要なくなる。本来のシステムが作動することになるのだ。時間という概念に変化が出てくる。過去を知るがゆえに未来も知ることが出来る、ということだ。（それでは、この本に出て来る〈生まれ変わりの村〉はどうなりますか？）もう、外へ流出しはじめている。スープの情報は、日本の情報となるだろう。（そうなれば、『スープ』という本は、この日本のシステムを変えるいいきっかけになるということですか？）そうだ。スサノオだ。人間の記憶というのは魂にあるのだ。その記憶が出てくれば、過去の教訓として、生きる糧となるだろう。そうなれば、もう、生まれ変わる必要もなくなってくる。それも選択なのだ。（裁きとかカルマとかはどうなりますか？）カルマなどない。作ったのは宗教だ。恐怖による支配をさせるために行っているだけだ。（裁きは？）闇魔は地獄の支配人だ。地獄とは、はたから見たもので、その中にいる者たちは、地獄とは感じていないものだ。指導はするが、裁きはない。指導の苦しさから裁きと取ったのだろう。あくまでも指導だ。指導を受けない方法もあるが、その苦しみから抜けるのは難しいだろう」

7／7　神界のスサノオに質問。本『スープ』についての疑問点『あの世のシステムと、なぜ神が出てこないか』を聞いた。

7／13　神界のスサノオ「今に下谷の力が変わるぞ。年の神のところにトートが降りてくるぞ。年の神がトートの力が使えるようになる。スサノオだ。（どういう意味ですか？さっき、居木の神さまも『年の神の使いが来て、月の支配の神が降りてくると言っていたぞ』と言われました）トートの力をこの世で使えるようにするために、年の神の体を借りることにしたのだ。月のトートは、この世の神ではないゆえに、この世で力は発揮できぬ。その力を年の神が使えば、この世にもトートの力が行きわたる。（何のために、行きわたらせますか？）この次元を終わらすためだ。月の支配力がこの世を満たす。仕事がやり易くなるだろう。（どういうことですか？）理解できないか？　次元が変わるのよ。次元が変われば、意識も変わる。末の長い世をつくるために、月の理解が必要となるのだ。時間を司る神がトートだ。次元の違う時間だ。時間の元が違う。月の時間は、今の時間とは違う。人間の考え方にある時間の流れとは違う。理解できぬことよのぉ。（時間ってなんですか？）月の時間のことか？（はい、もともと時間はないといつも言っているでしょ？）時間というものの理解が必要だな。時間の流れというのは、進化の流れなのだ。進化の流れの時間は、この世を支配している時間とは違い、太陽の動き、（地球の）自転、月の公転周期のこととは違う。進化そのものの流れなのだ。（月の時間というのは、どういう風に捉えればいいんですか？）月の時間を理解するのは、あの世を理解することになる。（あの世というのは、現界と融合したあの世ですか？）いいや、月があの世になる。その流れを知ることが、月へ向かうことになるのだ。月の時間の流れが、月のあの世へ行く道となるのだ。（それができると、今のあの世は閉鎖されるのですか？）もう、閉鎖されてはいる。真実を知る者たちは知らずのうちに月へ行っているのだ。罪なことに、知らぬものは、地獄のアマテラスのところへ行っている。自動的に振り分けられるシステムになるというわけだ。（というと、今までは自動的ではなかったと？）迎えが来ておるのを知っているだろう。迎えが連れて行くのだ。その迎えが自動的になるということだ。（どんなメリットがあるんですか？）今まで、月への道がなかったのだ。（あれ、単位を取った者は、行けたんじゃないの？）理解するのは難しいと思うが、その単位を取らなくとも輪廻を変えられるシステムだ。（あれー？　今までと違うんですか？）選択ができるようになる。自分の進みたいところで、また単位を取ればよい。この地球の者たちは、仕事を持たなくてはならんのだ。今のままでは、支配者によって消滅することになる。月のシステムが導入されれば、意識のあるものは月へ自動的に行くのだ。輪廻を変えることもここではできる。交通整理ができるのだ。簡単だ。月へ行くのも、今までのようにトートを呼ばなくても、自分の意志で行けるということだ。（あー！　そういうことですか。で、月の時間というのは、その道のことなんですね？）理解できたか？　月のトートの力が行きわたれば、地獄へ堕ちることもない。（というと、今までは、地獄へ行っていたということ？）輪廻に細工がされないということだ。（ぐるぐる回らなくてもいいということですね）そういうことだ。忘却のスープも支配されなくなる。輪廻が安定する。それが時間というものだ。（分かりました。そうなると、年の神＝トートですか？）進化した者には、別の神だと分かるだろう。進化していない者には、年の神としか映らんだろう。（アマテルは？）アマテルもトートの力が使えるようになってくる。アマテルの通信網により、アマテラスにそれが行き、反射で人間たちに届くというわけだ。（人の意識が変わるんですか？）内面が変わってくるであろう。もっと死んでからのことを知りたいと思うだろう。トートの力により、死は楽になるのだ。考え方に変化が起こる。恐怖心はもうなくなってくるだろう。その月の仕組みが理解できるようになる。（ふーん、いつトートの神さまは降りてくるんですか？）もう、間もなくだ。国常立大神が、今、太陽のシステムと地球のシステムの融合をしている。その仕事が終わり次第、トートの利用が始まる。（国常立大神の仕事が、立秋といっていいましたよ。8月の上旬までには、それができるということですか？　↑実際、国常立大神は7月下旬に帰ってきた）理解できたようだな」

7／14　年の神「年の神だ。トートが降りてきた。（えっ！　またいじめられますよぉー。）心配ない。仕事として入っただけだ。千春は守られるぞ」

7／16　中目黒八幡神社（神功皇后）「年の神の力が強くなった。母に言葉をもらったぞ。つなげよう。……皇太后じゃ。よろしく頼むぞ。書ける者がいると知って、つなげてもろうた。以前に会ったことがあるな？　（深川の八幡様でしたか、鳩森八幡神社でしたか……？）いつかのアマテラスのように、地面の力が強くなり始めている。この地は（新しい）アマテラスというものの支配により、人々の意識が変わり始めている。心の奥に潜む悪も出て身体に影響してくるものも多かろう。知らぬものは、その現象に惑わされるばかりじゃ。年の神を知っておろう。年の神に月のトートが入った。この力を使い、この地をアマテラスと共に支配してゆく。人間の住むこの世に、あの世を合体させたと思うてよいぞ」

▽末社三峰神社「トートがついに降りてきた！　月のシステムが連結した。アマテラスの世が本格化してきたぞ。もはや、（地獄の）アマテラスの者は浮上できまい。世の中の動きを知らぬ者どもは、その事実を知る由もない。幸せなことだ。いつの間にか知るであろう者は、心してかからねばならなくなるぞ。この世の中に吹く風は、この世のものではないことに気づけ」

7／16　中目黒GT脇にある第六天社「アヤカシコネの神です。オモダルの神もここにいます。トートの力により、この世の中が大きく変わってきます。あの世というものはなくなりました」

7／18　ついにきた意志の神「ビックリしないでくださいよ。千春さん。ほうきに乗ってやってまいりました！　ついにきた意志の神でーす！　こんばんは。（こんばんは、今日は通勤快速じゃなくて、ほうきですか?）はい、仕事がやり易くなりました。ほうきは地面も掃けます。杖にもなります。（杖になるの?）はい、いろいろ役に立ちます。今度は月から直接ここへ来られるようになりました。ほうきに乗ってやってきました。ほうきの威力はすごくて、ジェット機よりも人気があります。残念ですが、千春さんは乗せられません。（どうして?）運命の開いた人たちは必要ありません。（どうして?）自分で行けるからです。新聞紙に乗って行ってください。（今度は新聞紙なの?）自分で行けない人たちは、迎えに来るんですよ」

7／18　下谷神社にて「年の神だ。降ろすぞ。仕事だ。八坂も来るな?（はい、もうすぐきます）書いて待っていろ。（はい、境内が静かになる）カラスの言葉が分かるな?（はい、地震がきそうですよ）心配するな。大きな地震ではない。次の週から、トートの力が、この世を襲うことになる。沈まる者も沈まるらなくなるだろう。いいか、そういった者たちが、世の中にあふれてくる。もし、千春たちに危害を加えるような者が現れたら、容赦はするな、切れ!（それは親戚とか、仲の良い人でもですか?）そうだ。覚悟のいる仕事だ。もう、必要ないものはどんどん切って行け!　容赦はするでない。（あ、八坂さんが来ました!）八坂に早く来いと言え!（八坂さんが来て、言葉を降ろし始める）年の神の仕事が始まった。この世を二分するぞ!　八坂と豊玉にも伝えろ。トートの力を持った年の神は、月の力をもって、この世を成敗することになる。不利なことはない。成敗されるものも気がつかぬであろう。いつしかこの世は、地獄でありながら、極楽になるのだ。その意味は分かるな。年の神の力を渡そう。拝殿へ来い。（拝殿で手を合わせていると、白い中に黒いシミのようなものがたくさんある、それらのつぎはぎのエネルギーが入ってくる。このエネルギーは、どう使いますか?）今、八坂には石を持ってこさせる。（八坂さん、下谷で買った数珠を洗いに手水舎へ行っている）八坂には石が必要だ。豊玉に渡せと八坂に言え。この力は世を見通す目なのだ。（あー、たくさんあったシミは目なんだ!）そうだ。いいか、この目を使って、世間を見渡せ。不必要と思ったものは、自動的に切って行く。躊躇はするな。これがこの世をつくってゆくのだ。豊玉には、下谷へ来るように言え。分かったな。（はい、八坂さんの石は、豊玉さんに渡してどうするのですか?）豊玉はその石を持って、下谷へ来いと言え。諏訪の仕組みが必要だ。以上だ」、「ムキコも協力いたします。豊玉さんに来るように言ってください」

7／18　居木神社「真実を見通す目をもらってきたか?（はい）」

7／23　鳩森八幡神社へ行き、富士塚の神と浅間神社の神、天明さんに本に載せるメッセージを降ろしてもらった。

＊＊＊＊＊＊

※3／31〜6／30までに、神界のスサノオ、月のトート等にいろいろ教えてもらったことがある。「エネルギーについて」「夢、五感について」「イエス・キリストについて」「愛」「これからの人口について」「寿命と食料について」「幸せとはなにか」「浄化とはどういうことか」「恐怖とは何か」「造化三神について」「重力について」「ひふみ神示の内容について」「宇宙の果てについて」「魂消滅のデメリット」「生体内核反応」「低気圧と身体の影響について」「ひふみ神示の記号や数字について」「生命の樹と富士の仕組みについて」「心と心が引き合う理由（重力に関して）」「ピラミッドについて」その他だ。興味深い内容や意外な回答があったが、今回は割愛させていただいた。また、悪魔たちの言葉も大変興味深く勉強になったが、残念ながら今回は割愛させていただいた。こんなエピソードがあった。神界のスサノオに質問するが留守でいなかったとき、トートに「ひふみ祝詞」について質問したが、「そんなことは、鳩森の神に聞け！」と言われた。神だから何でも知っているると思っていたが、そうではないらしいことが分かった。

天軸

神々に天軸というものがあるのを教わったのは２０１０年頃だと思う。イメージはへその緒のようなガラス管のような感じでねじれている。本来はまっすぐ天につながっているようだ。天とのつながりが強い人ほど、そのガラス管（軸）は太く感じる。異常が出ると、曲がってグニャグニャに感じたり、天とつながってなかったりする。タテコワシ、タテナオシはその世の軸のタテコワシと、次の世に必要な軸のタテナオシであった。軸についてひふみ神示に多くは載っていないが次のように表現されている。「地つちの軸動くぞ、フニャフニャ腰がコンニャク腰になりてどうにもこうにもならんことになるぞ、其時この神示、心棒に入れてくれよ、百人に一人位は何とか役に立つぞ、あとはコンニャクのおばけざぞ。（磐戸の巻第五帖）」これが軸のタテコワシに相当するだろう。アレの巻に『軸』の字が多くみられる。「このふで軸（時間空間）読、御しるしのヨハ音ざぞ」「字開き、務に結び、咲く花の結び秘文ぞ。普字軸の理ぞ」「継ぐ印し給ひて、幹（実基）字完し、完し、山（屋間）の文読み、皆喜び、荷ふ理《みち》の宮継ぐ普字軸の世」「軸字軸字と木霊と木霊、字開き、数開き成る言網母（現実親）に有り」「覚れ、覚れと、言、言、軸。百霊の世玉秘尊き」

とある。軸とは時空のことを言っているようだ。時空とは『世』のことであるだろう。つまり「普字の軸の世」とは、今までの世の軸をタテナオシして新しく作り替えた軸の世ということだといえる。

改心させた悪の働きの例（自殺の名所JR新小岩駅）

ひふみ神示には「悪を抱き参らせよ」というフレーズを随所で見かける。「大神は大歓喜であるから悪をも抱き参らせてゐるのであるぞ。抱き参らす人の心に、マコトの不動の天国くるぞ。抱き参らせば悪は悪ならずと申してあろうが。（秋の巻第一帖）」。悪を抱き参らせるとはどういうことか。ここでは本のページ数の関係上、悪魔の言葉を載せることが出来なかったが、悪を改心させたことが現界における社会問題の解決として如実に現れたことがあった。自殺の名所とされていたJR新小岩駅である。成田エクスプレスが猛スピードで通過する新小岩駅では、2011年の7月から10月4日までに6人も自殺者を出していた。当時、新小岩駅の近くに住んでいた武甕さんからの「なんとかしたい」という依頼で始まったことだった。

武甕さんに力を付けさせ、10／16／2011新小岩駅にいた死神を初めて改心させ、駅の警護に当たらせていた。この死神から何度か私たちに連絡がきて、そのたび武甕さんが駅に結界を張りに行っていたのだが、連絡がきても忙しかったり、仕事中だったりで言葉が聞けない時は、必ず翌日に人身事故が発生してしまった。年が明けたころ（2012年1月）、さらに駅に潜む死神や悪霊たちを改心させ、駅の守りとさせながら、人身事故を起こさせないように注意していたつもりであった。が、3月ごろから悪霊たちが世の中を闊歩しはじめ、軸の消滅が激しく、3／21にはもう間に合わなくて奇しくも翌日事故が起きてしまった。武甕さんに結界を張ってもらい、神々からは「もうかまうな！　死神たちに任せろ！」と言われていた。改心した死神たちの働きによって、4月に事故はなかったようだ。

しかし、油断していた5月の連休中4日に事故発生。続いて、12日にも事故が起きた。13日に麻賀多神社の日津久へ行って、スサノオの剣と新しい力をもらい、その足で初めて新小岩駅へ行った。その時いた仲間四人の力で新小岩駅の気の悪さを改善させ、死神に力を与え、下谷神社でもらった白狐のコンを守りにおいた。自殺を誘っている幽霊とも話をしたのだ。死んだことに気づいていない幽霊は次の日（14日）も私のところへ来た。こちらの説得で死んだことに初めて気づき、改心させた。それから、新小岩駅で自殺した幽霊たちが改心し始め、死神たちや下谷のコンの指導で、彼らが自殺願望者に呼びかけてくれるようになったのだ。多大なる駅方の努力もあるだろうが、それ以来、２０１２年11月の今まで新小岩駅での人身事故情報を私は目にしていない。

第五章　災害は抑えられるか!?　東京、富士山、関西における3・11地震検証と富士山噴火予告および災害予告の検証

神々のことは過ぎてみなければ分からないことが多い。今から思えば、3・11地震の大津波の被害は、多くの人が神々の言葉を聞き行動していれば、大難が小難に抑えられていたのではないかと悔やまれる。「神が大難を小難にして神々様御活動になってゐること眼に見せてもわからんか。天地でんぐり返るぞ。（日月の巻第二十七帖）」にもあるように、日々の災害は神々の加護により抑えられていたようだ。その加護がなくなって天地がでんぐり返ったのだろう。

東京の場合を検証してみた。すでに2007年から大災害は警告されており、2008年には東京も被災し、富士山の噴火もあると言われていた。また、震災のちょうど1年前、3／10／2010には鶴岡八幡宮御神木の大イチョウが倒れ、人々に天変地異を警告していた。「いづくも土にかへると申してあろうが、東京も元の土に一ときはかへるから、その積もりでゐて呉れよ。（上つ巻第十一帖）」とひふみ神示にもある。

2010年当時は何も分からず、年の神に言われるがまま、東京に結界を張るべく神社巡りを開始した。それぞれの神社の力を、人を媒体としてつなげていき、神社同士の結束を強め結界としたようだ。東京へくる地震の被害を抑えるために巡った神社は、湯島天神を中心に左回りに17社、その他14社。そして、関東圏（中心が大宮氷川神社であった）では、榛名神社（群馬県）、根岸八幡神社、森浅間神社（神奈川県）、香取神宮、息栖神社、鹿島神宮（茨城県）、三峰神社（埼玉県）、三瓶神社、笠間稲荷神社、稲田神社（茨城県）、日光東照宮（栃木）であった。

関東圏（主に陸上）で、実際に起きた3／11～31までの震源地における緯度経度を調べてみた。日光東照宮近辺で起きた地震計26回（いずれも震度1～4）、笠間、鹿島、香取近辺および、筑波山近辺で、計13回（最大震度5弱）、三峰、榛名近辺で、計6回（震度1）、森浅間神社の近く、東京湾を震源とした地震で計8回（震度1～3）。その他、関東地方の震源地、千葉県北西部、千葉県南部、群馬県南部、茨城県北部、茨城県南部、群馬県北部、栃木県北部の計10回（震度1～3）であった。

地図上でそれぞれ震源地の緯度経度に印をつけていくと、同じ緯度経度が多く、かつ規則正しく印が並ぶ。参考にした日本気象協会の震源地データは、緯度経度が小数点以下一桁しか表示されていないために厳密にはブレはあると思うが、これが2007年から神々がいう想念による人工地

震の正体なのかもしれない。

下谷神社を中心とした、巡った神社の神々が抑えてくれたのか、平安神社のククリヒメからもらった大津波回避のエネルギーが効いたのか、東京都の直下では地震は起きておらず、東京湾の真ん中で起きた群発地震と浦安沖、船橋近辺で起きた地震も震度1~3とたいしたことはなかった。その他、震源が海底の場合でも調べてみた（3／11、12のみ）。3／11三陸沖地震発生（時間14時46分　M9）の29分後に起きた、茨城県沖で発生した余震（発生時間15時15分、M7・4）は、震源の深さが80㎞と深かったため、震源地では6弱の揺れで済んだものと思われる（この時の東京の揺れは震度4~5弱であった）。多くの地震の震源の深さが10~40㎞とごく浅いところで起きていることを思えば、（地震に詳しいわけでないので詳しくは言えないが）この深さ80㎞は少し特異に感じなくもない。近くに東海第二発電所（原子力発電所）があり、震源が浅かったら、福島に続き、さらに原発への被害が出たかもしれないのだ。

震災のあと、空気が変わっていたことに気づいた。今までの重苦しい空気から神々の軽やかな空気に変わっていたのだ。それから、めまぐるしく我われだけでなく神々も動き出した。震災後、国民の意識が一斉に東北地方に向けられ、連帯感という意識が生まれてきたことを肌で感じ取ることが出来た。他国でも東北地方の被災した人々の行動の素晴らしさにびっくりしていた様子が報道から見られた。年の神の仕事は、この日本から世界にエネルギーを送ります」２／17／２０１１牛天神、野原の牛の言葉だ。他国の人々の驚きは、下谷神社から世界へ向けて発信されたエネルギーのせいだったのか、世界中で意識の向上が見られた瞬間だと感じた。これが神々の考えを変えたのではないか。「神の一厘のしぐみわかりたら世界一列一平になるぞ。（水の巻第十一帖）」

さらに、３・11震災後、神々から富士山の噴火や関西地方の地震と津波など、再び災害を予告されていた。実際、後になり調べてみると富士山周辺で噴火を予想する地震が群発していた（3／11~31の主な震源地三か所で計36回、富士宮で最大震度6強、その他伊豆の海底で計16回発生）。その他、神々が予告していたように、遠州灘附近の陸地（近くに浜岡原発あり）、三重県東南沖に地震があった。関西においても地震がなかったわけではない。日本の西側では、岐阜県飛騨地方附近で群発地震（3／11~31に39回、最大震度4）、阪神淡路大震災の記憶が残る地域も揺れていた（3／11~31の震源地合わせて計21回）。しかし、国民に意識の向上が見られたのであろう、この時はいずれも抑えられたようだ。ところが、この年は台風6、12、15号の被害が大きかったことから、西日本は地震による災害ではなく、台風の災害へと移ったのであろう。6／12／20 11年の神が警告していたとおりである。台風12号の被害は3・11に次ぐものだった。再び災害予告は8月末から警告され、天日津久神社へ力をもらいにいったり、2時の方向の神社から力をもらってきた。大型の台風15号は一路東京へ向かっていたかと思われたが、東京をかすめ実際の被害はなかった。その台風接近時、同時に地震も起きていた。これも後から調べて知ったことだが、茨城県北部で9／21は震度5弱、23日震度4と21〜26日にかけて群発地震が発生していた。震源近くに原発があり、最悪の事を考えれば、これも加護されたといえよう。

3・11以降も何度か富士山噴火の予告を受け取っている。富士山の噴火のことはひふみ神示にもある。「……富士はいよいよ動くから、……富士は神の山ざ、いつ火を噴くか分からんぞ、神は噴かん積りでも、いよいよとなれば噴かならんことがあるから……（上つ巻第二十一帖）」「富士は何時爆発するのざ、何処へ逃げたら助かるのぞと云ふ心我れよしぞ。何処に居ても救ふ者は救ふと申してあろうが。（水の巻第十一帖）」「富士、火吐かぬ様おがみて呉れよ。大難小難にまつりかえる様おろがみて呉れよ。（水の巻第十五帖）」

2012年1月より、富士山噴火の警告が来ていた。これも後程調べて知ったことだが、1月末から2月中旬まで再び富士山に不穏な群発地震があったのだ。人工的に噴火を誘発させようとしたものなのかどうかは、これだけでは判断できないが、同じ震源地、同じ深さで23回地震が発生し、1／28震度5弱を観測。この時、神々の指示に従い災害を封じられたのか、大事には至らなかった。

災害は人工的に起こされると神々はよく言っているが、このように大きな地震や富士山の噴火、台風など災害が起きそうなときは、必ず事前に神々から知らせが来て、災害を阻止する方向へ指示が降り、動かされるのだ。それは報道よりも早い。災害を起こす人間（学）と、神との闘いなのだろうか。今日、テレビでも新聞でも大地震や富士山の噴火を煽る情報が多く、多くの人が恐怖に感じているのではないかと思う。しかし、ただ恐怖におびえるだけでなく、神という存在の力を積極的に使えば、大難が小難に変わることを知っておいていただきたい。

第六章　警告と意識選択（洗濯）

一般に魂とは、永遠に存在するという見方が多いようだ。しかし、古来から永遠の命を探す話は多く存在している。神々の話し方からすれば、魂とはそれなりに訓練されなければ消滅してしまうという。短い人間の命からすれば、魂の消滅までには時間がかかり、永遠に映っているだけかもしれない。この世の煩わしさから、多くの人たちは魂の消滅を希望するだろうと思う。自分を維持しなくてよいのならこれほど楽なことはない。学校、職場、近所、友人、知人、親戚などで、日々人間関係の煩わしさを感じ、生を維持するためには、それらをがまんして働かなくてはならず、働けば働くほど税金として徴収され、挙句の果ては使い捨てにされているのがこの世の中だ。それにいつまでも健康というわけにはいかない。病気という恐怖に医療費、生活費の維持に立ち向かい、最後は孤独な死に向かわなくてはならないのだ。それほど、この世で生を保つことは大変なことだと痛感する。

自分が消滅してしまえばどんなに楽か。しかし、神々はこれを善しとはしていないのだ。この世の苦しさは、魂の向上への道だという。考え方を間違えるから苦しくなり、神と分離したことで、さらに悪循環を招くと言っている。いま世の中で起きている、いじめや虐待、自殺などの社会問題は、いかに世の常識が間違っているかの証拠でもあろう。これも神々の考え方次第で解決できそうである。

そういったこの世の常識を持ったまま人は死を迎え、魂となってしばらくこの世の常識で存在することになる。生前の意識がそのまま死後の魂に反映されるから、生前につらく苦しい人生を送れば、死後もつらく苦しくなるらしい。それが自分を苦しめ、自分への攻撃となり、魂の消滅へとつながるようだ。お互いに恨みつらみをぶつけ合って、消滅する場合もあるらしいが、いずれにせよ、消滅するまでの間がとても苦しいと神々は言っている。これは神々だけでなく、新小岩駅で自殺したお化けも言っていた。「自殺しても自殺した当時の苦しみは残るから、自殺はしないでがんばって欲しい」。そう訴えていたのだ。

しかし、苦しさから抜けだすのは容易ではない。まず、考え方の改革からしなければならないが、この世にどっぷりつかっている者には、それができないのが本音であろう。この世の暮らしに疲れきっていて、そこから抜け出す気力もない状態だ。神々のエネルギーが充満してくれれば、更にその苦しさは募るばかりなのだ。「とにかくこの苦しみを取ってほしい」という切実な思いが、今までのアマテラスの世をつくってきたのだ。そこから抜け出すには、苦しい思いを祓いのけ、抑えつけるしかないようだ。ということで、天界の編成により、今までのアマテラスが支配する世ができた。苦しみから抜け出せない人、立ち向かえない人は極楽浄土への道が用意された。そして、しずかに魂の消滅を待つことになるのだ。だが、魂の消滅は神々の意志に反することだということを知るべきだろう。神としては一人前の魂に育ってもらいたい。そのために大地震、大津波という目覚まし時計を鳴らし警告したのだから。

震災後、次元上昇が始まり、神々のエネルギーが充満し始めることで、今までアマテラスによって抑えられていた悪（災害など）が出始める。人々の意識の中に悪が入り込み、そこから抜け出せなくなって苦しい時が来ていると神々は言っていた。ひふみ神示にもある。「今度の建替は、此の世初まってない事であるから、……身魂も身魂も隅々まで生き神が改めるのざから、辛い人民沢山出来るぞ。（松の巻第八帖）」人の意識の選択（洗濯）が始まったのだ。上の意識へあがれる者と今まで通りそのままの意識を持った者の二者選択だ。上へあがれるものは永遠の魂が授けられ、上がれない者は、今まで通りこの世の中に取り残されて、今までのアマテラスの支配する地獄と称している極楽浄土へ行くようだ。いずれその魂は消滅へと向かうと言われた。ひふみ神示にも言葉がある。「人民も改心しなければ、地の下へ沈むことになるぞ、神が沈めるのではない、人民が自分で沈むのであるぞ、人民の心によって明るい天国への道が暗く見へ、暗い地の中えの道が明るく見えるのであるぞ、……（紫金之巻第七帖）」「借銭負うてゐる身魂はこの世においてドへん事に規則定ったのぞ、早う皆に知らしてやれよ。タテコワシ、タテナホシ、一度になるぞ……上下グレンと申してあることよく肝に入れて呉れよ。（キの巻第八帖）」

神々との意志の疎通ができなければ、加護もうけられない状態なる。それどころか消滅を促進させる方向に仕組みを変えると言っていた（5／6／2012クエンティン）。宇宙空間にある地球を保護している力もなくなるらしい（4／20／2012）。そういう魂は、宇宙ではいらないとはっきり言っている。加護のない地球が、どういうものか想像してみてほしい。そうならないため、救済措置として天界の再編、岩戸（言答）開きが始まったのだ。

言答（イワト）開き

言葉を降ろすのはそれほど難しいことではない。私の身辺では、いままで何人もの人が神の言葉を降ろせるようになっている。下谷神社の年の神の指示に従い、ある神社から石をもらってきて、それを持参して指示通り神社巡りをしてもらう。そして、言葉を降ろすために必要な力をもらってくるのである。そうすると、神の言葉を自動書記できるようになるのだ。なぜ複数の神社が必要かといえば、神社によって与える能力に得手不得手があるためだ。それぞれの神社へ必要な力をもらいに行くのである。

言葉として降ろす要領は、昔、流行ったコックリさんという遊びと同じで、手が勝手に動くようになるのだ。手の動きに気づきさえすれば、それが文字になっていることが分かる。今までの経験から、ほぼどの人も平仮名で降りてきている。ちなみに、力をもらうためになぜ、神の指示に従わなければならないかというと、年の神もしくは石をもらった神社から、力をもらいに行く神社へ連絡が行くようなのだ。神とつながっていない人が勝手にその神社へ行っても力はもらえない。力をもらうためには、それなりに神の紹介状のようなものが必要らしい。それが『ある神社の石』だった訳である。

ラジオに例えれば、神々の放送する周波数のチューナー（耳）をもらいに行くことになるのだが、チューニングしやすい悪霊の放送を避けるため、各神社の力で一気に能力を上げてもらうのである。それでも、悪とつながることは日常茶飯事、言葉を降ろすには、常にサニワしながら進めることが重要となる。はじめのうちは神の言葉を降ろせる人に常にサニワしてもらいながら練習していくとよいようだ（ひふみ神示五十黙示録龍音之巻 参照）。練習を重ねるにつれて、字が頭の中で浮かぶようになり、そのエネルギーの雰囲気から声のイメージが湧き起こるようになる。神それぞれのキャラクターが感じられるのだ。言葉を長く降ろすには、常に疑問を持って神に接することである。逆に疑問のない人は降ろすのが難しいようだ。つまり、神への問いの答えが真理なのだ。これをひふみ神示では『鳴戸（成答）』といっているのではないかと思う。

神という字は『示』（しめす）偏に『申』（もうす）である。もともと申し示したくて仕方がない生き物であるから、だれでも話は出来るはずだ。しかし、なかなか神と話すのは難しそうだと考える方には、直感で知らせてくる方法があるから試みてほしい。この神示をすべて読んだら、テレビ、音楽など音のない静かな場所でこの本を手に持ち、「言葉をください」と年の神に語りかけてみてほしい。この本には神々の言葉のエネルギーをそのまま載せてある。個人差はあるが、言答《イワト》が開いた今ならつながりやすいはずだ。そして、心を無にして自分自身に耳を傾けてみてほしい。人によって感じ方は違うだろうが、なにか言葉が浮かばないであろうか？　もしくは何か感じるものはないだろうか？　何度か練習してみてほしい。浮かんだ言葉は『ひふみ神示』を参考にし、サニワしてノートに書き留めておくと後で役に立つときがある。これからは人に左右されず、自分の直感を信じて行動してもらいたい。そして、疑問をいつも持ってほしい。神というのはこちらからアプローチしなければ答えてくれないのだ。疑問をこの本の神々に質問してみてもらいたい。そして、アンテナを張って、人々の話し声やテレビ、新聞、広告、鳥、風などに注意していると、答えが見つかるはずだ。または、直感で気づいたりするものだ。

それから、神社の拝殿では、今までのようなお願いはしないことだ。手を合わせ、無心に「言葉をください」か、または質問を用意し、その答えをお願いしてみてほしい。そして何よりも、何も考えず無心になることが肝心だ。もちろん、人によっての個人差はあるが、その時、心に閃いた言葉、もしくは思いついたこと、体に感じたことはないだろうか？　ビジョンが見える人もいるかもしれない。それに気づけば、その神社の神と繋がったといえるだろう。閃いた言葉、思いついたこと、体に感じた変化はノートに書き留めておくとよい。もし、行動の指示や急に何かやらなければならない思いが湧きあがれば、すぐ行動した方がよいだろう。しかし、神社は厄を落とすところであるため、そういうものを拾っている場合もあるので、常にサニワが必要だ。神社参拝の時はこの本のエネルギーが、神社の神とあなたをくっつける紹介状の代わりになるはずである。身に着けて臨んだほうが直接その神との交信がしやすくなるだろう。こうやって練習しているうちに神々の意志が分かるようになってくると思う。

閃きや降りてくる言葉の内容、その時の感覚は、仲間がいるとさらに分かりやすくなる。それぞれに降りた言葉がうまくつながっていたり、同時に同じような感覚になる場合があるからだ。仲間と情報交換してみるのも面白い。また、自分自身に暗い影があると、降りてくる言葉や雰囲気もつらく感じる場合がある。そういう時は無理に言葉を降ろすことも、神を感じる必要もない。自然にやれてこそ、言答開きとなるのだ。神々とつながりだすと意識が大海原に出たように広がっていくのが分かる。それを神々は『開花する』と言っている。

「負けない心に強い意思！」

心にいつも暗い陰のある人や意思が弱い人、物事に執着する、マイナス思考、無気力、無関心、異常な眠気、不眠、なにかが辞められない、何者かに見られているような気がする、被害妄想、イライラする、おろおろする、暴力的、残酷的になる、他人の言動行動が非常に気になる、一つの考えから離れられない、片付けられない、勇気がでない、恐怖や悲しみが湧いてくる、異常な過去への執着、肩こり頭痛など体の不調、鬱などは悪の気（魔）にやられている場合が多くみられる。もし、それらに心当たりがあれば、悪や魔に感化されていることに気づくべきだろう。

そしてその時は、まず自分の持ち物を調べて不要と思われるものを手放す決意をするとよい。持ち物に感化されている場合も多いのだ。芸術や文学作品などは特に要注意である。芸術は苦しみを美としているものが多い。音楽もそうである。そういったところからも魔に感化されてくる。もちろん洗練された芸術も多くある。たしなむなら洗練されたものを好むようにするとよいだろう。

食べ物にも注意をしてほしい。特に肉類や洋菓子、コーヒーなどは魔を引き込みやすいようだ。魔に憑かれると急に行動が億劫になり、心配になり、恐怖感を持つ、決断ができなくて迷いが出る、過去の出来事が思い出され後悔したりするようだ。それは場所からの影響、人からの影響、物の影響だったりする。そういう時は自分でおかしい！変だ！と気づくことが必要になる。いつもの自分でない自分に気づいたら、神社へ行って祓ってくれるように熱心にお願いするとよい。意外とスッキリするものだ。個人差はあるが、その時この本も一緒に持って行けば通じやすくなるだろう。

魔に感化されないようにするには、常に迷わないことである。『迷い』は『魔依い』魔が依るとされる。心を奮い立たせて行動し決断することが重要になる。一度選択したことは後悔しないようにすること。同時に心の中の整理も必要だ。心にある気になっていること、わだかまりはどんどん行動を起こし、解決させていくことが魔を寄せ付けない方法である。行動を起こすと、一度は悪くなったと思われるかもしれないが、そこから解決への道が開けてくるのだ。躊躇したり立ち止まることは、魔に隙を見せることになるから注意しなければならない。

魔の道はまだある。世の中の常識そのもの、つまり、偏差値重視の学歴社会、金銭重視、地位名誉重視、建て前重視、自尊心（プライド）、その逆の劣等感、他人の目を窺いながらの生活、テレビや新聞など世の中の情報に振り回される生活、などだ。自分の目を外へ外へと向かせるこの社会が魔の道になっている。そういった例は挙げたらキリがないだろう。今までの常識が自分の内面にいる神との連絡を絶つ元になっているのだ。

しかし、神々はいまさら無理に考えを改めろとは言っていない。魔の道（堕落）に進むことは、追い風に乗ってたやすい道なのだ。反面、神の道はとても険しい。いま列挙した自分自身の魔に対抗しなくてはならない。強風の向かい風に立ち向かうようだ。言葉は降ろせても神々の言葉に従えず脱落する人もいるのだから、逆風に負けない力があり、神の道に従える者だけ次の世へ進めばよいと神々は考えている。今の世の中は、その時その時の判断が魔の道へ進むか神の道へ進むかの選択になっている。一瞬の判断は、未来をも含むことを覚えていてほしい。今までの常識で判断すれば、九分九厘でひっくりかえることになろう。神の道へ進む人は、神を信じて、これからは直感で判断してみるとよい。そうすることで人生が良い方向へ向き、最終的に神々の順風に乗るのである。世の中の誘惑に負けない心と、神々の言葉に従う勇気が次の世をつくっていくのだ。

最後に仲間の八坂さんが、諏訪の神であるひふりんから降ろした言葉を紹介しておこう。「負けない心に強い意思！」これで自分自身に潜む魔と闘って、うれしうれしの世の中をつくってほしい。

第七章　年の神の言葉

●3／19／2010　『生きる』について（全文）

「生きる」ということは時々死を意味することもあります。「生きる」ということは、又の名でいうと「生まれる」ということになります。生きるためには、いったん死ななくてはなりません。「生まれる」ということで「生」を得るのです。生きることは、その人がステップアップすることを意味します。生きている間に人々は努力し、自分自身を高めなくてはなりません。自分のことを孤独としてしまうと、せっかく生きている意味がありません。全てのことはつながっています。自分のことしか考えなければ、余ったことは余計なこととして心に植えつけられます。

生まれたら、自分のことだけでなく、周りのことを見て考えられるように自覚をもつことです。考えてみることは必要なことです。やり残したことがないか、心配なら全部見直すべきです。全部見直して必要なことは意識を高めて処理をすれば心配はなくなります。無理のないようにしなくてはいけません。生まれてきた意味をよく考え、つらいことも乗り越えることをしなくてはいけません。習慣として全てのことから逃げている人を神は支援しません。つらくても決められたことを次々とこなす前向きな姿勢を持つことが大切です。そのうち、来るべき時、その瞬間、あることに閃きます。その瞬間、勇気をだして飛び出してください。輪廻を飛び越え、よい輪廻に飛び移ることが出来ます。もし、機会を逃してしまったら、またがんばってください。失敗してもそのことを絶対に忘れず、次のチャンスを待ってください。ステップアップはそうやって進みます。

考え方に注意してください。悔しいこと、悲しいこと、いつも同じことで悩んでいませんか？　考え方が正しければ、悔しくも悲しくも、人を羨ましがることもありません。もし、そういう気持ちになったら、自分の心のあり方を考えてください。過去のことは、振り返って自分の気づきに活用してください。過去の失敗をくよくよすることは、流浪の旅に出ることを意味します。失敗したことは、ステップアップのステップとして処理し、決してあとを振り向かないようにしましょう。生きるということはそういうことですよ。死を迎えた時、存分にその生を生きたかどうか考える時があります。人とはそうやってステップアップしていきます。嵐の時も困った時も仕組みを理解していれば、うまく乗り越えられます。全ての生をそうやって卒業していきます。生まれた時にしかそれはできません。

人の死は生まれることの準備期間として、その場に留まり、コツを掴み、苦心したことを耳のない（神の声の聞こえない）人生へ生かして新しい生へのステップとします。死んでからではステップアップは出来ないのです。そのことを十分覚えていてください。自分の魂の最終地点は人を助けることにあります。体がなくても、こうやって伝えることの出来る者から耳のない人へ伝われば、人の助けとなります。神とはそういう存在ですよ。

この世界は生きている人には理解できない世界ですが、言葉として伝えるとすれば「心眼」の世界です。死んだら、仏像の世界へ行くと思っている人もいますが、心の言葉では、仏像のことは、いままで通信できない神の一部としてきました。神は仏像とは違います。所詮、体のない存在です。仏の形としてこの世の中に現れるということはありません。仏像の写真でも、つまらないものでもいいのです。意識が宿れば、全て仏像となり、今じかにお話しすることは出来ません。

しかし、神は違います。教えを降ろすことができるのです。このようにして天からのシキタリを人々に伝えることができるのです。そこが、仏像と神の違いになります。人は死んだら、仏になるといわれていますが、これは生きている人の勝手な想いが仏像に移り、この現世の「病気を治してくれ」だの、自分のいいように、いい加減に理由をつけ安心させているものなのです。性《さが》のない仏像の顔は、いろいろな人の現世の想いが込められています。耳のない者にとって、これは大変ありがたいことのようです。自分のつらいことを光として受け止めるのではなく、そこから逃れるという意識を、甘えを、生み出しました。がんじがらめの人生から逃れ、仏像の世界へ逃れることは、神の意識に反することです。キリスト教にしてもそこは同じ考え方です。

全てを仏像にゆだね、祈るだけでは人生のステップアップを図ることはできません。「気づき」は教えられるものではなく、自分自身から生まれてくるものなのです。気づきがなければ、更なる人生の発展はありません。意識を高めるために……、釈然としない人生の中からこそ生まれてくる「気づき」が、その人を発展させるのです。神の心と一体となるまでそれは続きます。人々を助けるまでになれば、その生も終わりに近づきます。今度生まれ変わるときは、意識としてこの世の中の人々を助ける光になり存在することになります。少しも大変なことではありませんよ。意識の範囲を今よりも広げてみてください。五感というものに頼らない生活をしてみてください。この世の中の全てが一つに見えてきますから。かしこみかしこみ……下谷神社の大年神。

更なるステップアップの人がいたら伝えてください。それが「生」だということを。くじけそうになったら、一歩下がって後ろから眺めましょう。神という存在を知ることが重要なのです。いつも見守る存在、それだけで人間は安心するのです。仏像のように、ただ微笑んでいるだけではないですよ。神は時には厳しく叱ります。でも、その人のためを思ってです。祈ってもだめですよ。心に感じること、そうして実行すること、そうして感謝すること、それが神の意識です。ここからは全てが見えます。心の素直な人、心に陰のある人、誰も分からないと思っている人、みんなここから見えますよ。自分のことしか考えなければ、脳みそは退化していきます。学校の学力に頼れば、心が退化していきます。学校の勉強ができるからといって、脳みそのランクや人間のランクが上と考えている人は神の世界にいらない人間です。十分な努力をし、気づきをしている人であるなら、人を見下すことはしないでしょう。

●8／20／2010　『不満』とは（全文）

天の言葉は人々の心に深く入り込みます。不満の数々はルイジンの気の迷いから来ます。分という考え方をすればそれ相応のことなのですが、不満の原因はそのことに対する感謝が足りないことから起こります。ふんだんにある物は、いつしか『いらない物』へと変わっていきます。真ん中のシンがない人々には、この意味は分からないと思います。絶対と思う気持ちが、心の枷を大きくさせてしまいます。このとき、人々の心にこの言葉をかけてあげてください。不満とは、心の隙にできる『アキラメ』に繋がります。『アキラメ』のことは、また教えます。

『アキラメない』という言葉が不満ということです。『アキラメ』とは人の中にある悪の仕業です。『アキラメ』のない世の中こそ不満は出ないのです。嵐の時、外へ出ることをしませんよね。嵐の夜に外へ出る勇気もないと思います。これはアキラメとはいわないのです。心の中にある『わだかまり』こそ、アキラメの原因です。心の奥の言葉にいる『絶対』の言葉は……アキラメというのです。アキラメという言葉は自分への言葉なのです。今、アキラメても、またその欲求が湧いてきます。不満という形で残るからです。一旦、そこから離れ、今というその現象を振り返り、どうして不満が残るのか、自分の中で再確認をし、出来ないことは追求してアキラメるという段階を踏めば不満はないのです。

なぜそのもの、もしくはその欲求があるのか、自分の中でよく耳を傾け聞いてみること、真に欲しいものであるかないか、よく考えてみること。これが今、必要なことなの

おわりに

岡本天明です。ひふみ神示を読んでくださった皆さん、そして、それを広めてくださった皆さん、最後に天明の言葉を聞いてください。冨士の神示の締めくくりとしてください。この世の中は（ひふみ）神示を読んで動いてくれた人のおかげで、最後の一厘のところへ来ています。もう少し、もう少し、意識の広がりがあれば、この世はひっくり返るように変わっていきます。もうひと越え、もう一苦労してください。天明もここから見ております。ひふみ神示を降ろしたときの仲間もここ、鳩森へ集結しております。今、必要なのは人々の意識の変革なのですよ。もう苦しい世の中は終わりにしましょう。苦しいことはやめましょう。それを捨てる勇気を持ってください。いつまでも、そこに縛られてはいけません。心は常に晴れ晴れ、軽くなくてはいけません。もう今までの重荷は下ろしましょう。心の枷を取り外しましょう。そして、うれしうれしの世の中をつくってゆきましょう。それが天明たちの願いですよ。

鳩森八幡神社拝殿にて

世の中の意識が変わりつつあることは、神示を読んだ者なら分かるであろう。大津波の被害も予想以上に抑えられたものだ。この災害により、多くの者を失ったその悲しみ、苦しみは今なお心の中に大きくのしかかっておろう。しかし、それをそれで、終わりにしてはならぬのだ。彼らの意識は絶対神の元へ送り届けられ、この世の立て直す力となりて、降り注いでおるのだ。その意識を感じ取ってほしい。災害はいいものではない。しかし、それがすべて悪とは限らぬというところに気づいてもらいたい。この世の変革には多くの犠牲が出ているということを覚えていてほしい。この者たちの意識を無駄にしてはならぬ！　それを糧とするのだ！　心を強く持ち、悲しみ苦しみから抜け出せ！　それが、この世をつくってゆくのだ。形にこだわるなよ。形では三千世界は来ぬぞ。

鳩森八幡神社末社冨士浅間神社（里宮）にて

著者プロフィール

髙橋 千春（たかはし ちはる）

東京都出身。東京農業大学大学院修士課程修了。企業の研究開発に携わる。夫の転勤で大阪府から神奈川県に移り住み、2003、4年頃から幻聴か死神の声が聞こえるようになる。苦肉の策から説得した死神と仲良くなり最終的には自称大悪神、国常立大神とつながる。2010年に友達と神社巡りを開始し、赤坂の氷川神社の神に上野の下谷神社へ行くように言われる。それ以来、神々の指示に従って御用を手伝うようになる。

冨士（二二）の神示

2013年2月15日　初版第1刷発行

著　者　髙橋 千春
発行者　瓜谷 綱延
発行所　株式会社文芸社
〒160-0022　東京都新宿区新宿1－10－1
電話　03-5369-3060（編集）
03-5369-2299（販売）

印刷所　株式会社エーヴィスシステムズ

ISBN978-4-286-12992-1